谨以此书纪念赵太侔先生130周年诞辰

总主编 于志刚

才华内蕴 赵太侔

杨洪勋 ◎ 著

·青岛·

图书在版编目（CIP）数据

才华内蕴——赵太侔 / 杨洪勋著. —青岛：中国海洋大学出版社，2020.8
ISBN 978-7-5670-2496-0

Ⅰ.①才… Ⅱ.①杨… Ⅲ.①赵太侔 – 传记 Ⅳ.①K825.46

中国版本图书馆CIP数据核字（2020）第073188号

才华内蕴——赵太侔

出版发行	中国海洋大学出版社
社　　址	青岛市香港东路23号　　邮政编码　266071
出 版 人	杨立敏
网　　址	http://pub.ouc.edu.cn
电子信箱	oucpublishwx@163.com
订购电话	0532-82032573（传真）
责任编辑	王　晓　　　　　　　　电　　话　0532-85901092
印　　制	青岛海蓝印刷有限责任公司
版　　次	2020年8月第1版
印　　次	2020年8月第1次印刷
成品尺寸	170 mm × 230 mm
印　　张	21
字　　数	383千
印　　数	1～1000
定　　价	76.00元

发现印装质量问题，请致电0532-88785354，由印刷厂负责调换。

铸造历史丰碑　弘扬海洋精神

——"中华海洋学人系列丛书"总序

海洋是生命的摇篮、风雨的故乡、资源的宝库，是人类赖以生存和发展的基础。世界上有超过60%的人口生活在沿海大约60千米的范围内，约占地球面积8%的海岸带向全球贡献出约1/4的生物生产力。人类发展所面临的一系列发展的重大课题，如人口、资源、环境等问题，都与海洋休戚相关。

我国是一个拥有1.8万千米海岸线的海洋大国，关心海洋、认识海洋、经略海洋，对于中华民族的伟大复兴，对于国家的繁荣昌盛和长治久安，具有重要的战略意义。海洋科教是国家海洋事业发展的强大支撑和不竭动力，开发海洋资源、保护海洋环境、发展海洋经济、维护海洋权益、建设海洋强国，必须依靠海洋科学技术和相关人才。

人类研究海洋的历史非常悠久，从世界范围来看，海洋科学的发展可以划分为三个时期：从史前到18世纪末海洋学建立以前，是海洋知识逐步获取和累积的时期；从19世纪到20世纪50年代，是海洋学的建立和发展时期；自20世纪50年代末以来，为海洋科学在全世界范围内向深度和广度发展的时期。我国的海洋科教事业，启蒙于内忧外患的清末，成长于20世纪中叶，快速发展于20世纪末及世纪之交。

1906年，我国第一个水产教育机构渔业学校在吴淞创办；1909年上海高等实业学堂船政科创办。在此后的20多年时间里，直隶水产讲习所、江苏水产学校、吴淞商船学校、河海工程学校、山东水产讲习所、河北省立水产专科学校等水产与船舶工程类专门学校相继创办，开启了我国近代海洋高等教育的先河。1922年，海军部设立了海道测量局，开始进行海道测绘；1928年青岛观象台设立海洋科；1931年成立中华海产生物学会；1935年成立太平洋科学协会海洋学组中国分会；几乎同时，北平研究院动物研究所和中央研究院动植物研究所开始对海洋生物进行研究。

抗日战争期间，我国海洋科教事业几乎被迫中断。从1946年至1949年，厦门大学筹建了我国高校第一个海洋系和中国海洋研究所，台湾大学筹建了海洋研究所，山东大学筹建了第一个本科水产系和水产研究所、海洋研究所，复旦大学成立海洋组。这个时期，我国海洋研究从海边生物学拓展到整个海洋和水产领域。

中华人民共和国成立后，童第周、曾呈奎依托山东大学海洋研究所，于1950年8月创办了新中国第一个专业海洋研究机构——中科院水生生物研究所青岛海洋生物研究室（1959年扩建为中科院海洋研究所）；1952年，山东大学创办海洋系，创立了我国第一个物理海洋学科；同年我国第一所本科水产高校上海水产学院成立；1953年台湾海事专科学校成立；1959年山东海洋学院（中国海洋大学前身）成立，成为当时我国唯一的综合类海洋高校和海洋领域全国重点大学。

1977年12月，国家海洋局在全国科学技术规划会议上，明确提出了"查清中国海、进军三大洋、登上南极洲，为在本世纪内实现海洋科学技术现代化而奋斗"的战略目标。到1984年，我国已经建立起一支拥有165艘不同类型和不同用途的调查船队，总吨位约15万吨，居世界第四位。以这些调查船队为依托，我国的海洋科技事业开始走出中国近海，走向深海，走向大洋，走向极地。

进入新世纪，全球科技进入新一轮的密集创新时代，海洋科技向大科学、高技术体系方向发展，进入了大联合、大协作、大区域研究阶段；海洋调查步入常态化和全球化，海洋观测进入立体观测时代，并向实时化、系统化、信息化、数字化方向发展，为社会经济发展服务的业务化海洋学逐步形成；海洋科技向现实生产力转化的速度加快，不断催生海洋新兴产业。我国的海洋科教事业在海洋强国战略引领下蓬勃发展，综合性海洋大学已达六所。许多高校开设了海洋学科，与综合性海洋大学共同承担起海洋人才培养的重任，同时也在海洋研究领域取得了丰硕成果。

21世纪是海洋的世纪。站在人类历史发展新的起点上，我们有必要回顾近代以来我国海洋科教事业的发展历程，展望海洋强国战略的发展愿景，为一代又一代海洋人提供开拓前进的精神动力。

重温我国海洋科教事业的发展历程，我们感到骄傲和自豪，同时也引发我们对为国家海洋事业奉献毕生心血的教育家、科学家的敬仰之情。正是他们这些中国海洋科教事业的开拓者和引路人，前赴后继、不懈奋斗，才有了我国海洋事业今天的可喜局面。他们当中既有在中华人民共和国成立之前、我国海洋事业起步时期，投身海洋科教事业的老一辈海洋学家，如童第周、蒋丙然、朱树屏、张玺、林绍文、曾呈奎、唐世凤……也有中华人民共和国成立后，为我国海洋事业辛勤耕耘的海洋学家，如赫崇本、方宗熙、毛汉礼、文圣常、侯国本、冯士筰、管华诗、唐启升、束星北、张孝威……还有改革开放以后，耕耘海洋、砥砺前行的新一代海洋科学家，如麦康森、宋微波、吴立新、李华军、包振民、蒋兴伟等。他们是我国海洋事业的开拓者和杰出代表，谱写着中国海洋事业发展的瑰丽篇章。

建设海洋强国，需要一代又一代海洋人才的不懈努力。而上述这些中华海洋学人，用他们的爱国之心、报国之志、学术之功、品格之力影响和带动着我国海洋事业的发展，为今天的海洋事业从业者们树立了光辉的典范。讲好他们的故事、传播他们的事迹、弘扬他们的精神，激励海洋事业的后来人继续奋勇向前，成为我们海洋强国建设过程中一项十分重要的任务。

中国海洋大学出版社作为教育部主管、中国海洋大学主办的大学出版社，始终秉承"特色立社，文化引领"的发展理念，在做好海洋领域学术专著和教材出版的基础上，长期致力于海洋科普与海洋文化普及读物的出版，为弘扬我国优秀海洋文化、树立全民正确现代海洋观提供了有力的支撑。最近，海大出版社策划推出了"中华海洋学人系列丛书"，为我国

海洋学界的著名学人树碑立传,通过传记的形式,记录他们精彩的海洋人生,褒扬他们将个人发展与祖国命运紧密关联的爱国情怀,弘扬他们献身海洋、报效祖国的崇高精神。这套丛书的出版,不仅将填补为中华海洋学人群体立传的空白,而且将对助推我国海洋事业发展、提升全民海洋意识发挥独特的作用。

愿"中华海洋学人系列丛书"成为更多读者的朋友!

中国海洋大学校长

2018年12月

序

赵太侔先生是我国著名的戏剧家、教育家，中国海洋学科、水产学科的奠基人之一，曾任国立山东大学校长、教授，山东海洋学院教授。

赵太侔较同时代的知识分子，有着较完备的人生履历，其人生经历跌宕起伏，早年参加同盟会，是山东辛亥革命的先驱之一，反抗清朝反动统治的革命活动，是他人生的重要起点；在五四新文化运动中，他是无政府主义思潮的代表人物之一，为贫瘠、落后的中国，试图寻求一剂救国的文化良方；在中国话剧引进、奠基与开拓的进程中，他发起国剧运动并付诸实践，继承与发扬中国传统戏剧的精髓、吸收西方戏剧的精华，创造出具有中国特色的"国剧"，开启了话剧民族化的道路，在中国戏剧史上写下了重彩浓墨的一笔；在大革命中，他参与收回汉口英租界，这是中国政府收回的第一个外国租界。从1928年起，赵太侔弃政从教，曾担任国立北平艺术专科学校和国立山东大学校长，治校理教，群贤毕至，学术日昌；晚年致力于文字改革研究，亦卓有建树。

作为戏剧家的赵太侔，是国剧运动的中坚力量，创办了中国第一个官办的北京艺专戏剧系，戏剧艺术由此进入国家高等教育阶段，是中国现代戏剧院校的创始人之一；创办了中国第一个官办省级戏剧教育机构——山东省立实验剧院，济南由此成为继北京、上海之后的第三个戏剧中心，培养了一大批文艺精英；抗战期间，他主导了教育部的剧本整理工作，对于继承、弘扬中国传统文化和抗日救亡，具有历史和现实意义。

作为教育家的赵太侔先生，两次担任国立山东大学校长，他采取兼容并包、民主办学的方针，聘请众多知名学者来校任教，形成了勤俭办学、维护教育品质、勤勉尚学的优良传统和学风，培养了一大批学有专长的人才，铸就了中国海洋大学20世纪30年代第一个黄金时期，为20世纪50年代第

二个黄金时期奠定了学科和人才基础。

作为学者的赵太侔先生,在传道、授业、解惑之余,对中国戏剧、高等教育和文字改革进行了研究与探索,虽然留下的文字不多,但"夫人不言,言必有中"。他阐述国剧运动理论的文章《国剧》《光影》《布景》,成为中国戏剧史上的经典之作;他关于教育的讲话,给人启迪,泽被后世;晚年,赵太侔先生老骥伏枥,潜心教研。他对草书有深入、系统的研究,是一位草书符号研究大家。以此为基础,他提出用草书简化、规范汉字建议,成为文字改革的一家之言。

一所大学与所在的城市,有着密切的关系。赵太侔先生立足于大学要为地方服务这一办学理念,并付诸实践,大力发展海洋生物学,筹建中国第一个本科水产系、中国高校第一个海洋研究所和水产研究所,成为中国海洋大学的三个重要涉海学科的源头。他主政的国立山东大学与其他的涉海科教单位合作,初步奠定了青岛作为海洋城的基础。

赵太侔先生通过对海洋学科的探索与创建,为中国海洋学科教育积累了丰富的经验,为中国海洋科学的发展打下了良好的基础,可以说他是中国海洋、水产学科的奠基人之一。

赵太侔先生是我的恩师,我曾跟先生学习英语,亲炙教诲,感佩至深。先生一生清正廉洁,奉献教育,学贯中西,学养深厚,尊重知识、尊重人才,知人善用,给我们留下了深刻的印象。

赵太侔先生是一位对山东高等教育做出重大贡献的人。我们要学习他奉献教育的精神,研究他教育思想中所蕴含的真知灼见;传承、发扬光大他主政国立山东大学期间所形成的优良传统和学风,这是一笔宝贵的财富。

沧桑砺洗,阡陌辉煌。中国海洋大学历经90多年的发展,已成为一所以海洋、水产学科为显著特色、学科门类齐全的教育部直属重点综合性大学,是国家"985工程"和"211工程"重点建设的高校,2017年9月入选国家"世界一流大学建设高校"(A类)。

抚今追昔，鉴往知来。我们铭记赵太侔先生在主政大学时，为学校后续发展做出的重大贡献。饮水思源，不忘先贤。我们向赵太侔先生致以崇高的敬意和深切的缅怀！

中国海洋大学原校长

2019年10月

目 录
Contents

第一章 青年才俊,矢志报国 ⋯⋯⋯⋯⋯⋯⋯⋯ 1
　一、少年气盛,热血一腔 2
　二、临危不惧,继续革命 6
　三、创办实社,编辑《劳动潮》 8

第二章 国剧中坚,载入史册 ⋯⋯⋯⋯⋯⋯⋯⋯ 11
　一、在美国发起国剧运动 12
　二、北上筹建艺术剧院 23
　三、重建北京艺专,培养戏剧人才 27
　四、创办《剧刊》,阐发国剧理论 35
　五、对国剧运动的贡献 42

第三章 随军北伐,弃政从教 ⋯⋯⋯⋯⋯⋯⋯⋯ 51
　一、投身革命,政府任职 52
　二、目睹黑暗,人生转折 55

第四章 创办剧院,投身教育 ⋯⋯⋯⋯⋯⋯⋯⋯ 59
　一、创办山东省立实验剧院 60
　二、参与筹建国立青岛大学 69
　三、兼任山东省立一中校长 75

第五章 初掌山大,建树累累 ⋯⋯⋯⋯⋯⋯⋯⋯ 79
　一、任国立青岛大学教务长 80
　二、临危受命,继任校长 89

三、从严治校，成绩斐然 93
四、敢于创新，特色鲜明 112
五、师道传承，师恩难忘 124
六、因戏结缘，结为伉俪 131
七、倾力相助，济困解厄 136
八、默许海鸥剧社公开活动 138

第六章 面向海洋，特色初萌 ······ 145

一、院系设置，富有特色 146
二、着力发展海边生物学 148
三、开设天文气象组 154
四、对海洋生物学科建设的贡献 156

第七章 锐意改革，延承校脉 ······ 159

一、大胆探索，秩序规范 160
二、心系艺专，辗转办学 172
三、沅陵会师，遭遇风潮 175

第八章 整理戏剧，文艺救国 ······ 179

一、名家荟萃，服务抗战 180
二、续缘北碚，共度时艰 185
三、整理与征集剧本 189
四、编写教材，高校复员 194

第九章 倾力艺术，艺教探索 ······ 199

一、参加发起中华全国美术会 200
二、与画家交往的点滴 202
三、创办六合工艺社 205
四、改进美术院校，构建艺教模式 206

第十章 再掌山大，续写辉煌 ······ 211

一、百废待兴，艰难复校 214
二、学府重光，复校盛典 238

三、艰苦创业，全面发展　242
　　四、留在青岛，迎接解放　251

第十一章　全人教育，凸显海洋　　257
　　一、立足地方，发展特色　258
　　二、创办海洋研究所　260
　　三、创办中国第一个本科水产系　264
　　四、创办水产研究所　273
　　五、诚恳挽留朱树屏　275
　　六、南迁上海，借读复旦　278
　　七、奠定基础，影响深远　282

第十二章　老骥伏枥，潜心教研　　285
　　一、教学严谨，解疑释惑　286
　　二、致力于文字研究　292
　　三、身兼数职，参政议政　299
　　四、教子有方，亲情绵长　302

第十三章　公允评价，迟到缅怀　　307

附　录　　312
　　赵太侔年谱　312
　　参考文献　316

后　记　　317

他是一名爱国知识分子，辛亥革命、新文化运动、国剧运动、高等教育，留下他的奋斗足迹。他是一位严谨的学者，戏剧理论、治校理教、文字研究，留下了他的真知灼见。

作为教育家，他先后在国立北京艺术专门学校、山东省立实验剧院、国立山东大学、山东大学、山东海洋学院执教或担任校长，为人才培养做出了重要贡献。尤其是他在担任国立山东大学校长期间，形成了勤俭办学、崇尚学术、严格管理和为地方服务等优良传统，对后续办学产生了深远的影响；致力于海洋、水产学科建设，为山东海洋学院的创办奠定了基础。

他就是生前曾任山东省政协常委、民革中央团结委员会委员、民革山东省委员、民革青岛市副主委、山东海洋学院教授的赵太侔。

第一章

青年才俊,矢志报国

赵太侔早年在青州、烟台、济南、北京等地求学、工作,受到良好的教育,开阔了视野。在求学过程中,他追求进步,加入同盟会;辛亥革命爆发后,他参加济南、烟台的独立起义,是辛亥革命在山东的先驱之一。反抗清朝反动统治的革命活动,是赵太侔人生的重要起点。

在北大求学期间,受五四新文化运动影响,赵太侔创办实社,试图探索救国图强的道路。

一、少年气盛，热血一腔

赵太侔于1889年11月2日出生在山东省益都县（今青州市）一个农民家庭，祖居东关棉花市街，家道贫寒。其父亲是县署的钞报，相当于现在的会计，靠这个职务上的收入维持全家的生活。赵太侔有兄妹四人，他排行老二，长兄赵秋海，妹妹赵鲁玉，小弟赵和生。

赵鲁玉是青岛第一个女共产党员、青岛女权运动的带头人，曾领导胶澳商埠局电话局司机生的罢工斗争。赵和生长期在青岛生活，先后在青岛金华纱厂、山东大学印刷厂工作。

父亲开始给他起的名字是赵海秋，后来赵太侔自己将名改为赵畸，字太侔。① 此名取自《庄子·大宗师》"畸人者，畸于人而侔于天"。既侔于天，可谓太侔。他以畸为名，太侔为字，后来遂以字行。赵太侔的挚友梁实秋，对他的名字有过解读："唐成玄英疏曰：'畸者，不耦之名也。修行无有，而疏外形体，乖异人伦，不耦於俗。'怪不得他名畸字太侔。"② 赵太侔为自己取名"畸"与字"太侔"，有"畸人侔天"之意，指出其名为人清高，不流于俗。

青州，古九州之一。因其南邻曲阜，西接临淄，深受孔孟学说和稷下学风影响，尊师重教之风、崇尚文化之习，历代不衰。在这种氛围下，家

---

① 赵太侔在青年时期用的名字是赵海秋，1930年至1945年，在担任国立青岛大学教务长、国立山东大学校长、北平艺术专科学校校长和重庆民国政府担任教育部高教司司长时，均用名字赵畸；1946年再度担任国立山东大学校长后，用名赵太侔。此后，他延用这个名字。

② 梁实秋：《酒中八仙——忆青岛旧游》，载梁实秋：《槐园梦忆》，四川人民出版社2017年版，第153页。

长多望子女读书成名,将来光宗耀祖。

赵太侔的父母望子成龙心切,尽管经济并不宽裕,还是在赵太侔刚满6岁时,就将他送进了私塾启蒙。读完私塾后,赵太侔又入益都县新创办的第一所公立小学——益都县东关小学读书,1904年毕业。

⊙今日之青州城

幼年的赵太侔聪颖勤奋,刻苦好学,于1906年7月以优良的成绩考入青州府公立中学堂(今青州第一中学前身)。中学堂位于青州城西南隅——松林书院的故址。松林书院建于北宋,时称"矮松园",明正德年间更名为"松林书院",是古青州的教育圣地。清末西学东渐,松林书院于1902年改为青州府官立中学堂,翌年改称青州府公立中学堂,为山东官立中学堂之始。赵太侔在青州府公立中学堂受到了良好的教育,开阔了视野,结识了一大批有学识的良师和立志学习报国的同学朋友。他发愤图强,学业成绩一直名列前茅;且多才多艺,但寡于言笑。

像当年那些追求进步的青年学生一样,年轻的赵太侔也有一腔报国热血,想为推动国家变革贡献一分力量。在青州府公立中学堂,他结识了讲授科学教习课的同盟会员齐树棠。1906年,赵太侔与丁训初、刘次溪、苏紫澜、李曰秋、赵魏等同学在齐树棠影响下加入同盟会,成为资产阶级民主革命在青州的先觉力量。赵太侔、李曰秋、赵巍等人在校内暗中储藏弹械,练习射击,以便投入推翻清朝专制的斗争。赵太侔的革命思想也在这里萌芽。

青州府公立中学堂是辛亥革命在青州的大本营,赵太侔等同盟会会员成为辛亥革命在山东的一支重要力量。

那个年代中国人民饱受西方殖民者的欺辱,有识之士在思考:如何才能救国救民于水火之中?清政府腐败软弱,民众运动如火如荼,赵太侔毅然决然地选择了孙中山领导的同盟会，并投身到济南、烟台的独立运动，成为辛亥革命在山东的先驱。

由于家庭陷入危机，经济状况堪忧，父亲无力继续供赵太侔读书，1906年12月，他不得不退学，在家闲居。当时益都一带，基督教传播之风气甚盛，各地设有基督教堂。赵太侔受到了教会的影响，为改善家庭条件，学些实际技能，早日就业，于1907年1月遵奉长辈建议，到烟台教会办的实益学馆学习英文。

1861年烟台开埠后，传教士纷至沓来，基督教、天主教教会相继在烟台开办学校。实益学馆的前身是美国人韦丰年于1871年创办的英文馆，校址位于毓璜顶西南坡。

⊙实益学馆

1897年英文馆更名为实益学馆，以教授英语、商业为主，时为烟台最高学府，美国人毕威廉担任实益学馆校长。实益学馆隶属于基督教美国北长老会，是一所典型的教会学校。

此时，赵太侔的家境日显困顿，其父母求亲告友，借贷度日，以保证他能继续读书。已进入青年时期的赵太侔，深知父母供己上学之艰辛，珍惜难得的求学机会，矢志求进。他的学习成绩一直名列前茅，特别是英文的基础打得很坚实，为他后来进入大学和出国留学，创造了有利条件。

东牟公学毗邻实益学馆，由同盟会员谢鸿焘、徐镜心、邹秉绶、李惺斋等人创办。东牟公学名为学校，实际上是同盟会的聚集地。该校均由同盟会员担任教员，宣传革命思想，鼓动血气方刚的革命青年，投身到推翻清朝的革命运动中，一时间成为烟台的革命策源地。东牟公学的师生在辛亥革命时期的烟台独立的革命浪潮中发挥了举足轻重的作用。

在赵太侔眼中，实益学馆就是一个"买办养成所"，大部分学生是基督徒，求学的目的是希望到海关、邮局或洋行里做事。在革命形势的鼓舞下，赵太侔与实益学馆中其他三名同盟会会员一起，设立读书室，举办演讲会，从事宣传工作。1907年8月的一个星期天，学馆中一个教徒学生因误了做礼拜，被校长毕威廉打得口鼻出血。此事引起学生公愤，赵太侔与其他同学一起愤而退学，集体搬出了学校，借住在东牟公学的房子里。

和很多进步学生一样，年轻气盛的赵太侔，此时对革命的认识还停留在反清政府的统治这个层面上，认为只要推翻清政府，建立民主共和国，政治就可以革新，国家就可以富强，就可不再受外国人的欺侮。

退学后，赵太侔从烟台来到济南，在济南津浦铁路购地局做绘图员，协助丈量路基地亩及绘图。工作中，赵太侔目睹了政府机关内部极端腐败的情形，进一步坚定了他革命的决心。

20世纪初，在反封建王朝的革命浪潮冲击下，清政府为了培养集"忠君""爱国"思想于一体的陆军基础人才，在全国各省设立了陆军小学堂，储备军力，以求自保。山东陆军小学堂于1904年由山东巡抚杨士骧创办，选址在济南，1914年停办。

赵太侔认为，习武可以救国，是乱世中的好出路。恰逢1909年，山东陆军小学堂招考第5期学生，赵太侔与同盟会其他成员相约一同报考，顺利通过。山东陆军小学堂开设的课有修身、国文、外国文、历史、算学、格致、图画、训械、操练、兵书等。赵太侔通过学习，初步掌握了军事的基本知识。

当时的济南是山东资产阶级革命的中心，革命思想已在学校秘密传播，反对帝制的革命活动也在秘密进行。眼界大开的赵太侔，思想受到鼓舞，积极投入反帝爱国革命斗争中。

二、临危不惧，继续革命

1911年，辛亥革命浪潮席卷全国。10月10日，武昌起义打响后，各省纷纷响应。在革命党人徐镜心、谢鸿焘、丁惟汾等的推动下，11月13日，山东巡抚孙宝琦宣布山东独立并在济南成立了山东军政府，自任大都督。同日，烟台革命党人同时宣布独立。在山东独立运动中，当时在山东陆军小学堂读书的赵太侔和同学积极参加，成为山东独立运动的一支重要力量。

山东独立起义遭到袁世凯等清政府反动势力的镇压，11月24日，孙宝琦取消独立，并宣布改都督为巡抚，恢复旧制。为期12天的山东独立起义失败。

山东独立运动失败后，反动势力疯狂反扑。赵太侔和一部分同学退入济南商埠，另谋大计。然而不久，革命机关被侦破，赵太侔的同学刘季霱被杀害。赵太侔与另一同学逃到青岛，后转往上海。

济南独立失败后不久，烟台独立也遭到敌人破坏。危急时刻，革命党人徐镜心返回烟台，使烟台的革命形势为之一振。

徐镜心在上海接受了孙中山、陈其美、胡瑛等人"先据烟台，再取登州，以图济南"的战略方针后，回到烟台。他马上会见了同盟会北方支部的革命党人，商讨革命大计，在烟台商业学堂正式成立了"共和急进会烟台分会"，以领导烟台的独立斗争。1912年1月20日，上海都督陈其美奉孙中山之命，率兵3000多人抵达烟台，重新控制了烟台的形势。随后，南京国民政府派胡瑛任山东都督，在烟台再次成立了直属于"中华民国"南京临时政府的山东军政府，形成了与济南山东巡抚衙门对峙的局面。

1912年2月，赵太侔折回烟台，在烟台军政府中任军务科科员，积极投身到革命斗争当中。直至同年12月，他因军政府撤销而离职。

袁世凯窃取了辛亥革命成果后，反革命势力开始对革命派进行猖狂反扑。在白色恐怖气氛中，赵太侔于1913年1月由王乐平、丁惟汾介绍，在济南申请加入了中国国民党，并任山东国民党青州区党部干事。

赵太侔后来回忆了这段历史："清帝退位，才又回到益都，随后同盟会改组为国民党，青州区党部成立，我被选为干事，这时大家都觉得革命已经成功，天下太平，以后只需要议会政治，来推行党的政纲就可以了，我当时也很以为然。"①

1912年8月，赵太侔担任临淄小学教员，以此身份为掩护，继续开展革命运动。12月，赵太侔辞职，报考了国民党在北京开办的国民大学，开始了新的人生。

---

① 中国海洋大学：赵太侔档案，档号：246。

三、创办实社,编辑《劳动潮》

1914年1月,赵太侔考入北京国民大学(中国大学的前身,创办于1912年),入法政专修科学习。8月,赵太侔又考入北京大学文科英文门,与同在北大学习的何思源、杨振声、袁振英成为挚友。在英文门学习4年,赵太侔得到名师的教诲,系统地学习了中外文学、历史和语言知识,熟练地掌握了英语,为他以后美国留学和英语教学奠定了基础。

赵太侔在北京大学学习期间,恰逢蔡元培任校长。此时,蔡元培对北京大学进行了一系列具有重要意义的改革,广为延揽有真才实学的名流学者,实行民主办学,鼓励学术研究,出版刊物和开展社团活动。随着陈独秀、李大钊、胡适等思想新潮、学术精深的教授们加入,北大迅速成为新文化运动的启蒙中心和新思想发祥地。

⊙中国大学校门　　　　　⊙蔡元培

第一章·青年才俊，矢志报国

在北大学习期间，赵太侔系统学习了英国文学、英国文学史、西方文学史、文学概论等文英文门规定的课程。胡适、陶孟和、刘半农、周作人等名师或为之授课，或与之讨论，同学们之间互相砥砺。

除此，赵太侔还读到一些有关无政府主义的书刊。他与袁振英一起创办了实社，编辑出版《实社自由录》。赵太侔在《实社自由录》第一辑发表《答天放君》和《复了僧君》，系统阐述自己的无政府主义见解。

北京大学的求学经历，对赵太侔的一生至关重要，其价值观、品行、专业知识，根深于此得天独厚的环境中。赵太侔深得北大校长蔡元培的教育精髓，在以后的办学实践中，他将北大精神融入其中，并发扬光大。

1917年7月，赵太侔以优良的成绩毕业。他回到济南，在山东省立第一中学担任英文教员，并在山东省立第一师范学校兼英文课。

⊙实社自由录

赵太侔因为宣扬无政府主义，名声大振。这时美洲一部分信仰无政府主义的华侨工人，想办个刊物，请他担任编辑。赵太侔随即办好出国手续，1918年底《北京大学日刊》发出消息《赵畸之留学护照到校》："文科毕业生赵畸（赵太侔）拟赴英属坎那大（即加拿大）游学，函请本校转咨外交部发给护照。现该部已有复函，并送来护照一纸，赵君可速往本校领取也。"

1919年1月，时值第一次世界大战结束，赵太侔到了加拿大，经过温哥华移民局三天的留难，才得登陆。在加拿大，刊物没有办成，因此赵太侔又过境到了美国。

在美国纽约，赵太侔创办了《劳动潮》周刊，共出刊4期，继续宣传无政府主义，并和美国的工人组织联系日益密切。赵太侔在《劳动潮》撰文《我的救国主义》，对当时的救国乱象进行了批评，进而提出了自己的救国主张，表现出一名中国知识分子的爱国之心：

今日谈救国，多半是针对着日本说的。其实将来的祸患，尚不止日本一国，尚不仅是山东问题。你不见李宁给维尔逊书中说的么？"你方提出消弭战祸的'国际联盟'，你国内那些资本家，已在那里准备下一次战争了。他们已派人到中国调查如何投资，发展经济势力，并已预备。倘与日本竞逐，发生冲突时，就拿兵力来解决。"所以我们不要瞪着眼睛，只管望着一个日本号呼救国。我们对于一切帝国主义，乃至资本主义的野心派，应当一律看待，认为危险物，认为仇敌。

那么我们可以下一个明了的断案。"国原无可救，不过消灭灭人国的强权，是我们全世界工人平民分内事。"我还要申说一句：我们工人的国早已亡了，财产被人夺掠，生命无人顾惜。作资本家奴同作亡国奴，还有甚么大的差别吗？想到这里，我们更应该及早加入世界的平民运动。救救我们工人的国，是要紧的。①

赵太侔青年时期曾信奉无政府主义，创办实社，编辑《劳动潮》，在中国传播无政府主义，由于思想认识上的局限性，在探索救国图强的过程中走了弯路。

---

① 赵太侔：《我的救国主义》，载《人》1920年第5卷。

第二章

国剧中坚，载入史册

在中国现代戏剧史上，国剧运动是不可或缺的一页。美国留学期间，赵太侔与余上沅、熊佛西等人发起国剧运动，并付诸实践。回国后，他在北京艺术专门学校创设了戏剧系，这是中国第一个戏剧教育机构，戏剧艺术由此进入国家高等教育阶段。在筹建艺术剧院受挫后，他发表《国剧》《光影》《布景》等文章，阐述国剧运动的理论。作为戏剧家的赵太侔，由此登上中国现代戏剧的舞台。

一、在美国发起国剧运动

1919年7月，赵太侔创办的《劳动潮》停刊；8月，他便半工半读进入哥伦比亚大学研究院攻读研究生。哥伦比亚大学位于美国纽约曼哈顿，创建于1754年，是美国历史最悠久的大学之一。11月，赵太侔又考取了留美官费生，正式开始了在哥伦比亚大学的留学生涯。

此时赵太侔已在美国纽约哥伦比亚大学研究院学习了3个月，官费的补给让他逐渐走出经济困境。他先是攻读心理学系，后来转到了英国文学系。赵太侔这时读书，完全是随着个人的兴趣选课，并无意追求学位，因此选读的课程很杂。

赵太侔在美国看到了戏剧具有的宣传教育的强大社会功能，与他无政府共产主义社会要靠宣传教育的主张不谋而合，所以表现出对戏剧的浓厚兴趣，于是他开始从攻读西洋文学转向戏剧方面。他师从著名的詹姆斯·布兰德·马修斯（James Brander Matthews）教授学习戏剧文学，师从

⊙哥伦比亚大学中文图书馆

著名舞台美术家龚地师（Norman-Bel Geddies）学习布景艺术。

赵太侔酷爱戏剧，学习非常用功，得到老师和同学的赞许。1925年4月14日，熊佛西与龚地师同席。龚地师告诉熊佛西，赵太侔是他近年来知名的学生中最得意者之一。龚地师认为他的成绩第一。

熊佛西在1925年4月21日致王统照的信中，对赵太侔这样评价："他对于戏剧是下过苦功夫的，与一般普通'谈'戏剧的人们实在不同。——赵先生一直很像爱尔兰戏剧家Synge（笔者注：原刊字母不清），很沉静深思的。我们无论遇到什么问题，他不很随便乱开口，但是他一开口必有充分的道理。'夫人不言，言必有中'，赵先生受之无愧！"①

（一）《杨贵妃》公演成功，拉开国剧运动序幕

赵太侔、余上沅和熊佛西在美国大都市纽约学习，梁实秋、顾毓琇在美国音乐戏剧中心波士顿学习，不约而同地开启了中国的话剧运动。

1924年夏，赵太侔和余上沅、闻一多、张嘉铸、熊佛西等热爱戏剧的中国留学生相逢于美国纽约。此时，赵太侔与余上沅、熊佛西、张嘉铸都在哥伦比亚大学学习，分别攻读戏剧、西洋戏剧文学与剧场艺术、戏剧与文学、美术批评专业；闻一多在纽约艺术学院学习美术，且对舞台布置和服装设计很感兴趣。对戏剧的热爱，让他们走到一起。

赵太侔和余上沅等人原先并不认识，只是因为纽约的留学生团体组织演戏，他们才有机会相识，于是他们"挤"进了余上沅的"国际公寓"，开始了"唯艺术"的生活。他们过着波希米亚式的生活：留着飘逸的长发，系着宽大的花领结，常常把酒言欢，散漫但并不偷懒，且忙得不可开交。梁实秋在《谈闻一多》一文中，给我们留下一幅他们当时生活的画面："常往来的朋友们如张禹九（张嘉铸）、赵太侔、熊佛西等都是长发披头，常常都是睡到日上三竿方才起床，入夜则相偕到附近一家广东馆子偷偷地喝五加皮吃馄饨。"

纽约是一个人文荟萃的大都市，有不少著名的剧院，更经常上演著名的

---

① 宫立：《熊佛西与王统照关于中华戏剧改进社的通信》，载《湖南师范大学学报（科学社会版）》2015年第10期。

剧目。这里，不仅给赵太侔等人提供了学习戏剧理论的机会，也让他们能够亲自观看各种戏剧的上演。在温波小剧院、韩卜敦剧院、百老汇剧场，他们如饥似渴地观摩着大量精彩的现代和古典戏剧。然而由于经济拮据，为了能够观赏到难得的名剧，赵太侔等人只好节衣缩食，购买最低价的戏票，挤上最高层的"黑人天堂"，有时甚至站着看戏。在这种艰苦的条件下，他们得以观摩到全美乃至整个西方第一流的舞台艺术。

观摩之后，他们更多的是总结、思考，探讨建设中国戏剧。赵太侔经常与张嘉铸、余上沅、闻一多、熊佛西等人相约至中华酒楼聚会。这些志同道合者，边吃馄饨、喝五加皮、边谈论戏剧艺术，并跃跃欲试。跃跃欲试的结果，先是闻一多与熊佛西合编了一个独幕剧，继而赵太侔又与余上沅、闻一多等人合作演出了《牛郎织女》。初试成功，同道们笑逐颜开，畅想未来，欲再上一层楼，决心来一次较大的演出。

⊙闻一多在芝加哥美术馆前留影

1924年秋天，赵太侔和余上沅、闻一多、张嘉铸等人决定自编自演英文版中国戏《杨贵妃》（又名《此恨绵绵》）。此剧取材于中国古典名剧《长生殿》。余上沅在改编时，充分汲取了中国传统戏曲，特别是京剧最具特色的写意手法，然后由闻一多翻译成英文，赵太侔担任舞美设计。

在中秋节前后，赵太侔等编创人员开始排练。国际学舍为他们提供了礼堂作为排练场地，一些华侨慷慨解囊，为演出捐资。赵太侔等人全身心投入该剧中，边排练、边总结、边改进。他们日夜聚集在一起，为每一句台词、每一道布景、每一线灯光而运筹、斟酌，为了实现自己的理想，日夜忙碌，用了两个月的时间完成排练。

他们学习之余的大部分时间都用来排练。为了达到理想的审美效果，赵太侔和闻一多各显神通，完成了舞台布景，制作了很多服装。余上沅在给张嘉铸的信中，道出了他们排练《杨贵妃》一剧的甘苦："一出'杨贵妃'，几乎占去了我们大半的生活。在台上，在地窑里，没有半天不看见一多、太侔和你我的踪迹……我们也有时为演戏而吵嘴，直到大家高呼'开窗子''天气不错'，方才罢休。然而，乐亦在其中矣！"①

12月，纽约举办一次具有国际竞赛性质的戏剧演出活动，赵太侔、余上沅等人趁机推出公演《杨贵妃》，与其他演出一争高下。

演出那天晚上，连国际学舍赞助人约翰·洛克菲勒及家属都前来观看。《杨贵妃》里精致的布景、华丽的服装、动人的故事、独特的人物性格，特别是对于美国人来说难得一见的写意表演手法，都让从未见识过中国传统戏曲的美国人叹为观止。演出结束后，观众掌声雷动；洛克菲勒家族成员与赵太侔等剧组成员见面，并给予高度的评价。次日，报纸上刊登了文章，溢美之词接踵而至，华侨和美国人士交口称赞。

这是一次具有国际竞赛性质的演出，除了《杨贵妃》这出戏外，当时还有住在"万国公寓"的其他外国留学生所表演的具有他们国家特色的戏剧。因此，《杨贵妃》成功公演，被舆论界认为"胜过其他各国的一切表演，为国家争取到光荣"。

《杨贵妃》作为国剧运动的一次实验演出，成功不是偶然的，是编创人员齐心努力的结果，从编写剧本到舞台设计、服装制作等，全部由中国学生自己去办理。赵太侔和余上沅是这次演出的骨干，再加上美术批评家张嘉铸和画家闻一多，组成了一个很强大的演出阵容。在《杨贵妃》一剧舞美设计中，赵太侔使用象征主义手法对舞台布景和灯光进行了设计，对我国舞台美术、舞台灯光的发展起到了里程碑式的作用。

在中国戏剧史上，《杨贵妃》在美国公演具有标志性的意义。第一，这是中国戏第一次在美国本土演出，直到1930年梅兰芳才将中国京剧带到美国。从这个意义上说，《杨贵妃》就不是单纯的一部戏那么简单，而是中国戏剧的代表；第二，在戏剧艺术方面，《杨贵妃》是中国传统的戏曲剧目改

---

① 余上沅：《一个半破的梦——致张嘉铸君书》，载《晨报·剧刊》1926年9月16日第15期。

编成英文话剧，揉进了中国艺术的形式特征，是中西合璧之后产生的独特艺术，是赵太侔等人倡导的"国剧运动"的一次实验。

《杨贵妃》公演成功，是赵太侔等留美学生在美国潜心学习戏剧，用中国艺术参照西方艺术，又用西方艺术反观中国艺术，反复比较，思考中西艺术各自的形式特征，比较各自的优势与缺失，选优组合运用的必然结果。

一群非专业演员的学生怎么会取得如此巨大成功呢？这是个奇迹，因为西方人看到了一个他们想不到的一个戏剧体系。西方戏剧历来遵从模仿自然真实，舞台上一草一木、一杯一壶、铁甲大炮，乃至搭建华丽的宫殿，都必须真实，"三一律"更是典型的规则，他们的戏剧家们已经很尴尬了，一个小小舞台如何表现海阔天空？他们为苦苦寻求新的戏剧形态，争执不休。赵太侔等中国留学生的演出，让他们眼界大开：景物是虚拟的，时空是自由的，等等。总之，赵太侔等人运用中国戏曲的真实观来处理话剧舞台真实，却让观众看到了更多的生活真实，而且更艺术，更有意境。西方观众眼睛一亮。赵太侔等人从国外观众的热烈反应中看到了具有民族性的中国话剧的曙光。

这次演出的大获全胜，成绩超出了赵太侔等编创人员的预料，给了他们极大的鼓舞和信心。当天晚上，他们高兴得发狂，三更时分又喝了个半醉。演毕后的第三天，赵太侔与闻一多、余上沅、张嘉铸等编创人员聚集在余上沅家的围炉旁，边烤火边总结这次演出的得失，兴奋得彻夜难眠。繁荣祖国的文化事业成了他们奋进的方向，世界戏剧大师成为他们心中的偶像。

他们深受爱尔兰文艺复兴运动中所诞生的民族戏剧启发，对"爱尔兰人演爱尔兰人作的爱尔兰的戏剧"心向往之。这一切，都是因为他们从来不曾忘记自己是中国人，他们一直盼望着诞生具有自己民族特色的"中国戏剧"。

大家越谈越兴奋，顿时赵太侔和余上沅变成了带有浓厚象征主义和神秘主义色彩的爱尔兰戏剧家孤沁；闻一多、张嘉铸变成爱尔兰民族文学运动的剧作健将叶芝。他们几个人在极度亢奋的状态下，在海阔天空的泛论中,"彼此告语,决定回国。'国剧运动'!这是我们回国的口号"。①

何为"国剧"?赵太侔、余上沅等人给出的答案是"要由中国人,用中国材料,去演给中国人看的中国戏"。"国剧"实际上是话剧的民族化,是融汇中西戏剧之长且兼具中华民族特色的一种新的戏剧形态。具而言之,就是在引进西方话剧当中揉进中国戏曲的写意戏剧观,既含着中国戏曲的写意戏剧观,又避免当时新文化运动中的偏激对中国戏曲全盘否定的冲击。

赵太侔、余上沅等人倡导的"国剧运动",就是以中国传统戏剧为基础,吸收西洋戏剧元素,创造出一种新的但仍不失中国特色的戏剧。从专业角度说,就是应该兼取"重写实"的西方戏剧和"重写意"的中国传统戏曲之长,又偏向写意。

(二)为开展国剧运动积极筹备

如何开展"国剧运动"?赵太侔、余上沅等人首先从对纽约戏剧的调查开始。他们跑遍纽约各个剧院,了解剧场建设知识。连筹建剧院所要涉及的颜料店、电器公司、玻璃店、布店、服装店、珠宝店、胶铺、石灰铺、照相馆等他们都曾多次光顾过。调研的结果,他们的"箱子里就多了一包纸片,纸片上的材料"。②

在对纽约的剧院情形了然于心后,他们决定回国建一个"小剧院"作为开展国剧运动的实验,地点选在北京。在调研的同时,赵太侔、余上沅和闻一多做了一份详细的计划,经过多次修改,共同起草了《北京艺术剧院计划大纲》,设想筹建北平艺术剧院、演员学校、戏剧图书馆、博物馆等。

大纲体现了赵太侔等人关于建立艺术剧院的初步设想。艺术剧院与普通的临时筹备的团体不同,与旧式的科班更有极大的差别,是赵太侔等人仿照西方模式而计划筹建的具有学习、研究、演出多种功能,同时又可

① 余上沅:《一个半破的梦——致张嘉铸君书》,载《晨报·剧刊》1926年9月23日第15期。
② 余上沅:《一个半破的梦——致张嘉铸君书》,载《晨报·剧刊》1926年9月23日第15期。

以学校与剧院相结合的新型艺术团体,其目的在于振兴中国的戏剧文化事业,推动中华戏剧艺术的发展。

大纲分为组织概略、剧场建筑、营业办法、练习生功课、进行步骤等部分:人员设置上有院长、剧务部主任,剧务部有导演主任、艺术主任、文学主任、乐舞主任;营业的方法包括收支各项,甚至把印刷海报剧券、水电费都考虑到了,演出收入及分配,演员、剧务、会计等工资也一一列出;还设计出了剧券价目表,练习生的功课表;对剧场建筑的具体开销费用、经费的筹集渠道也进行了详细的说明;最后制定了大致的行动步骤,向社会募捐、向政府交涉补助、募集商股等。

⊙戏剧家余上沅

《北京艺术剧院计划大纲》于1926年9月发表在《晨报》副刊上,这个大纲以计划书的形式浓缩了他们发动国剧运动的基本思想。

为了整合留美学生中的戏剧力量,1925年1月,赵太侔、余上沅、闻一多倡议成立中华戏剧改进社,成员包括梁实秋、顾毓琇、张嘉铸、林徽因、梁思成、瞿士英、熊正瑾等旅美的戏剧爱好者。他们立下誓言:"均愿以毕生全力置诸剧艺,并抱建设中华国剧之宏愿。"以这些年轻人为核心的关于戏剧的实践和探索全面展开了,初步形成了开展"国剧运动"的基本阵营。

为了阐述他们的戏剧主张,引起广泛的关注,经过慎重考虑,他们决定先从刊行出版物入手,其他的如演戏筹款等工作,回国后开展。计划刊行"专注于戏剧方面"的出版物有《雕虫》《河图》两种。刊物由闻一多负责,赵太侔、余上沅、熊佛西担任戏剧的撰稿人。通过组稿,共收到赵太侔、闻一多、徐志摩、熊佛西等人的稿件52篇。但是因为种种原因,创办刊物的美好愿望还是落空了。

愿望是美好的，立下誓言也是容易的，但真正付诸行动，可谓困难重重。理想和现实总是有一定的距离。开展国剧运动，仅仅依靠几个人是实现不了的。为了扩大国剧运动的影响，赵太侔、余上沅、闻一多等人除了以中华戏剧改进社为平台整合美国的戏剧力量，同时将眼光投向大洋彼岸的祖国，投向了北京大学及胡适等新月派诸君子，开始寻找回国开展国剧运动的立足之地，希望借助外力实现自己的梦想。熊佛西在致作家王统照信中，谈到他们的想法："国内方面我们也打算函约诸位同志加入合作，因为我们觉得中华戏剧运动是中华国民的，所以应该大家负责。"①

1925年1月18日，经赵太侔和闻一多等人商议，公推余上沅以"中华戏剧改进社"的名义执笔写信给胡适，信中介绍了中华戏剧改进社在美国"于戏剧艺术具有特别兴趣而又深有研究"，诚挚邀请不久前在北京成立的"新月社"诸先生加入"中华戏剧改进社"，并希望"将来彼此合作，积极训练演员及舞台上各项专门人才。同时向人募款，依次添置各项器具。一到时机成熟，便大募股本，建筑'北京艺术剧院'。此刻正是这个运动开始时期，非求先生格外帮忙不可"。余上沅在信中，特意介绍了致力于戏剧的赵太侔和闻一多："在纽约于戏剧艺术具有特别兴趣而又深有研究的有赵畸、闻一多二君。赵君系民六北大英文门毕业，来美有年，近年专攻戏剧艺术。闻君系清华民十毕业，来美专习绘画，于文学及戏剧艺术又别有独到之处。"②

中华戏剧改进社之所以请求与新月社合作，一是新月社本身对戏剧感兴趣，余上沅认为与新月社合作是志同道合，共谋大事之举；二是想借助新月社的人力、财力和关系网，推动国剧运动的发展。所以1925年回国后，赵太侔、余上沅和闻 多等加入了新月社。

（三）排演《琵琶记》，为开展国剧运动汲取经验

国剧运动是伴随着《杨贵妃》的成功而呼喊出来的，作为实验的一部

---

① 宫立：《熊佛西与王统照关于中华戏剧改进社的通信》，载《湖南师范大学学报（科学社会版）》2015年第10期。
② 余上沅致胡适信，《余上沅戏剧论文集》，长江出版社1986年版，第133页。

分，赵太侔、余上沅、闻一多又参与了《琵琶记》演出，继续为将来开展国剧运动汲取实践经验。

《杨贵妃》在纽约成功公演，轰动一时，赵太侔等人在旅美华人中声名大振。远在波士顿的顾毓琇、梁实秋等中国留学生受到启发，于是决定排演《琵琶记》。和《杨贵妃》一样，《琵琶记》也是一出典型的中国传统戏。原剧共24出，顾毓琇撷取故事骨干，压缩成3幕，用口语体写出，由梁实秋翻译成英文。

剧本完成后，立即组织排演，编导是顾毓琇。梁实秋、谢文秋、谢冰心、顾毓琇、王国秀、沈宗濂、曾昭抡、高长庚在剧中分饰各角，演员阵容齐整。但是《琵琶记》在排演中遇到了困难：演出需要布景、道具，同时需要内行人在排演时进行指导。鉴于赵太侔、余上沅等人成功演出《杨贵妃》，于是梁实秋写信向闻一多求助。此时闻一多正在筹备孙中山追悼会，抽不出空来，于是请赵太侔、余上沅专程从纽约赶来相助，并复信梁实秋：余上沅是内行，能指挥一切，赵太侔多才多艺。

⊙梁实秋

赵太侔和余上沅专程从纽约赶到波士顿，协助梁实秋等人制作布景，并把《杨贵妃》剧中的一些服装带过去并指导排演。

余上沅和梁实秋早已相识，他们曾同船一道来美国。对于赵太侔，梁实秋是闻其大名，未见其人，但神交已久。因赵太侔寡于言不爱说话，闻一多怕梁实秋误会，在赵太侔到达波士顿前，特致函梁实秋，特别强调"太侔这个人是真正的'a man of few words'（一个不大讲话的人），千万别起误会，以为他心有所愠"。赵太侔来到波士顿后，果然"不声不响，揎袖攘臂，抓起一把短锯，就锯木头制造门窗。经过他们二位几天努力，灯光布景道具完全就绪"[1]。在梁实秋的印象中，赵太侔是一个整天不说话的奇人。

3月28日晚，《琵琶记》在波士顿美术剧院上演。大部分观众是美国的大学教授和文化界人士，也有不少中国留学生和侨胞，共有千人左右。演出结束时，全场掌声雷动。出现这样的盛况，说明美国观众是欢迎和赞赏这次演出的，这是赵太侔、余上沅、顾毓琇、梁实秋等人将中国传统文化介绍给西方的一次成功尝试。

由这些戏剧爱好者演出的《琵琶记》谈不上精彩，梁实秋认为是那些红红绿绿的服装，几根朱红色的大圆柱，正冠、捋须、甩袖、迈步等少见的姿态使美国观众感到新奇。据顾毓琇回忆：布景、服装、化妆，由闻一多负责；舞台设计、灯光，则由赵太侔负责。他穿的一件龙袍，便是闻一多用油画画出来的，在灯光照耀下，十分漂亮。赵太侔为《琵琶记》制作的灯光、布景，效果出彩。尤其是灯光，使用新式投射，给观众带来的是当时最先进的舞台灯光效果。

《琵琶记》的演出得到了美国主流媒体的关注，《基督教箴言报》《波士顿新闻报》等都在醒目位置配上大幅照片予以报道。

《杨贵妃》和《琵琶记》在美国纽约、波士顿两地成功演出，是"国剧运动"的里程碑事件，它以中国现代戏剧独特的形式和缠绵感人的故事让美国人大开眼界，在美国掀起了一次传播中国戏剧文化的小高潮，为传播民族文化做出了自己的贡献，中国的话剧运动在美国由此发端。赵太侔和余上沅来往于两个城市，为两剧成功演出，发挥了重要作用。

怀揣着振兴中国戏剧的梦想，承载中华戏剧改进社的期盼，赵太侔、余上沅、闻一多在学业还没有结束的情况下，相约提前回国，充当了国剧运动的开路先锋，肩负起"'逢山开路遇水搭桥'的责任，以期望我们理想中的新剧出现"。其目的是"专门干众人轻视的戏剧，他们要使戏剧之花开

---

[1] 梁实秋：《琵琶记的演出》，载梁实秋：《梁实秋散文·鉴赏版》，陕西出版集团太白文艺出版社2012年版，第117页。

遍中华大陆"①。

余上沅在致宋春舫的信中,道出他们三人开展国剧运动的决心和初步计划:"我是立定主义终身以戏剧为业务的;同志还有赵畸君(北大毕业,在美有年)、闻多君等。今夏回国的就有我们三个人,并且都决定住北京……赵、闻两君同我曾在纽约排演过两次戏。第二次的《此恨绵绵》(即《杨贵妃》)是我们自编自排的。两次都有很大的成功。"②

阔别祖国多年的赵太侔、余上沅、闻一多,终于踏上回国的征程。

---

① 宫立:《熊佛西与王统照关于中华戏剧改进社的通信》,载《湖南师范大学学报(科学社会版)》2015年第10期。
② 余上沅致宋春舫信,《清华周刊·文艺增刊》1925年第10期。

二、北上筹建艺术剧院

赵太侔、余上沅、闻一多回国后，将北京作为他们开展国剧运动的根据地。他们所开展的国剧运动，是作为一项完整的系统工程来完成的。他们以北京艺术专门学校戏剧系作为基地，培养戏剧人才，同时积极筹建艺术剧院，在《晨报副刊》开办《剧刊》，对话剧艺术的民族化进行理论上的探讨。在他们的计划中，这个系统工程的突破口就是筹建国家剧院。他们要在最短的时期内筹办一个剧院，这是酝酿已久的工作的第一步。

（一）回国目睹五卅惨案

1925年5月4日，赵太侔、余上沅和闻一多乘火车离开纽约，向西雅图奔去，他们先行回国是为了担当"开路先锋"。按照约定张嘉铸做了"留美考察专使"，熊佛西继续在纽约"留守"。14日，他们乘船回国，由于经济拮据，还要为筹办戏剧事业预备开销，所以只买了三等舱，这样每人可以节省100美元，作为3个月的生活费。回国前，闻一多对梁实秋说"此行可谓Heroic矣"，意思是真够英雄气概的。

赵太侔等人满腔热忱回到祖国，一下船见到的却是五卅惨案的景象。5月30日，上海学生2000多人在租界内散发传单，发表演说，抗议日本纱厂资本家镇压工人大罢工、枪杀工人顾正红，声援工人罢工，并号召收回租界，被英国巡捕逮捕100余人。下午，一万多群众聚集在英租界南京路老闸巡捕房门首，要求释放被捕学生，高呼"打倒帝国主义"等口号。英国巡捕竟开枪射击，造成震惊中外的五卅惨案。

6月1日，赵太侔、余上沅、闻一多在上海登岸。上岸后，他们随身东西所剩无几，闻一多把褂子当了，余上沅也将皮大衣送到当铺，才有钱下了一回馆子。

五卅惨案触目惊心，让赵太侔的心久久不能平静。赵太侔在自传中写道："1925年我和余上沅、闻一多结伴回国。三人回国的目的，是想发起一个新的戏剧运动。船到上海，正值五卅惨案发生，触目惊心，好像是从梦境中醒过来，又接触到了现实生活，至于无政府主义、戏剧运动都变成了云山缥缈。"①

在上海，赵太侔、余上沅、闻一多受到洪深、欧阳予倩的热情款待，他们劝赵太侔等人留在上海共事，说"北京去不得"。但赵太侔等人认为北京堪比美国的纽约，是人文荟萃的地方，可以作为国剧运动的中心。除了戏剧人才多集中在北京之外，更重要的是，他们认为新月社能够成为他们的后盾，因为徐志摩、邓以蛰、陈源等新月派朋友，已经对建立北京艺术剧院的计划表示了支持，所以婉言谢绝了洪深、欧阳予倩的好意，继续北上，于6月抵达北京，便全身心地投入国剧运动中。

（二）筹建艺术剧院受挫

要实现建设艺术剧院的梦想，首先要解决经费问题。赵太侔三人雄心勃勃，开列了20万的经费预算，信心十足，热情高昂。"当时我们的希望很大，剧场建筑和设备，就开了二十万，以致见了的人个个咋舌。"②为了解决这些问题，他们有周密的计划和对策。具而言之，就是将经费来源确定为商股和政府补助，在收入方面，他们计划通过演剧100次，演电影250次来实现，对经费和收入的规划，说明他们仅靠演剧无法维持生存，除演电影外，他们还需要募得其他资助。对此，他们充满了信心："假使演员方面有了相当的成绩，建筑剧院并不是十分的难事。"③

开办艺术剧院离不开朋友的帮助，赵太侔、余上沅和闻一多在北京唯一可以依靠的力量就是新月社的朋友们。7月，赵太侔、余上沅和闻一多见到了刚从欧洲回到北京的徐志摩，并参加了新月社。双方一见如故，都对

---

① 中国海洋大学：赵太侔档案，档号：246。
② 余上沅：《一件古董》，载余上沅：《国剧运动》，新月书店1927年版，第253页。
③ 余上沅：《一件古董》，载余上沅：《国剧运动》，新月书店1927年版，第253页。

戏剧表现出浓厚的兴趣。

8月11日中午,徐志摩邀请赵太侔、余上沅和闻一多午宴,作陪的有胡适、陈源等人,共商合作筹建剧院的办法。徐志摩等人也有筹建剧院的计划,他们与赵太侔、余上沅和闻一多想法一拍即合,双方因着振兴中国戏剧的共同梦想,走到了一起。

中华戏剧改进社创建者赵太侔、余上沅、闻一多与新月社的合作,当时看来是一种相得益彰的举措。中华戏剧改进社改变了孤军奋战的局面,获得戏剧运动的同盟军;而新月社也因为赵太侔、余上沅和闻一多的加入,减少了以往贵族沙龙的味道,文艺的色彩变得浓郁了。他们统一在新月社的旗帜下,恢复开办北京艺术专门学校,筹建戏剧系,创办《晨报·剧刊》,开始了轰轰烈烈的国剧运动。

但是现实是残酷的,虽经赵太侔和余上沅、闻一多多方努力,到处奔走,筹建剧院依然没有满意的结果。诚如余上沅所言:"戏剧和其他的艺术不同,不单是因为它独具的困难为最大,也因为它比其他的艺术更会花钱。一座舞台,要在设备上稍微整齐点就够人蹉跎的了。国家的经济,个人的经济,近年来是如何的枯窘,哪里去找这一笔'闲钱'!——我们既没有莫斯科艺术剧院的垫款商人,又没有白让一座都柏林亚贝剧院的黄丽曼女士①,更没有倾囊相助百折不回的巴黎自由剧院创办人安多恩。"②

面对经费的拮据,赵太侔和余上沅、闻一多想了很多广开财路的办法,但还是由于经费不足,劝募无门,创办北京艺术剧院的理想最终落空了。余上沅悲愤地向欧阳予倩、洪深、汪仲贤诉说道:"我和太侔、一多,撞了无数的木钟,结果依然是有心的无力,有力的无心;我的旧梦又翻成了新梦,实现之期,也不知在哪一年了!为戏剧艺术努力的朋友们!——

---

① 余上沅所说的这位黄丽曼女士,是指她在爱尔兰戏剧运动中,赠送了一个规模较大的剧院,使得他们有一个恢复民族戏剧的实验园地,有一个张扬他们戏剧理论理念的平台,由此爱尔兰的戏剧运动迅速做大做强。

② 余上沅:《国剧运动》"序",载余上沅:《国剧运动》,新月书店1927年版,第4页。

唉,我又有什么可说的话呢!"[1]

尽管如此,筹建北京艺术剧院,依然是赵太侔和余上沅、闻一多的"唯一甜梦",虽然遇到挫折,他们"还是没有懈怠",与热心戏剧的朋友们一起共同努力着,"只要大家能够百折不回,谁说建筑一座小剧院永远是个梦呢"[2]!

---

[1] 余上沅:《余上沅致欧阳予倩、洪深和汪仲贤》,载《余上沅戏剧论文集》,长江出版社1986年版,第136页。

[2] 余上沅:《一件古董》,载余上沅:《国剧运动》,新月书店1927年版,第253页。

三、重建北京艺专，培养戏剧人才

赵太侔、余上沅、闻一多在筹建"北京艺术剧院"受挫后，开始转向办学，决定先从培养戏剧表演和舞台装置人才入手，为以后建立剧院做准备。

（一）恢复重建北京艺专，增设戏剧系

1925年8月，年初因发生学潮而停办的北京美术专门学校（简称北京美专）筹备恢复，由教育部专门司司长刘百昭主持。此时，赵太侔和余上沅、闻一多"初回国门，难为择木之鸟"，职业没有着落，生活很成问题，而刘百昭又急需一批新人帮忙。徐志摩趁机向他推荐了赵太侔、余上沅和闻一多，参与了北京美专的恢复重建工作。此举，一是解决他们的生计问题，二是可以继续完成振兴戏剧的梦想，因为他们已经有了借机在该校添设戏剧系的计划，开展国剧运动，可以先从培养中国戏剧演员的基础教育做起。

随后，赵太侔、余上沅、闻一多和严智开、张仲述、彭沛民、邓以蛰、萧屋泉被聘为北京美专筹备委员，参加筹备，刘百昭为筹备委员会主任，恢复重建工作正式启动。

赵太侔晚年回忆道："到了北京，只好变更原来的计划，改从学校入手，进行结果，北平大学艺术学院，特别开设了一个戏剧系，由我们三人来主持，我并在北大兼任了两门戏剧课程。"[①]

北京美术专门学校成立于1918年4月，这是我国历史上第一所国立美术专门学校，由蔡元培倡导、创办，是践行蔡元培美育思想的重要艺术教育

[①] 中国海洋大学：赵太侔档案，档号：246。

单位。1925年1月,因为"风潮"被教育部勒令停办并派员接收。

"美术"作为一个学科概念在20世纪初已确立,但内涵模糊,使用也不规范。至1918年北京美术学校成立后,才成为明确独立的学科概念,与音乐、戏剧等学科门类相区别。此时,"建筑"并没有进入"美术"之列,中国的书法已作为一个独立的学科概念进入学校的教学系统,国立专门音乐、戏剧学校尚未建立。

鉴于中国没有一所包括美术、音乐、戏剧在内的完整艺术高等学府,赵太侔、余上沅、闻一多等人讨论恢复北京美术专门学校时,计划将其改制为艺术专门学校。8月29日,教育部聘请赵太侔、余上沅、闻一多等筹备委员研究学校恢复办法。他们建议北京美专不但要恢复办学,而且要扩大办学规模,趁机提出了拓展"美术专门"为"艺术专门"的计划,在原北京美专下设的图案、中国画和外国画三科基础上,增添音乐、戏剧两科,并打算按照美国的教育体制筹建"北京艺术学院"。

教育部接受了赵太侔等人建议,于9月12日批准恢复北京美术专门学校并更名为艺术学院,10月5日再次更名为国立北京艺术专门学校(简称北京艺专,后文称北京艺专),刘百昭兼任校长。9月13日,教育部批准增设戏剧、音乐二科。

⊙北京艺专校园

北京艺专的学科设置,在中国教育史上的最大贡献和意义在于确立了艺术学科的独立建制,建构了艺术学的学科系统,设定了艺术学科下属的学科群及其关系。

北京艺专设置的戏剧系,是中国第一个国立的戏剧教育机构,戏剧艺术由此进入国家高等教育。洪深在《中国新文学大系·戏剧集·导言》中,对此有高度评价:"这是我国视为最卑鄙不堪之戏剧,与国家教育机关发生关系之第一朝",是"中国戏剧运动发展中的一个重大事件"。

戏剧系的成立具有里程碑意义。一是在中国历史上,戏剧地位卑微,戏剧演员被叫作"戏子",其社会地位是"下九流",处社会最底层;二是过去中国戏曲艺人传艺是师傅带徒弟或者办"科班",口传心授,国立北京艺专的创办,戏剧由此登入艺术殿堂,纳入了国家教育机构;三是影响深远,中国戏剧艺术由此腾飞。今天有了那么多戏剧艺术院校,那么多戏剧艺术家,那么多辉煌的戏剧艺术作品,赵太侔、余上沅、闻一多等人有开创之功,是奠基者。

(二)攻坚克难,大胆探索

刘百昭上任后,聘闻一多为教务长,赵太侔为戏剧系主任,余上沅为戏剧系教授。更名后首届共录取学生160余人。戏剧系因招生缺额,决定续招。

1925年11月2日,开学不到二个月,北京政局再次发生变化。12月31日,北洋政府临时执政段祺瑞改组国务院,免去章士钊教育总长职务,以易培基继之(未就)。1926年1月12日,免刘百昭教育部专门教育司司长职务,以陈延龄继之。同时,教育部拟免去刘百昭兼任的北京艺专校长职务,决定由林风眠接任,林风眠未到任前教育部派人代为维持校务。

政府人员的更迭常常给学校带来不必要的混乱,教育界力主教育独立。为了避免政局对学校的干扰,1月22日,赵太侔与闻一多、程振基、萧友梅代表艺专教员到教育部询问北京艺专校长问题,由教育部次长陈任中接见。赵太侔等人询问林风眠接任校长是否属实。他们认为:"艺专秩序甚佳,殊无部员代为维持之必要。且教部之不能维持学校秩序,早成事实,此次若有部员到校,更足以引起纠纷。"并说,"万一刘校长辞职,则同人认为继任人选,总以资望较高,对于艺术深有兴味,且与前美专风潮无关系者为宜"①。赵太侔、闻一多和萧友梅等主张欢迎蔡元培主政北京艺专。

1926年3月,林风眠就任北京艺专校长后,闻一多辞去教务长一职,林

---

① 《艺专代表质问教育当局》,载《晨报》1926年1月23日。

风眠决定自己兼任。

在经历了一番波动后,北京艺专渐趋平静,步入正轨办学。由于戏剧系初设,困难重重,没有经费,没有师资,甚至招不足学生。戏剧系经过几次招生后,共招收了张兰璞(张寒晖)、王瑞麟、谢兴(章泯)、张鸣琦、匡直、韩廷让、黄云谷、杜联齐、王泊生、吴瑞燕、范映霞等29名学生。

戏剧系设有4年制本科和2年制预科,本科一、二年级不分专业。三、四年级分表演、舞台装置、编剧三个组。

在课程设置方面,戏剧系有别于口传心授"科班",因系初设,没有先前的办学经验可以借鉴,赵太侔和余上沅几经探索与调整,最终确定:一年级开设的课程有习演、舞蹈、音乐、国音、化装术、戏剧概论、昆曲等;二年级开设的课程有习演、舞蹈、音乐、戏剧原理、舞台艺术、戏剧文学、编剧、昆曲等。所设课程中,戏剧概论、舞台艺术、化装术、戏剧文学、习演等课程,模仿西方戏剧院校的教学安排,对戏剧系的学生还是相当有吸引力的。

赵太侔除了系务工作外,为学生开设习演、舞台艺术课程;布景造设及舞台管理,则由赵太侔、余上沅轮流担任。

赵太侔的"习演课"(即排练课)是学生们最感兴趣的。在赵太侔、余上沅等教师的指导下,戏剧系学生认真排练了丁西林的《压迫》《一只马蜂》和田汉的《获虎之夜》等剧,并于1926年6月5日在学校礼堂首演话剧《一只马蜂》,这是北京最早摆脱文明戏影响的话剧演出。赵太侔任该剧的导演和舞美设计。演出结束后,反响非常热烈,广受好评。张嘉铸对《一只马蜂》《压迫》演出极为赞扬,认为"这一次演戏是为建设一种新的艺术"。很快,北京艺专戏剧系便成为北京戏剧运动的中心。

为此,赵太侔和余上沅还改建北京艺专礼堂,使之成为具有镜框式台口及首次设置硬质固定天幕的专业话剧剧场;赵太侔在戏剧系开设舞台美术课程为中国培养了贺孟斧、张鸣琦等第一批舞台美术人才。

半年过去了,戏剧系的设备几乎是一点也没有,学生只剩下20名,而其中又有几个没有多大希望的。为此,赵太侔和余上沅、闻一多忧心忡忡,他们经过商议,急需:"第一,我们非要学校先拿一笔款购买舞台用灯不可;第二,我们须于春季始业招考插班生(我们尤其要收女生,目下只有女生三人,不够的很)。"①

除了上述困难外,还有一个重要原因,由于赵太侔、余上沅等人急于在教学中与"国剧运动"结合起来,于是在课程安排上和教学上都出现了一些问题。

赵太侔、余上沅倡导的国剧运动,希望在融合中西戏剧的基础上创建国剧,在于对戏曲程式化舞蹈动作的改造,而如何保持这种具有美感性的舞台样式,并融入他们的新理想,成了问题的关键。

中国戏曲的景物虚拟、时空自由、意境化、象征化、符号化、韵律感等写意戏剧观,其程式最为根本的是建立在音乐歌舞基础上,使之得以系统化,浑然一体,这是与其他艺术程式的根本区别。其实不但戏曲,中国艺术几乎都充满了歌舞精神,戏曲几乎综合了艺术的全部形式。要使话剧民族化就不能不领悟歌舞精髓。赵太侔、余上沅等人除了用西方歌舞的训练来改变戏曲的舞蹈动作形态之外,不能不在戏剧课程里请戏曲老师来加进戏曲基本功训练。

一个学期以后,戏剧系在赵太侔的主持下,每周增加了十来个钟点旧戏的课程,让学生们学习京戏、昆曲的科白、做功和唱腔,并把此当作戏剧系的主要科目,因而挤掉了学生们最喜爱的"习演"的时间,引起了深受五四新文化运动影响的学生的不满。由此,引发了戏剧系的一场轩然大波:一次"国剧派"与"话剧派"的激烈争斗。

"国剧派"与"话剧派"各执一端。以赵太侔、余上沅为代表的"国剧派"坚持:中国固有的文化是优秀的,我们要用中国的精神建筑起国剧来。话剧是从西洋贩来的,它决不能替代中国固有的戏剧艺术。

而以戏剧系学生张蓝璞(即张含晖)为代表的"话剧派"则认为:赵太侔、余上沅等人是一些历史光荣的盲目崇拜者,把中国一切文化都推尊

---

① 余上沅:《致欧阳予倩》,载余上沅:《余上沅戏剧论文集》,长江出版社1986年版,第137页。

为至高无上的艺术，口头上讲的是创造新的国剧，实际上则要整个儿搬出旧剧，而旧剧完全是一堆应该丢到坟墓里去的腐骸。只有先扫除旧剧才可以腾出地方给新剧生长。

双方唇来舌往，枪来刀挡，情绪激烈。张蓝璞刊文发泄对赵太侔、余上沅等教授的不满："我们戏剧系招生时和简章的计划书上，并未提到什么旧戏底课程；然而，那些没有本领的教授们竟受一二个因为自利而乱唱的人包围，愚弄，于民国十五年的上学期中忽然要改课程表，添数十小时旧戏，将我们至要的表演时间改在下午黄昏时候，而以旧戏的科白，做工，——等居于主要课程；并广招其什么富呀，芳呀，来做教授，这是何等的荒谬呀！——几乎，把戏剧系造成了第二个'富连成'班。"①

戏剧系学生对赵太侔、余上沅等教授的不信任，最终演变成人身攻击。1926年9月，李珥彤发文指责余上沅和赵太侔不称职的教学和不负责的态度：戏剧概论课"七零八落，马马虎虎说了一大套……化妆术，就只能化了两个不伦不类的少年和老人，余的技巧……叫我们自己去想，想好了就化，画好了让大家来瞧，猜猜看像哪类人物，就是哪类人物"。至于赵太侔的"舞台布景与造设，除在大礼堂拿起米达尺，把舞台上所有纵横，高下，长短……的尺寸，量了一量。画了几张立体，正面，侧面的图案。其余的台怎样造，叫我们自己去想；景怎样饰，也叫我们自己想去"②。

赵太侔、余上沅为戏剧系学生安排传统戏曲表演课程的初衷，并没有得到学生的理解，且遭到学生们的强烈反对。他们认为此举改变了招生时宣称的办学宗旨，因此有的要求离开学校，有的宣布自行组织剧社，独立活动。1926年5月，张蓝璞、左明、黄云谷、王瑞霖、常子英离开学校，单独组织"五五剧社"，并在《世界日报》出版《戏剧画刊》约一百期，与赵太侔、余上沅编辑的《剧刊》唱对台戏。双方矛盾愈燃愈烈。

赵太侔、余上沅作为年轻教授，教学经验不足无可厚非，而且以后余

---

① 张蓝璞：《五五剧社的过去》，载左明：《北国的戏剧》，现代书局1929年版，第120页。
② 李珥彤：《忆余上沅与赵太侔之去（1）》，载《世界日报·戏剧周刊》1926年11月15日，第74—75页。

⊙北京艺专大礼堂

上沅任国立戏剧学校校长、赵太侔任国立山东大学校长对中国教育，特别是戏剧教育的贡献无可否认。从学生的言论中，可以窥见赵太侔、余上沅等人发起的国剧运动，及培养戏剧人才的阻力和艰辛。余上沅感叹："在这种不死不活的状况之下，我们勉强支持了一年。"

为了振兴国剧，赵太侔、余上沅他们千辛万苦创办了北京艺专戏剧系，美好的愿望受到严重挫折，这是他们始料未及的。对于中国艺术精华之深奥的认识，在反封建的文化浪潮中，百口莫辩。

在赵太侔任北京艺专戏剧系主任一年多的时间里，他作为我国现代戏剧学校的创始人之一，为中国培养了第一批戏剧人才，后来这些学生成长为中国戏剧的栋梁之材。

（三）在北京大学开设戏剧课

赵太侔除了担任北京艺专戏剧系主任外，还兼任北京大学讲师，讲授戏剧概论。关于赵太侔在北京大学讲授戏剧的情形，知之甚少。我们从1925年10月22日的《北京大学日刊》中，见到一则注册部布告，有赵太侔调课的信息："赵畸先生所授英文系二年级戏剧，原在星期二第六、第七时，现改为星期二第一、第二

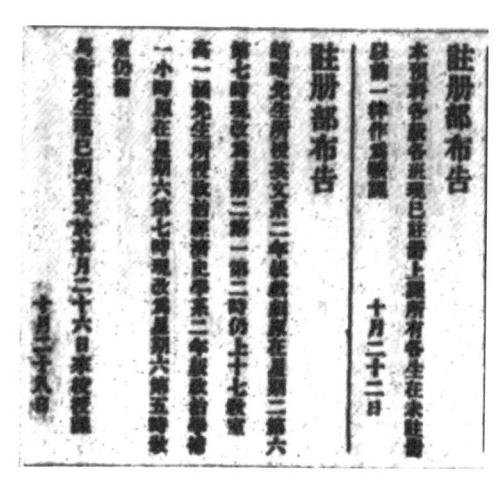
⊙《北京大学日刊》注册部发布赵太侔调课通知

时，仍上十七教室。"①

在北京大学，赵太侔与物理学教授丁西林成为挚友。此时丁西林致力于戏剧创作，1925年出版了话剧集《一只马蜂及其他独幕剧》，收《一只马蜂》《酒后》《亲爱的丈夫》等三部话剧。《一只马蜂》发表后，于1926年6月5日，由北京艺专戏剧系首演，赵太侔任导演，广受好评。

他的学生许君远（小说家、散文家、翻译家）在《记北大的教授群》一文中回忆："进了英文系，我一直以一半国文系的课程维持我的学分。英文系的教员最初有张歆海、陈源、温源宁、赵太侔，后来又有徐志摩、叶公超、林语堂……赵太侔在北大时期很短，我上过他的戏剧，他走了以后，课程由一位英国教授毕善功接替。他现任山东大学校长，今年（注：指1947年）在上海见他，重投了一次门生帖子。"②

北京大学是赵太侔的母校，他学成归国后，将西方的戏剧理论搬上北大的课堂，为西方戏剧理论在中国的传播做出了自己的贡献，为北大培养了一批戏剧人才。

---

① 赵太侔：《国剧》，载余上沅：《国剧运动》，新月书店1927年版，第14页。
② 许君远：《记北大的教授群》，载《益世报》1947年6月26日。

四、创办《剧刊》,阐发国剧理论

在五四思潮的强烈冲击和影响下,20世纪20年代中国的绝大多数新派知识分子对传统文化都是带着批判的眼光的,因焦虑于中国人的落后,又缺少从世界角度观察的坐标,很难发现自身文化中有价值的因素,而是把传统视为同一的整体加以批判和排斥。在这样的情势下,为研究、传承中国文化的精华,赵太侔他们办起了《剧刊》,宣扬他们的主张。《剧刊》的创办和发文充满争辩意味,我们今天从中看出他们的坚持和智慧,可以更深入认识中国文化,了解国剧运动的重要意义。

国剧运动的酝酿与准备,是在志同道合的留学生聚合下开始的。赵太侔等人在美国提出国剧运动后,把新月社诸位引为同道,希望得到他们的支持,为实现国剧运动的理想共同努力。

新月社与中国戏曲渊源较深,其成员多酷爱中国戏曲。1923年徐志摩从英国留学归来回到北京,发起组成了一个小团体。他们每两周聚餐一次,既吟诗作画,也举行各种娱乐活动,所以名曰"聚餐会",又因徐志摩陶醉于中国的传统戏曲,常习唱京、昆,因而又叫作"双星社"。1924年夏,以此为基础成立新月社。

赵太侔、闻一多、余上沅和朱湘、饶孟侃、杨世恩、刘梦苇等加盟新月社,很有意义,从这个时候开始,新月社才真正走上了探索新文艺的道路,从而转型

⊙徐志摩

为一个名副其实的文学社团。

新月社不同于文学研究会、创造社、语丝社等著名文学社团，创办之初没有自己的机关刊物。1925年10月，徐志摩接办被称为中国四大副刊的《晨报副刊》，1926年4月1日发起并创办了《晨报·诗镌》，出了11期后，暂时"放假"，腾出版面创办《剧刊》。《诗镌》和《剧刊》是新月社成员在北京时期展现其才华和艺术追求的一块小阵地。

《剧刊》集中阐释了赵太侔、余上沅等国剧运动倡导者的戏剧观念，提出了与《新青年》派不同的另一种选择。他们主张"从整理与利用旧戏入手"去建立"中国新剧"，为中国戏剧的发展做出了独特的贡献。

（一）成立中国戏剧社，扩大国剧运动阵容

为了扩大国剧运动的阵容，让更多热爱戏剧的朋友参与其中，在北京艺专戏剧系第一次公演成功后，赵太侔、余上沅、闻一多等人发起成立了中国戏剧社，宋春舫、叶崇智、徐志摩、丁西林、熊佛西、梁实秋、张彭春、欧阳予倩、洪深、田汉等都是其成员，一时颇有影响。

他们制定了《中国戏剧社组织大纲》。宗旨是研究戏剧艺术建设新中国国剧，社址设在北京国立艺术专门学校。中国戏剧社还建立相当完备的组织机构，设立了执行委员会、基金委员会、出版委员会、图书委员会、剧院委员会。

赵太侔在中国戏剧社身兼数职，他与宋春舫、徐志摩、叶公超、闻一多、张嘉铸、余上沅负责执行委员会；同时，他还与余上沅、欧阳予倩负责院务委员会。此外，赵太侔任书记。

1926年6月，《晨报·剧刊》创刊后，中国戏剧社成员，如赵太侔、闻一多、张嘉铸、熊佛西、顾一樵等，是该刊的主要撰稿人。

中国戏剧社重要成员欧阳予倩、田汉、洪深等人当时均在上海，远离赵太侔等人活动的北京，当时通讯、交通均不发达的20世纪20年代，他们要共谋大事，是相当困难的，更为关键的是，中国戏剧社的众多同仁，其中不少人还对中国戏曲持完全否定观念，与赵太侔、余上沅、闻一多等人并未形成一致的"国剧"理念。

(二)编辑《剧刊》，发表国剧文章

在《诗镌》宣布"放假"之时，赵太侔和余上沅、闻一多，在培养戏剧人才的同时，依然初心不改，他们想借助北京艺专这个平台开办剧院，并为之奔走。艺专戏剧系总算是建立起来，但他们心目中的剧院依然虚无缥缈，虽经努力，始终无法实现。余上沅对张嘉铸说"这种痛苦，你虽不曾身受，也总能想见一般罢"。

作为戏剧同道的张嘉铸很能理解赵太侔、余上沅、闻一多三人的心情，或许正因为此，他才提议创办《剧刊》，希望先在社会上形成一个戏剧的氛围，然后再借助社会力量筹建剧院。赵太侔和余上沅、闻一多接受了他的建议，无奈地长叹："学校既然不能发展，我们只好申诉于社会了。"

《诗镌》于1926年6月10日停刊后，一周后的6月17日，《晨报·剧刊》利用《诗镌》让出的版面创刊，主要编辑为余上沅，赵太侔和闻一多参与组稿，徐志摩负责编辑、发行。

《剧刊》创办的目的，就是以此作为宣传赵太侔、余上沅、闻一多等人戏剧理论思想的阵地，同新月派的格律诗一样，"国剧运动"戏剧主张也趋向传统，从中国戏曲的美学特征出发，结合西洋话剧的写实成分，创建一种新的戏剧形式。

《剧刊》的创办是张嘉铸提议的，核心人物则是徐志摩。徐志摩作为新月派的灵魂人物，非常高兴为"热心戏剧的几个朋友"赵太侔、余上沅、闻一多等人筹划一块小小的艺术园地，作为建立艺术剧院的舆论准备。他在发刊词《剧刊始业》道出

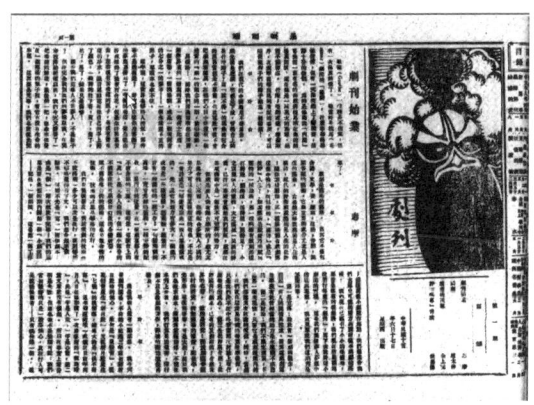

⊙1926年6月17日《晨报·剧刊》创刊

办《剧刊》的动机："我们有几个朋友，对于戏剧的技术（不说艺术），多少可以说是在行。……我们想合起来做一点事。这回不光是'写'一两个

剧本或是'做'一两次戏就算完事，我们的意思是要在最短的期内办起一个'小剧院'——记住，一个剧院。这是第一部工作；然后再从小剧院作起点，我们想集合我们大部分可能的精力与能耐从事戏剧的艺术。我们现在已经有了小小的根据地，那就是艺专的戏剧系。我们现在借晨副地位发行每周的《剧刊》，再下去就盼望小剧院的实现。"办《剧刊》的主旨在于"宣传""讨论""批评与介绍""研究"。①

《剧刊》创办后，聚集了一批有志于振兴、探讨戏剧的力量，共发表探讨戏剧理论、中外戏剧比较、舞台舞美及表演技巧等文章，共计43篇，其中包括25篇戏剧理论文章，8篇介绍国外戏剧的文章。赵太侔在《剧刊》上发表《国剧》《布景》《光影》3篇文章，不仅数量多而且质优，每一篇都是针对性很强的专业文章，分量颇重，显示了作者思考精深，引发广泛关注与重视。

在《剧刊》创刊号上，打头阵的是赵太侔文章《国剧》。他在《国剧》一文开宗明义地宣言："现在的艺术世界，是反写实运动弥漫的时候。西方的艺术家正在那里拼命解脱自然的桎梏，四面八方求救兵。——在戏剧方面，他们也在眼巴巴地向东方望着。"②由此，他认为"应该绝对的保存"旧剧中的一个"特出之点"，即"程式化"，比如"挥鞭如乘马，推敲似有门，叠椅为山，方布作车，四个兵可代一枝人马，一回旋算行数千里路，等等都是"③。进而赵太侔在承认旧剧固有价值的基础上从剧本动作表现等各方面探讨了改进旧剧的可能性。由于文章较长，第2期才续载完毕。

赵太侔除了对国剧理论进行阐发外，还对舞台艺术进行了探讨，他在《剧刊》第6期上发表《光影》，在第7期上发表《布景》。这两篇文章堪称当时舞台艺术研究的经典之作。

在赵太侔、余上沅创办《剧刊》的同时，北京的政治形势越来越紧张。1926年4月9日，冯玉祥领导的国民军推翻了临时执政府；4月15日，直

---

① 徐志摩：《剧刊始业》，载《晨报·剧刊》1926年6月17日。
② 赵太侔：《国剧》，载余上沅：《国剧运动》，新月书店1927年版，第10页。
③ 赵太侔：《国剧》，载余上沅：《国剧运动》，新月书店1927年版，第14页。

奉联军直逼北京，国民军被迫撤退；4月27日，北京九所高校遭到搜查，师生与文化人纷纷南下，闻一多也于7月下旬携眷返回湖北浠水老家，只剩下赵太侔和余上沅苦撑着《剧刊》。

因为《剧刊》的稿源多来自北京诸高校任教的学者，随着他们的纷纷南下，《剧刊》闹起了稿荒。在9月16日和23日最后两期，刊登了赵太侔、余上沅、闻一多、孙伏园共同草拟的《北京艺术剧院计划大纲》。余上沅在刊发时，加了编者按，称之为"一件古董"。除此，还刊发了徐志摩翻译的托尔斯泰论剧一节，余上沅的《一个半破的梦：致张嘉铸君书》等文章。

9月23日，《剧刊》在出完第15期后，宣布停刊。随着《剧刊》的停刊，国剧运动日渐式微。徐志摩在《〈剧刊〉终期》无可奈何地写道："剧刊的地位本是由诗刊借得，原意暑假后交还，但如今不但诗刊无有影踪，就剧刊自身也到了无可维持的地步。"①

后来，余上沅将在《剧刊》所发表文章，选取了其中的23篇汇编成册，题名为"国剧运动"，由上海新月书店于1927年9月出版。《国剧运动》一书由余上沅作序，书中共收录赵太侔的文章《国剧》《光影》《布景》3篇。

⊙余上沅编的《国剧运动》

《国剧运动》一书，是"国剧运动"倡导的戏剧观念的整体阐释，是对中国现代戏剧事业发展做出的独特贡献。

《剧刊》集中阐释了作为一个文学流派的戏剧观念，是新月派文学事业上的一次集体拓展，成为中国现代戏剧发展史上不可或缺的一环。

如果说，赵太侔、余上沅、闻一多创办的北京艺专戏剧系，是从教育

---

① 志摩、上沅：《剧刊终期》，载余上沅：《国剧运动》，新月书店1927年版，第245-246页。

方面促使戏剧艺术化的话，那么他们创办的《剧刊》则是从理论方面将戏剧确认为"艺术的艺术"。从这个方面说，《剧刊》的创办，并不是一群戏剧爱好者一时兴起的游戏，客观上对中国戏剧的发展起到了促进作用，具有非凡的意义。

（三）《戏剧周刊》对垒《剧刊》

在《剧刊》创刊后不久，北京艺专戏剧系学生组织五五剧社编辑出版《世界日报·戏剧周刊》。这份刊物问世后，就此形成了与赵太侔、余上沅等教授们倡导的"国剧"对着干的姿态。这从两份副刊的报头题图可以清晰地看到：《晨报副刊·剧刊》的题图是带盔、满髯的京剧花脸脸谱；《世界日报·戏剧周刊》的题图是一位长发的裸体女郎，手持将京剧老生和鼓板一网打尽的渔网，鲜明地预示西方戏剧女神对"国剧"的胜利。

《世界日报·戏剧周刊》出版时，《晨报·剧刊》已出版了3期，赵太侔的《国剧》、闻一多的《戏剧的歧途》和余上沅的《旧戏评价》等倡导重新审视旧剧、反对社会问题剧的几篇重量级文章均已刊出。赵太侔在《国剧》一文中，以马修斯的程式理论为依据，全面分析了戏曲各个方面可以引入话剧并为世界所用的依据，并最终归结到人生与艺术的关系："话剧诚然是最接近人生的艺术。但是正为这个缘故，我们才不要单被人生摄引了去，而看不见艺术。"[①]

刚从开封回到北京的向培良（"狂飙社"主要成员），把国剧运动的倡导者看作一群"国家主义者"，他全盘否定了旧剧，否定了国剧运动的理论主张。向培良主张戏曲不能改良，向进行中国戏曲改革的赵太侔等人发出愤激之辞："两礼拜以前，我还没有回北京，便看见《晨报·剧刊》第一期。那报头足使我吓了一大跳。怎么一张脸谱，跑到'宣传，讨论，介绍，与批评剧'的刊物上面来了呢？看到后面赵太侔先生的《国剧》一文，才晓得他们是要以……旧戏去帮助他们解脱自然的桎梏。"[②]

[①] 赵太侔：《国剧》，载余上沅：《国剧运动》，新月书店1927年版，第20页。
[②] 向培良：《旧剧与赵太侔》，载《世界日报·戏剧周刊》1926年7月17日。

与向培良意趣相投的北京艺专戏剧系学生们反响更为强烈。《世界日报·戏剧周刊》发表了与赵太侔针锋相对的同名文章《国剧》："我敢这样武断地说：现时流行的被人称为'国剧'的'旧戏'，它仅是一种玩意儿，一种供人娱乐的消遣品。它不但隔在艺术的门外，它简直没有窥见艺术的影儿；它既说不上模仿人生，更说不上表现人生。"①

　　学生中反应最激烈的是廖佐民（即左明），他于8月23日发表在《戏剧周刊》文章，火药味更浓，文章的标题干脆就叫"就算是骂"，声讨的对象是俞宗杰，导火索是俞宗杰于8月19日在《晨报·剧刊》发表的《旧剧之图画的鉴赏》一文。在廖佐民眼里旧剧没有必要反驳，最使廖佐民和其他学生们恼怒的是俞宗杰竟然和赵太侔、余上沅等留学归国的"学者教授们"去讨论旧剧："你们拿无辜乡老血汗换来的千千万万的大洋，到国外去留学多年，回国来应干的不干，反在这里畏难苟安，只去碰那已成不可救药的旧剧，岂不是可笑吗？"②

　　不同的戏剧观，形成了两个迥然不同的戏剧理论阵营。国剧这朵融合中西戏剧艺术的奇葩，由于遭到传统势力的强烈反对，在中国戏剧史上昙花一现，但产生了深远的影响。

---

① PS：《国剧》，载《世界日报·戏剧周刊》1926年7月26日。
② 廖佐民：《就算是骂——读了俞宗杰的旧剧之图画的鉴赏》，载《世界日报·戏剧周刊》1926年8月23日。

五、对国剧运动的贡献

《国剧运动》一书的出版,意味着"国剧"运动的终结。但是赵太侔、余上沅等人所倡导的"国剧运动"的主张有着一定的影响:第一,他们强调戏剧要艺术地表现人生;第二,提出戏剧是一门综合的艺术;第三,强调建立具有民族特色的戏剧,对于国剧运动尽了推动的责任。

(一)赵太侔的"国剧"观

在国剧运动中,赵太侔与余上沅、熊佛西是核心人物,他们都主张从整理与利用旧戏入手去建立"中国新剧",即"国剧"。他们所要建立的"国剧",是西方现代戏剧与中国传统戏剧的艺术结合,是中国化的话剧。

赵太侔倡导话剧超脱人生、纯艺术化。他在《国剧》一文的开头写道:"我们承认艺术是具有民族性的,并且同时具有世界性;同人类一样,具有个性,同时也具有通性。没有前者,便不能发生特出的艺术。没有后者,便不能得到普遍的了解与鉴赏。"[①]非常辩证地展示了自己的戏剧观点,提出中国的现代戏剧应该既是民族的又是世界的,且两者占据的地位并不相同,他比较客观精到地比较了东西方戏剧的差异,认为西方的戏剧较为写实,较为灵活多变,却难有"超脱的格调",它的极端是只有现实,丧失了艺术性,而我国的戏曲注重形式,有非常严格的规范,容易因袭守旧,脱离生活,"然而艺术的成分,却较为显豁"。他认为,中国的话剧还需要很长的研究与实验,因为有些相同的技术是可以从国外引进,但如剧本、舞台语言、历史剧的表演方式等是中国必须独创的。

---

① 赵太侔:《国剧》,载余上沅:《国剧运动》,新月书店1927年版,第7页。

赵太侔等国剧运动的倡导者们，是要在传统戏曲的写意性艺术特质基础上，糅合西方话剧写实的特点，在写意和写实之间两峰之间架起一座桥梁，在中国戏剧民族化探索道路上迈出了坚实的一步，对在此以后的中国话剧民族化探索提供了莫大的启示性。

在新月社出版的《国剧运动》一书中，关于"写意戏剧"论述的，主要集中在余上沅的《旧戏评价》和赵太侔的《国剧》两篇文章中。

"写意戏剧"是赵太侔、余上沅戏剧思想的一个支点。一则他们提倡的国剧是建基于"写意戏剧"之上的，二则"写意"是国剧运动倡导者进行中西艺术（包括中西戏剧）比较的基点。赵太侔认为："从广泛处来讲，西方的艺术偏重写实，直描人生；所以容易随时变化，却难得有超脱的格调。它的极弊，至于只有现实，没了艺术。东方的艺术，注重行意，义法甚严，容易泥守前规，因袭不变；然而艺术的成分，却较为显豁。不过模拟既久，结果脱却了生活，只余了艺术的死殼。"①

这种两分法对待中西是较为辩证的，既注重了中西戏剧不同特质，又看到了彼此艺术的限制。自此，"写意"作为中国传统论的一个重要命题，"国剧运动"的提出是有开创意义的，将其引入戏曲研究领域无疑是为研究戏曲洞开了一扇通向民族文化艺术深层意蕴的大门。

在中国传统戏曲不用布景是程式化的需要，是写意戏剧的组成部分。赵太侔从反面证明了旧剧布景的必然性和必要性："就旧剧的程式化来讲，它是不需要布景的。不要说新式旧剧中不三不四的布景，和上海魔术式的布景要不得，就是极有讲究的写实布景也不能相容。好像没有一种布景可以不伤它的简洁，妨碍它的动作，复杂它的空气，分了观众的注意。假使能够顾虑到这些条件，而且能有积极的好处；能同旧剧的象征精神打成一气——这样布景，自然可贵。"②

从观演关系角度出发，赞赏写意戏剧采用讲坛式的舞台，与观众距离近，又可以从各个角度观看，是立体的艺术。对此，赵太侔是以欧化的中

---

① 赵太侔：《国剧》，载余上沅：《国剧运动》，新月书店1927年版，第10页。
② 赵太侔：《国剧》，载余上沅：《国剧运动》，新月书店1927年版，第17–18页。

国戏作为反面教材分析的：中国戏曲"最好是在讲坛式舞台上演，最好是从各方面来看。在戏剧自身也应该竭力使各方面都有可观处，那才算戏剧艺术的完美"。而在中国，"讲坛式的舞台变成镜框式的。这种变化是很自然的；却同时使戏剧本身受了不少的牺牲。第一，戏剧离的观众疏远了；退到飘渺境界里去了。第二，戏剧本身是多方面的立体艺术，现在一经入到镜框里面去，变成片面的活动写真了"①。

赵太侔、余上沅和熊佛西均是"国剧运动"的中坚，然而他们在表述自己的"国剧"理想和戏剧主张时又是有差异的。学者谭为宜在对三人的比较研究中得出这样的结论：他们都为"国剧运动"的倡导不遗余力地努力，而且都撰写了代表"国剧运动"倡导者们的艺术理想和包含了他们艺术个性的专题文章。但他们在表述自己的"国剧"理想和戏剧主张时又是有差异的。余上沅的"国剧"理论核心是崇尚"写意"，熊佛西则强调和重视戏剧的"内容"先于"形式"，赵太侔的"国剧"追求世界性的通性与民族性的个性的融合。

谭为宜认为：与余上沅充分肯定旧剧的"写意"艺术不同，赵太侔是取了肯定中而又批判的态度。在赵太侔眼里，"国剧"只是取旧剧"写意"的理念，剩下的旧躯壳是必须废弃的，是必须加以改造的，而用以改造的"他山之石"，则是戏剧的通性——先进的戏剧艺术。

谭为宜特别强调：赵太侔的国剧理想显得更为从容，更为宏观；而余上沅则显得更为迫切，更为微观。赵太侔把国剧理想看作一种"方向"，一种既具世界性（通性），又具有民族性（个性）的方向，"假使这个前提不差，让我们根据这一点来设想一下，将来的戏剧应取的方向。我只说应取的方向，并不是将来的成就"②。据此我们可以理解，赵太侔的国剧是一个渐变的过程，而余上沅则强调当下的变革。③

---

① 赵太侔：《国剧》，载余上沅：《国剧运动》，新月书店1927年版，第18页。
② 赵太侔：《国剧》，载余上沅：《国剧运动》，新月书店1927年版，第7页。
③ "赵太侔的'国剧'观"部分，参见：张美芳《戏剧"写意"析疑》，载中央戏剧学院学报《戏剧》2004年第2期；《谭为宜：略论余上沅、赵太侔和熊佛西"国剧"理念的差异——"国剧运动"研究系列论文之二》，载2009年7月《广西师范学院学报（哲学社会科学版）》第30卷第3期；浙江师范大学林可硕士论文《论校园戏剧在中国现代戏剧建构中的作用》（2011年4月）。

（二）最早明确提出了"程式"这一概念

程式化的中国传统戏曲是纯粹完整的艺术。可以说"国剧运动"派对于中国戏曲艺术程式化的论述，是对中国戏曲传统美学最早的理论贡献。在国剧运动主将中，最早提出"程式化"是赵太侔。赵太侔首次用"程式化"来概括戏曲演剧方法的特点，同写实派话剧的演剧方法相对照，其后为戏曲界沿用并不断给予新的解释，遂成为戏曲的常用术语。

赵太侔提出的"程式"与"程式化"的概念虽然不尽相同，却有内在联系。赵太侔所言的"程式"与一般理解的"程式"概念内涵——规程（程序、法式（标准格式）是不同的。他对于"程式"的界定，是"艺术根本都是程式组织成的"和"各种艺术所由成立之基本成分"。他还说："希腊戏剧中的歌队，可算是程式。但是我们不要忘了，希腊的戏剧是渊源于歌队。歌队只是历史的遗迹；它只占乐的成分，Lyrical element，不是剧的成分。两种东西，既未分家，也不曾合成一体，所以后来终于分了。沙氏比亚，莫里哀，都极端利用旁白，独白。这是程式，但是没有办法的办法，既然没有歌队来传达心事，一个人心里的隐曲，用什么方法叫观众知道呢？只好自己向着台下诉说一遍了。所以这种程式是事实问题，是牵强的，——虽然沙氏比亚的独白里有的是好文章。"[①]

从赵太侔以希腊戏剧中歌队的认识，不难看出，他所谓的"程式"，即"各种艺术所由成立之基本成分"并不是简单的如希腊戏剧与歌队之间关系"既未分家，也不曾合成一体"，而指的是一种表演形式、一种表演方法、一种表演结构。"程式化"是对戏曲表演艺术形态特点的总体概括。其英文对应单词是"Conventionalization"。对于艺术程式的形成，赵太侔进行精辟的分析："一种艺术程式，绝不是偶然发生的；它必是那件艺术必要的成分。必须经过长时间的生长，必须得到普遍的公认，必须使人不注意它，忘了它是程式——是不近人情——只看见它是艺术，这才见到它充分的功用。"[②]

[①] 赵太侔：《国剧》，载余上沅：《国剧运动》，新月书店1927年版，第16页。
[②] 赵太侔：《国剧》，载余上沅：《国剧运动》，新月书店1927年版，第15页。

对于戏曲艺术的表现形式,赵太侔提出了程式化问题,他说:"旧剧中还有一个特出之点,是程式化Conventionalization。挥鞭如乘马,推敲似有门,叠椅为山,方布作车,四个兵可代一枝人马,一回旋算行数千里路,等等都是。这些玩艺儿怎么办?有些人很发愁的这样问,以为是太不近人情了。我说,应该绝对的保存。"针对有人认为程式是不近人情的"玩意",他认为:"程式不但没有妨害,而且是各种艺术所由成立之基本成分。……中国旧剧的程式就是艺术的本身。它不仅是程式化,简直可以说是象征化了。"①这些论述,都从理论上维护了中国戏曲的程式化艺术特质。

赵太侔对"程式"的理解极为宽泛,演出过程中的一切"必须经过长时间的生长,必须得到普遍的公认"的,相对稳定的表现手段以及通例、规则都被他列入程式范围内,并且他认为不但中国旧戏,甚至绘画、雕塑、书法等艺术的根本"都是程式组织成的"。

对于旧剧程式化的原因,赵太侔指出,旧剧是"用歌舞的技术来表演戏剧;歌舞与戏剧是揉成一片的,不像希腊之歌队只用作话剧中的插歌。所以旧剧中的动作程式,完全是由舞变化而来的"②。也就是说,中国传统戏曲在形式上以歌舞为物质媒介,在预期的发展中逐渐约定俗成了戏曲舞台上的程式化。

(三)对舞台观念的革新与实践③

20世纪初,随着话剧的引进,在中国戏剧舞台上开始注意采用西方演剧的灯光、布景,然而如何正确地使用这些先进的技术,充分发挥他它们的艺术功能,却缺少理论指导,在戏剧舞台上灯光、布景的使用十分乱。

针对这一情况,国剧运动的倡导者们认为戏剧作为一门综合性的表演艺术,是一个互相协作的有机体,把现代舞美系统地介绍到中国戏剧界,把案头剧研究指向了现实的舞台表演,探讨了戏剧舞台表演的各种要素的

---

① 赵太侔:《国剧》,载余上沅:《国剧运动》,新月书店1927年版,第15-16页。
② 赵太侔:《国剧》,载余上沅:《国剧运动》,新月书店1927年版,第17页。
③ "对舞台观念的革新与实践"部分,参见:傅晓航《"国剧运动"及其理论建设》;山东大学刘秀硕士论文《简析"国剧运动"的历史检讨》。

综合性、表演的技巧、观演关系、舞美设计等。

专习舞台艺术的赵太侔写了《布景》与《光影》两篇文章，对布景"光影"（灯光）的理论和使用技术进行了系统的介绍。在《布景》一文中，赵太侔对布景的制作技术和制作的指导思想做了全面的阐述。他将布景工作分作4步来做：图案；设计；营造；装置，系统介绍了这几个步骤的工艺流程，并对制造过程中的各个环节进行了艺术分析。

赵太侔认为"图案"和"设计"两项是至关重要的，应把握剧本的主题思想，这是体现剧本意境和布景总题构思的关键所在。赵太侔从整体上对图案做了论述，他认为图案是一种意境的表达，是形状、色彩合成的一个总体，其中每一成分都要合乎整体意境的要求；景、光、服饰是表现的工具，剧本是触发点，布景服务于舞台表演。在谈到如何较好完成布景工作的4个步骤时，赵太侔要求：具体工作首先要读剧本。第一遍，把剧本描写的布景动作，表情等等全部拿纸糊起来——单读对话；第二遍，想象戏剧的大体，从大处着眼，忽略细节找到了贯穿整剧的线索性动作，找到关键的场景，有很强的可操作性。赵太侔还对在具体制作中对布景的大小、比例、色彩、具体摆放位置都一一做了详尽介绍。

在《光影》一文，赵太侔十分简明地讲述了由日光、蜡烛照明，到煤气灯、电灯照明的"光影"发展史。

赵太侔特别强调"光影"的功用：用灯光的明暗与不同色彩显示不同的时间、地点、环境，以及制造剧情所需要的气氛和情调。他说："光须加重戏剧的情调。光的或强或暗，须能传达剧情的空气；光的色调，在感官上本有心理的和生理的作用，……所以光要用得经济，用得精到，它能帮助戏剧家表现，能帮助图案家写景，能帮助演员表演。"而"光影"的最终追求应是"须能感应观众，使他无意中格外领受剧情到最饱满的程度"[①]。

赵太侔在这里讲了一个美学道理："在舞台上模仿自然，是终归失败的。艺术表现的价值，全在告诉人它是什么，不在它是假充的什么——这

[①] 赵太侔：《光影》，载余上沅：《国剧运动》，新月书店1927年版，第142—144页。

是一切艺术的根本问题。硬要假充,又想尽了方法来掩饰它的假,这根本上便已失掉了忠实。"①这一看法,与中国传统美学的重神似的表现原则极其近似了。在当时舞台美术理论几乎一片空白的情况下,这些见解颇令人顿开茅塞。

他还具体介绍了电闸板、节光机的设计方法和具体运用:"普通第一排顶光的白色光须共一个电闸,第二、三、四,各排的白色光须各有一个电闸。各排其他各色光也须各有一个电闸。其次,有一个白顶光总电闸,管各排顶光的一切白色光,一个蓝顶光总电闸,管各排一切蓝色光。其余类推。"②

在布景、灯光方面,"国剧运动"的核心人物赵太侔当是国内新剧实践中专业布景的先行者,是中国早期的舞台布景的专家。他自觉地把自己的理论与实践相结合。在中国话剧史上,首先用布幕取代了硬片布景,他创制了以布条做背景,再配以各种颜色的灯光,丰富了舞台层次,增强了艺术气氛,这在当时中国都是先进的。后来被戏剧界认为是正统话剧和文明戏之间的重要分水岭。

中国的戏曲舞台美术素以服装、化妆、砌末为其主要因素,现代概念的布景则是外来影响下发展起来的。上海戏剧协社在1924年5月公演的《少奶奶的扇子》中,率先在国内使用硬片布景,成为中国现代话剧史上写实性舞台美术的范本。

在美国留学期间,在哥伦比亚大学师从龚地师学习舞台图案的赵太侔,自觉地将现代舞美理论融入他参加排演的《杨贵妃》和《琵琶记》两剧中。在《杨贵妃》剧中,赵太侔使用象征主义手法对舞台灯光进行了设计,效果极好;在《琵琶记》剧中,赵太侔制作的布景,别开生面;他负责的灯光,注意新式投射,带来当时最先进的舞台灯光效果。

回到国内,赵太侔率先用幕布取代了硬片布景,并在北京艺专演出中首次采用了有色灯光。相比忽视布景或以过分写实之布景来取悦观众的文

---

① 赵太侔:《光影》,载余上沅:《国剧运动》,新月书店1927年版,第141页。
② 赵太侔:《光影》,载余上沅:《国剧运动》,新月书店1927年版,第144-145页。

明戏和五四新剧,这种在戈登·克雷影响下以简单布景和灯光来营造氛围的颇具象征意味的手法,较好地烘托出戏剧气氛。

即使赵太侔在主持北京艺专戏剧系时,因为将本土戏曲引入戏剧系教学,对他诘难的学生也不得不承认赵太侔在舞美方面的贡献:"(赵太侔)先生造下的那小点灯光和布景,赵先生同我们在第一次公演里取得了社会上热烈的同情与注意,这是谁也不能磨灭他的成绩,谁也没有不追忆他的。"[1]

赵太侔、余上沅等人在20世纪20年代开展的国剧运动,最大贡献在于用西方戏剧理论对照话剧,深刻论述了戏曲的特点和长处,开展了以京剧为主要对象的旧剧研究,深入阐释了中国戏曲的程式、虚拟、时空自由等美学特征,论述了戏曲的综合性、程式性、写意性等特点,在一定程度上说,做出了具有重要意义的理论建树,为戏曲美学奠定了基础。

新中国成立以后,一些专家、学者正是在这一坚实的基础上进一步开拓,建成了中国戏曲美学的大厦,促进了中国戏曲实践的发展。梳理中国近现代戏剧(戏曲)的发展进程,赵太侔是一位不应该被遗忘的历史人物。

纵观中国戏剧发展史,赵太侔、余上沅等人开展"国剧运动"之时,正值"新剧"方兴未艾,因此,他们在对中国传统戏曲与西洋戏剧比较过程中发现,人们用"写实的"西洋派戏剧置换"写意的"中国传统戏剧的过程中存在误读。于是,他们提出了吸收中西戏剧之长,另创一种"国剧",并以北京艺术专门学校为根据地来推行"国剧运动",这也是留学时的计划。但是何为"国剧",如何创建"国剧",他们并未在理论上提供明确的答案,此后的实践也是收效甚微。因此,他们的这种梳理中西戏剧的过程中清醒认识也并没有引起后来戏剧家的足够重视。然而,在今天看来,他们的这种继承与发扬中国传统戏剧的精髓、吸收西方戏剧的精华、创造并弘扬中国特色的戏剧的做法,正是中国戏剧事业的重要出路。[2]

---

[1] 小芸:《戏剧系学生第二次公演》,载《世界日报·戏剧周刊》1926年12月27日。
[2] 参见肖振宇:《论早期"英美派"知识分子的话剧实践》,载《东方丛刊》,2004年第2期。

第三章
随军北伐，弃政从教

  大革命时期，赵太侔南下广州、武汉，在国民政府任职，投身革命。在任武汉国民政府外交部秘书期间，参与收回九江英租界，这是中国政府收回的第一个外国租界。1928年赵太侔随国民政府北伐军北伐到济南，由于他目睹了国民党的黑暗，毅然弃政从教，把毕生精力与心血奉献给教育事业。

一、投身革命，政府任职

在北京期间，赵太侔在开展国剧运动的同时，依然关注革命形势的发展，与国民党一直保持着密切的联系，并参与其中的一些活动。1923年，丁惟汾奉孙中山之命，在北京东郊民巷设立国民党华北执行部，负责人是丁惟汾和王乐平。1925年10月，赵太侔由王乐平、丁惟汾介绍，在北京加入了改组后的国民党。丁惟汾、王乐平与赵太侔见面后，他们首先警告赵太侔不要与北京政府发生任何联系，并告诉他国民党改组的经过以及当前的政治形势，并要赵太侔重新登记，继续革命工作。赵太侔经过审慎考虑后，觉得不革命确实没有出路，就决定登记入党，并且担任了北京一个区分部的常务委员。

1926年7月，在中国共产党的影响、推动和组织下，广州国民政府出师北伐。北伐的目的是推翻北洋军阀统治，统一全国。北伐军以疾风扫落叶之势，迅速击溃了前进中所遇到的大小军阀队伍，严重地动摇了北洋军阀在中国的统治基础，一改此前中国革命的颓废之势，极大地振奋了全国民众的革命精神，给中国人民带来希望。

8月，赵太侔欣喜于国内政局出现新的变化，革命情绪日益高涨，受南方革命形势的感召，毅然南下，奔赴广州，投身到如火如荼的大革命中去。南下前，赵太侔、余上沅向国立北京艺专举荐了毕业于美国哥伦比亚大学，获硕士学位的熊佛西担任戏剧系主任，继续他们的戏剧事业。

到了广州后，赵太侔任职于国民政府。8月至9月，他担任中国最高学术研究机关中央学术院（中央研究院的前身）校务委员会委员，参与该院的筹建工作；9月至10月，经丁惟汾的举荐，担任国民党中央执行委员会青年部秘书。

10月，北伐军占领武汉三镇，国民革命的重心由珠江流域转向长江流域。随着北伐战争的推进，出现了群众性反帝运动的高潮，列强在中国所获得的特权受到了前所未有的冲击。

11月5日，北伐军攻入九江。在中共领导下，12月26日，汉口各界群众20余万人举行了"反英大会"，其中一项要求就是立即收回英租界。1927年元旦，武汉民众为庆祝国民政府迁到武汉和北伐战争的胜利，连续三天举行盛大的庆祝活动。1月3日下午，在临近租界的空场内，中央军事政治学校正在宣传演讲，民众越聚越多。英军水兵竟然冲出租界，制造了汉口"一三"惨案。

12月，国民政府迁往武汉后，赵太侔任武汉国民政府外交部秘书。1927年1月5日，武汉政府决定建立"英租界临时管理委员会"，接管租界内一切行政事宜。1月10日，外交部委派九江交涉员周雍能、外交部特派员赵太侔，会同各团体代表组成九江英租界临时管理委员会。周雍能任委员长，赵太侔任管理委员。他们在租界旧巡捕房办公视事，管理一切事务，恢复交通秩序，维护社会治安，并通告外侨照常居住。

11日，管理委员赵太侔、委员长周雍能致函英领宣称"本月十日在租界旧巡捕房，将委员会组织成立。召集原有巡捕，照常办理租界内应办各事，并商同就地军警，保护界内中外人民安全。现秩序如常，所有原住外侨，大可返其故居"。同时，临时管理委员会在租界内贴出以下中英文布告，"（一）案奉国民政府外交部命令，组织委员会管理九江英租界，所有界内治安及外人生命财产，均由本委员会会同军警负责，切实保护，合行布告界内各外侨，一体知悉，此布。（二）案奉国民政府外交命令保护外人财产生命等因，合行布告旅居牯岭外侨，一体知悉。务各安居乐业，毋自惊疑，切切此布"。[①]

至此，九江租界秩序完全恢复，日、美、法各国在租界的人员，均由

---

① 赵畸、周雍能：《九江英租界管理委员会布告》，载《申报》1927年1月18日第六版。

临时管理委员会发给护照，在界内自由出入。"租界内之各处公共牌示地方，均贴满各种革命口号标语，平素阴森有鬼气之英租界，一时充满革命空气。"①临时管理委员会还在租界内贴出中英文布告，说明临时管理委员会将会同军警，切实保护界内秩序，保护外人生命财产，希望他们安居乐业，毋自惊扰。1月12日，程潜率国民革命军第六军抵达九江，接替了独立第二师警备英租界任务。临时管理委员会委员赵太侔、委员长周雍能会见了第六军政治部主任、共产党员林伯渠，一起对租界内的房屋进行了仔细察看，并到市民对英外交行动委员会商讨了反英运动有关事宜。

　　九江人民占领、接管英租界，这是收回英租界斗争胜利关键的第一步。为了进一步从法律上解决收回英租界的问题，以取得国际合法承认，使收回租界这一成果固定化，武汉国民政府与英国殖民者开展谈判，进行了复杂的外交较量。从1月15日开始，赵太侔协助外交部长陈友仁与英国驻华公使代表欧马利进行了16次谈判。经过艰苦的外交谈判，英方代表不得不让步，同意"英界收回，绝对由华管理"。2月19日、20日，外交部长陈友仁和欧马利分别代表中英两国政府先后签订《收回汉口英租界之协定》《收回九江英租界之协定》，正式把汉口、九江英租界无条件地归还给中国。至此，中国人民收回汉口、九江英租界的斗争取得了完全的胜利。

　　1927年2月，武汉国民政府收回汉口、九江英租界是中国人民反帝斗争的一次重要事件。这是从鸦片战争以来，中国人第一次收回失地，为外交解决中国租界问题提供了一个先例，谱写了中国近百年反帝斗争史上的光辉一页。在收回九江英租界过程中，赵太侔作为外交部的秘书，为收回九江英租界做出了自己的贡献。

---

① 潘治富：《收回九江英租界的斗争》，载政协九江市第十一届文史委员会编：《九江百年》1999年版，第27页。

二、目睹黑暗，人生转折

1927年上半年连续发生了宁汉分裂和国共分裂两次重大事件。4月，蒋介石发动"四一二"反革命政变，建立了南京国民政府，与武汉国民政府对峙；7月，汪精卫在武汉发动"七一五"反革命政变。两次反革命政变使共产党人和革命群众惨遭屠杀，中国大革命受到严重的打击，至此第一次国共合作正式结束。随后，武汉国民政府机关陆续迁往南京，赵太侔在武汉国民政府外交部的工作随即中止。

大革命中途受挫，让赵太侔感到困惑与迷茫。他在晚年的自传里坦陈自己的思想变化：他在晚年的自传里坦陈思想变化："在武汉后半段时期，连续经历了宁汉分裂和国共分裂两次事变，使革命中途受到挫折，感到非常惶惑。但当时对于共产党的看法，却是很皮相的，认为共产党既已加入国民党，即应接受党的领导，只可在党内进行合法斗争，而不应自由行动，制造分歧，以为国共分裂共产党应负大部分责任。同样对于农工运动的看法也是很错误的，也认为应该服从党的领导，而不应自由行动，甚至使用强暴；土地改革我很赞成，觉得是合乎革命理想，但在作法上也认为应该由国民政府制定法案，有程序地推行才对。这证明自己由于缺乏阶级观念，脑子里完全被一种机械的正统思想盘踞着，既不能认识国民党反动的本质，更没有认清革命的原动力究竟何在，而且后来事实证明，国民党政府也永远不会实行土地改革。不过站在国民党方面，我对于国共分裂以后的演变，却怀着一种疑虑，因为我当时很相信顾孟余说的一句话：'国民党把左派分子排出去，右派分子就要乘虚而入，党要从此腐化下去。'"①

汪精卫叛变革命后，赵太侔离开武汉，到上海住了半年。一天，赵太侔造访在上海任教的梁实秋。据梁实秋回忆："他曾到上海来看我，进门一言不发，只是低头吸烟，我也耐着性子不发一言，两人几乎同时抽完一听烟，他才起身而去。"望着赵太侔离开的背影，梁实秋不由感叹："饶有六朝人的风度。"②

1928年1月，赵太侔应段锡朋之约到南京去，担任国民政府军事委员会政治训练部秘书长，主管军事教材的审定工作。4月5日，蒋介石在徐州誓师北伐，讨伐的对象是奉系的张作霖。赵太侔和时任国民革命军政治部副主任何思源随军北伐。5月1日，北伐军进抵济南。日本帝国主义为了阻止蒋介石北伐，直接出兵侵占了济南，杀害中国军民6000余人，制造了惨无人道的"济南惨案"。蒋介石军队撤出济南后，国民党山东省政府及山东国民党机关被迫迁至泰安。赵太侔随北伐军来到泰安，参加了山东国民党党务指导委员会。

1928年7月，山东省国民党党务指导委员会在泰安成立，王立哉、蔡自声、李澄之为常务委员，李调回南京后，增补赵太侔为委员。

在国民党内，赵太侔属于大同盟派。所谓大同盟，全称是三民主义大同盟或中山主义大同盟，是1925年丁惟汾在北京组织的国民党内部的政治小团体。"四一二"反革命政变前后，丁惟汾是蒋介石党务活动方面的重要助手，有"蒋家天下丁家党"之称。丁惟汾系山东籍，作为同盟会元老，长期在山东从事革命活动，并发展王乐平参加同盟会，王乐平后亦成为山东同盟会的负责人。赵太侔作为山东同盟会的重要成员，与丁惟汾、王乐平私交很好，并在他们领导下开展工作。

蒋介石通过国民党二届四中全会，掌握了"统一"后的国民党中央大权，汪精卫派势力受到排斥。汪派重要人物王乐平、陈公博、顾孟余等人

---

① 中国海洋大学：赵太侔档案，档号：246。
② 王道：《一生恰如三月花：民国女子别册》，浙江大学出版社2013年版，第224页。

不甘心失败，于1928年冬成立"中国国民党改组同志会"（简称改组派）。1929年陈公博出国后，王乐平接任改组派总负责人，与蒋介石争夺国民党的领导权。此外还与冯玉祥、阎锡山等建立了联系，策动军事反蒋。

1929年3月10日，中国国民党山东省第二次代表大会召开，改组派左右了这次会议。南京国民党中央对山东改组派的活动进行打击，蒋介石下令将山东省党务指导委员会改组为党务整理委员会。11月，上海国民党改组派被查禁。1930年2月18日，蒋介石派特务袭击改组派总部，王乐平遇刺身亡。

从政以来，赵太侔逐步认识到官场的残酷与黑暗，开始远离政界，尤其是他的好友山东同盟会的元老和领导人王乐平之死，对他刺激很大，导致他人生的重大转折。他毅然弃政从教，把毕生精力与心血奉献给教育事业，立下了他教育救国的志向。

赵太侔在自传里剖析了自己弃政从教的思想变化："国民党内一部分反蒋分子，为争求党内民主，组织一个团体，名为国民党改组同志会（一般人称之为改组派），其领导人之一王乐平，是我生平好友，蒋介石竟使人将他刺死。这种种倒行逆施，使我非常厌恶，因而又促进了我逃避政治的念头。然而政治是无可逃避的，我没有想出办法与之完全绝缘。于是我选择了教育工作，以为这与实际政治要距离远一些。这种幻觉许多年来一直在我意识里盘踞着。"[1]

---

[1] 中国海洋大学：赵太侔档案，档号：246。

第四章

创办剧院，投身教育

秉承着国剧运动的梦想，赵太侔在济南创办了山东省立实验剧院，教学与实践相结合，使得该剧院在短时间声名鹊起，与北京艺术专门学校、南国剧社，并称为"北校南院""南社北院"；同时，赵太侔兼任山东省立一中校长，参与筹建国立青岛大学。作为教育家的赵太侔，登上历史的舞台。

一、创办山东省立实验剧院

五四新文化运动期间，全国戏剧运动蓬勃发展，新兴的剧团、剧社在各省市相继成立。1929年赵太侔在山东省立民众剧场的基础上，创办了中国第一个官办省级戏剧教育机构——山东省立实验剧院，该剧院及薪火相传的山东省立剧院，为国家培养了一大批文艺精英，产生了深远的影响，当时有"北校（北京艺术专门学校）南院"之称，与田汉创办的"南国剧社"，有话剧界"南社北院"之誉。

南国社由田汉与徐悲鸿、欧阳予倩创办于1927年冬，设有文学、绘画、音乐、戏剧、电影等5部，以戏剧活动为主。作为南国社组成部分的南国艺术学院于1928年2月成立，下设文学、绘画和戏剧等学科，赵太侔与洪深、陈宏、吴抱一、叶鼎洛、孙师毅、朱维基、陈子展、徐志摩等被聘为教师。其中戏剧科由赵太侔和欧阳予倩、洪深负责。同年暑期，南国艺术学院停办，田汉等人继续以南国社的名义开展活动。1929年，后来成为赵太侔夫人的俞珊加入南国社，演出话剧《莎乐美》大获成功，轰动一时。赵太侔、俞珊先后在南国社任教、演出，冥冥之中注定了他们的婚恋。

"济南惨案"后，随北伐军来到泰安的赵太侔，被山东省教育厅长何思源任命为教育厅秘书，并负责社会教育科工作。赵太侔认为：要想尽到个人的责任，谋求社会的发展进步，戏剧是当务之急。他发起创办民众剧场的目的和意义在于谋求社会进步比较容易见到成效，以尽快推进社会改良。

在何思源的支持下，赵太侔着手创办"通俗教育戏剧演出队"，对外称"民众剧场"。为了办好民众剧场，赵太侔电召他在北京艺专的学生王泊

第四章·创办剧院，投身教育

⊙ "济南惨案"后之残迹

生、吴瑞燕夫妇到泰安，因自己兼任很多社会职务，难以全身心投入，就任命王泊生为民众剧场主任，全权办理，自己提出指导性意见。剧场隶属于山东省教育厅，场址设在泰山脚下的遥参亭。

为了办好民众剧场，赵太侔和王泊生制定《山东省教育厅民众剧场组织大纲》。民众剧场成立后，由赵太侔、王泊生、吴瑞燕、李一非等人负责。民众剧场经费每月只有800多元，组织排练新剧，宣传抗日。从山东、北京、天津等地共招收学生20余人，其中有田烈、鲍东生、秦鸿云、朱继熹、王儒贞、林刚白、朱凤林等，均为公费生。

⊙ 何思源

剧场设有理论编剧、表演、音乐、舞台美术四个专业，开设话剧表演、姿态表情、动作组织、声音表情、京剧表演、国语、练声化妆、舞台设置、舞蹈音乐、戏剧史、戏剧理论等课程。音乐专业聘请何笑明、王义山、陈登民、李华萱等人讲课，赵太侔也参与指导及授课。

民众剧场在泰安演出，深受当地民众的欢迎。王泊生组织学生排演话剧《获虎之夜》《湖上的悲剧》《鸣不平》等。在孙中山灵柩南下途经泰安时，王泊生还编导了哑剧《国父》，纪念这位革命先驱。

1929年3月，中日两国政府就解决"济南惨案"问题达成协议；4月，日军撤出济南；6月，山东省各机关陆续从泰安迁回济南，民众剧场随教育厅同迁。

由于民众剧场深受泰安民众的欢迎，难以割舍对泰安民众的情感，民众剧场分别为泰安的教育界、党政界、工商界、军界及民众、各演员家长等不同界别的民众举办了五场告别公演。演出

⊙王泊生、吴瑞燕夫妇

的剧目分别是《获虎之夜》（田汉编剧，王泊生导演）、《压迫》（丁西林编剧，吴瑞燕导演）、《兵变》（余上沅编剧，王泊生导演）、《一只马蜂》（丁西林编剧、赵太侔导演）、《国父》（吴瑞燕导演）、《济难》（李一非编剧、导演）。在赵太侔导演的《一只马蜂》中，王儒贞扮演吉老太太，王泊生演吉先生，吴瑞燕扮演余小姐，孙毓桢扮演仆人。

民众剧场迁回济南后，没有固定场址，以前山东省教育学会的会址暂为场址。赵太侔决定对剧场进行扩充，他委派王泊生、吴瑞燕夫妇前往北平、上海等地聘请各科专任教授，购买中国和西方戏剧图书，为筹建戏剧图书馆做准备。为了扩大在济南的影响，赵太侔、王泊生组织了迁回济南的第一次公演，公演的剧目有蒲伯英的《阔人的孝道》、徐志摩的《卞昆冈》《悭吝人》（莫里哀原著，吴瑞燕改译）、李一非的《有眼的瞎子》《济难》。

经常演出不能没有固定的舞台，赵太侔开始筹建演出舞台。在资金十分困难的情况下，赵太侔决定先建造一个舞台模型，为将来建造舞台做准备。

据谷新依在《一年来之山东实验剧院》记述："为要建造大规模的舞

台，该场首先建一模型小舞台，以便让工程师依样建造。该场模型小舞台，堪称国内最新式、最完美的唯一舞台模型。按此舞台模型就是赵太侔先生亲手制造的。我们都知道赵先生留学美国，专攻戏剧多年，学识渊博，经验宏富；不特擅长导演，亦且精于舞台装置，可谓国内戏剧界特殊人才。该模型小舞台，高约五英尺，宽约三英尺，外为木质，内后壁灰色，用厚纸制。台上一切装潢设置，凡欧美最完备最新式舞台所应有者，无不美备。并且赵先生关于建设舞台模型的意思，不仅为供建筑大舞台的参考，更可便于教授舞台装置及试验之用。此舞台模型建造成功，实为该场一切发展的起点。"①

为了民众剧场长远的发展，为国家培养更多的戏剧人才，王泊生呈文教育厅，要求将民众剧场扩建为山东省立实验剧院。他在呈报教育厅文中，阐述更名的理由，并极力推荐恩师赵太侔出任院长，他饱含深情地写道："赵太侔先生，为国中戏剧专家，德高望重，热心艺术，提倡剧艺，历有年所。近又长住鲁中，机缘难得，职及戏剧运动员，无不切望其能主持剧院，俾获指导，且利剧艺之发展。为此恳请正式委聘，为该院院长。职愿侧身左右，多方辅补。"②

赵太侔任山东省立实验剧院院长可谓众望所归。他虽然没有担任民众剧场主任，但他是剧场的筹建者、谋划者和指导者。谷新侬在《一年来之山东实验剧院》一文中，对赵太侔在民众剧场创办过程中的贡献，有着中肯的评价："我们知道民众剧场虽由王泊生个人主持，但一切筹谋出于赵太侔先生之手者，实在很多。这样我们可以承认在历史上，赵太侔先生对于民众剧场是有相当的助力的，所以经过王泊生先生呈请改组，并请另聘赵太侔为该院院长之后，教育厅也鉴于在过去，剧院的一切计划，及艺术指导，强半出于赵太侔之擘画与指示。"③

教育厅厅长何思源征求赵太侔意见后，随即聘请他为院长。赵太侔在

---

① 谷新侬：《一年来之山东实验剧院》，载《青岛民国日报副刊》（合订本），1930年第2卷第2期。
② 谷新侬：《一年来之山东实验剧院》，载《青岛民国日报副刊》（合订本），1930年第2卷第2期。
③ 谷新侬：《一年来之山东实验剧院》，载《青岛民国日报副刊》（合订本），1930年第2卷第2期。

民众剧场的基础上，融合中西方的艺术理念，倡导现代戏剧的艺术风格，崇尚西方以戈登·雷克为代表的象征主义戏剧，强调剧场艺术，追求现代民族戏剧——新国剧，创办了教、演一体的山东省立实验剧院，学制两年。任命王泊生为教务主任。

赵太侔制定了《山东省立实验剧院组织规程》，提出以研究戏剧艺术、实验戏剧理论、培植戏剧人才、扩大戏剧运动、创造新的中国戏剧作为剧院的宗旨，并付诸实践。

民众剧场扩建为山东省立实验剧院后，由于原来的校址狭小，除了设备科室外，不敷应用。赵太侔呈请教育厅同意，将文庙划归剧院，作为课堂剧务训练、图书馆、学生宿舍、教职员宿舍之用。修缮完毕后，剧院迁至新校址授课、办公，同时接收贡院墙根街原济南民众电影院，改建成剧场，供学员演出之用。

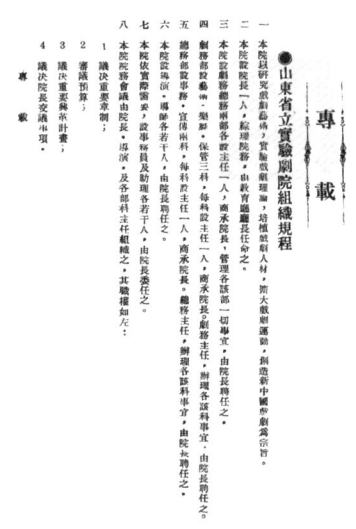

⊙《山东省立实验剧院组织规程》

较之民众剧场，山东省立实验剧院组织扩大，经费增至每月4000余元。剧院设理论编剧、表演、音乐、舞台美术四个系。为了提高教学质量，赵太侔先后在各地聘请了话剧、京剧、音乐、舞蹈等40多位教师来院任教，其中不乏名师。京剧方面，教旦角的是梅兰芳的老师郭际湘、尚小云的老师孙怡云，教花脸的是张焕庭，教小生的是铁麟福；舞蹈课由白俄罗斯舞蹈老师皮特罗维奇担任。应聘来院任教的还有陈祖怀、孙师毅，万籁天、丁子明、赵铭彝、何笑鸣、陈田鹤、王义山等人。其中，万籁天是赵太侔在北京艺专的学生，主持话剧组的工作。原民众剧场的全部教职员及学有所成的同学，也都在剧院任职。赵太侔还约请洪深、徐志摩、梁实秋为通讯老师，可谓师资力量雄厚。

9月，剧院开始招生。赵太侔打破地域限制，在济南、北平、天津三地设点招生。首届共招生40余人,其中包括崔嵬、杜建地、魏鹤龄、马君介、郭建英、李云鹤、陈宗娥、王墨琴等。他们在剧院接受艺术启蒙教育,以后不少成长为文艺名家。

剧院为学生开设有主课和选课。主课全体学员必修,课目有国语、练声、姿态表情、声音表情、化装术、音乐、舞蹈、舞台设置、舞台管理、导演、党义、国文、戏剧概论、艺术概论等。选课要求学员除了主课外,在音乐组、布景组和编剧组中任选一组学习。音乐组:声乐、器乐、剧乐、词曲、音乐史;布景组:绘画、手工、布景设计、服装设计;编剧组:英文、剧本选读、文学概论、戏剧史、戏剧批评、编剧法等。

从所聘任的教师和课程设置来看,剧院致力于教学内容融理论与实践、话剧与京剧、中外于一炉,为学生打好专业基础和提高修养,很有效果,足见赵太侔对于教学质量的重视。

赵太侔主张理论教学与实践相结合,尤注重于实践。为了提高教学质量,赵太侔将接收的济南民众电影院加以改建,按照日本格式和欧美剧院的标准,在剧院内筹建了一座可容纳五六百人的小剧场。其中舞台完全是依据赵太侔设计的舞台模型进行建造的,舞台装置、各种电料均购买自欧美和日本。山东省建筑委员会估定改建为舞台的费用后,于9月末开始动工建设,很快完工。

剧场设有聚光灯、太阳灯、电动吊杆等现代化的舞台装置,堪称当时国内最先进的舞台设施。剧场舞台采用电动机械控制舞台灯光、迁换景片和大幕起落。水泥砌成的天幕墙面嵌有凹凸点,打上各种光色后,真实柔和。

赵太侔精于舞台美术设计,自称为克雷格派(英国著名舞台设计大师)。他认为戏剧原出于富有表现力和诗意的运动,真正的戏剧艺术应将动作、台词、线条、颜色与节奏融合在一起。他的舞台设计强调把灯光、演员动作和不断变化的情绪与活动布景统一起来,强调和重视布景灯光的运用。为此,他要求剧院工作人员分工明确、细致,服装、道具都要讲究,演出要对号入座。为了充分展示舞台演出效果,赵太侔从美国定制了电动大幕,舞台上采用了电动操作吊杆变换景片,大幕可用电动机上下启

动,舞台灯光全由一个操作板控制,明暗按剧情强弱变幻。这在当时是很先进的。

剧场建成使用后,成为剧院学员的训练场所和对社会公演的舞台。赵太侔要求学员除了一些基础课和理论课程外,主要通过时代背景、人物关系、行动目的,在舞台行动中学习戏剧,在演出实践中培养学生的各项才干。

赵太侔对演出要求很严,强调导演有绝对的权威。剧院一次在演出田汉编剧的独幕剧《获虎之夜》时,启动大幕的电动机坏了,大幕落下多半时再也不落了,而舞台上演员们始终保持终场的状态,直到导演下令后,演员才回到后台。

赵太侔聘用了80多个工人为剧场服务,分为美工、服装、事务等;舞台装置及演出中的各项管理工作均由学生轮流担任;赵太侔除了在教学演出方面制定了严格的制度,还制定了严格的观演剧制度和纪律,如剧场不得带婴儿入场,对号入座,剧场中不售茶水与零食,演出中不得谈天说笑等。①

赵太侔是话剧名家,他主张剧院以话剧教学为主,演出的剧目有《阔人的孝道》《压迫》《湖上的悲剧》《一致》《颤栗》《一只马蜂》《悭吝人》《未完成的杰作》《威尼斯商人》《女店主》等。每逢周末及星期天晚上,实验剧院对外售票,学生登台演出,参加演出的演员主要有崔嵬、魏鹤龄、王默琴、田烈、陶金、李云鹤等人。这些演出了丰富了济南人的文化生活,轰动一时。

赵太侔主政山东省立实验剧院期间建立起现代剧场的艺术状态,对山东现代戏剧的发展起到了启蒙作用。

除了教学和演出,赵太侔倡导学术研究,活跃学术气氛。为此剧院筹建了戏剧图书馆,除了中文戏剧图书外,又从日本东京,定购了大量西文原版戏剧图书和杂志;出版了《戏剧周刊》《文艺周刊》《流星周刊》《寒鸦

---

① 参见于清泉《培养戏剧人才的摇篮——记30年代的山东省立剧院》,载《新文化史料》2000年6月15日。

周刊》等艺术刊物,其中《戏剧周刊》随山东《民国日报》刊出。

山东省立实验剧院是国剧运动主将赵太侔创办的戏剧教育机构,体现出"国剧"艺术理念,在剧院建制和人才培养体制上,也与"北京艺术剧院"计划大纲的构想大体一致。赵太侔等人在北京未能实现的理想,却在济南得以尝试并获得了实绩。

赵太侔创办的山东省立实验剧院,为国家培养了大批的艺术才俊。崔嵬、李云鹤、杜建地等后来到了青岛,成为山东大学"海鸥剧社"的骨干。

1930年7月,山东省立实验剧院停办。停办原因,一是经费不足,设备简陋;二是同年5月,蒋冯阎中原大战爆发,晋军张荫梧率部一度占领济南,局势混乱;三是"将相失和",王泊生虽为赵太侔的学生,但两人意见并不统一。赵太侔重视话剧,对山东省立实验剧院期望很高,境遇却不太顺利;王泊生是学话剧的,却重视京剧,极度醉心于戏曲。两人各有抱负,难以协调。

在剧院停办、人员即将解散之际,赵太侔令王泊生带领部分学生赴北平学习,等候他设法恢复山东省立实验剧院,但最终未能达到目的。于是,王泊生与部分学员在北平组织剧团,时值"九一八"事变爆发,赵太侔为该剧团取名晦鸣社,取《诗经》之"风雨如晦,鸡鸣不已"之意,勉励剧团在国难当头之际,唤起民众抗敌救国的意识。

王泊生担任晦鸣社社长及主演,率领剧团常年在北平、上海、南京等地演出,颇负盛名。演出的剧目是以爱国历史人物为主角改编的京剧剧本。王泊生组织的晦鸣社扩大了他在京剧界的影响,巩固了其地位。

山东省立实验剧院停办后,赵太侔和王泊生一直为恢复重建而努力。王泊生向山东省政府主席韩复榘提出恢复重建,赵太侔委托自己的北大同学何思源从旁美言,加之韩复榘对新编京剧情有独钟,于是在1934年夏拨出专款,恢复剧院,定名为"山东省立剧院",王泊生任院长。

赵太侔创办的山东省立实验剧院,是中国第一个官办的省级戏剧教育机构。在20世纪30年代,其为中国现代戏剧事业做出了不容忽视的独特贡

献，其建院宗旨、办学模式、艺术创新、人才培养等多方面取得的成就，对当今我国戏剧艺术教育及戏剧艺术实践创新与发展，都有重要的启发和借鉴意义。①

---

① 本节参见：吕双燕：《兼容并蓄 整旧创新——论山东省立（实验）剧院戏剧教育独特成就》，《山东艺术学院报》，2011年第6期，总第123期；李亚妮：青岛大学硕士论文《王泊生与山东省立剧院——一个创新实践的先行者》；于兰：《山东省立剧院音乐史事考》，《天津音乐学院学报》2012年第2期。

二、参与筹建国立青岛大学

1928年6月1日,隶属于南京国民政府的山东省政府在泰安成立,标志着国民党在山东统治的开始。省政府下设民政、财政、建设和教育四个厅,何思源就任教育厅厅长。为了恢复和振兴山东教育,何思源决定筹办国立山东大学,并推举赵太侔负责筹备,赵太侔便于7月辞去政治训练部秘书长职务,全身心投入大学的创办中去。

在国立山东大学筹办前,山东曾有一所张宗昌筹办的省立山东大学。省立山东大学自1926年成立后,一直处于动荡之中,1928年5月,国民革命军占领济南,奉系军阀山东督军张宗昌败逃,日本帝国主义在济南制造了震惊中外的"济南惨案"。在这种混乱局面下,省立山东大学师生大部散去,学校无人负责,经费无着,随即停办。

与此同时,北洋政府于1924年利用德国侵占青岛时所建的俾斯麦兵营创办的私立青岛大学,因奉系校长宋传典弃职出走,经费困难、师生散失而陷入停顿状况。

⊙德国侵占青岛时期所建的俾斯麦兵营

⊙私立青岛大学校门

(一)协助何思源创办国立山东大学

何思源就任教育厅厅长后,公布了《山东省政府教育厅行动纲要》,确定了山东教育发展的基本方针。为此,何思源成立了全省教育设计委员会,以对山东教育发展进行具体规划,赵太侔是该委员会委员之一。

何思源留学欧美多年,深知高等教育在国民经济和社会生活中的重要作用。就任省教育厅厅长,他立即开始筹划重建国立山东大学。他对国立山东大学提出了12点"希望事项":确定并扩充大学本部经费;力求各学院名实相副;延聘品端学邃之专门人才,充当教授;严格考试学生;提高教授待遇;扩大各科实验室;设立规模宏大之图书馆,以作师生研究之用;添恭仪器标本,以求完备;奖励学术研究,使成为全省文化中心;鼓励师生著作,改造青年思想;发展学生自动研究及创作能力;逐年扩充学院,力求内容充实。何思源期望能设立一所名副其实的大学,使之成为山东文化和教育中心。①

1928年8月,国民政府大学院(1928年10月改称教育部)根据山东省教育厅的报告,决定在已停办的省立山东大学的基础上筹建国立山东大学,并指令何思源、赵太侔与魏宗晋、陈雪南、王近信、彭百川、杨亮功、杨振声、杜光埙、傅斯年、孙学悟等为筹备委员,组成国立山东大学筹备委员会。

8月7日,何思源在泰山红门宫主持召开国立山东大学筹备委员第一次会议,赵太侔与魏宗晋、王近信、彭百川、杨亮功、杜光埙等6人出席,大家一致推举何思源为临时主席,推举何思源、赵太侔、王近信为常务委员;会上讨论通过了筹备委员会组织条例,研究了学校的院系设置、扩建校舍、充实图书仪器设备、经费来源以及原有学生的转学休学等问题,决定将筹委会办公处设在教育厅,以便与各方联系。由于当时济南和胶济线均被日军侵占,山东省政府偏安泰安,一切筹备工作只能纸上谈兵,不能付诸实施。

① 《山东省政府教育厅第一次教育工作报告》,山东省政府教育厅1929年编印。

（二）历经六议，确定框架

1929年3月，中日两国政府签订"济案协定"；4月以后，日军陆续撤出山东，南京政府接收了济南、青岛和胶济铁路。山东省政府由泰安迁进济南。4月16日，南京国民政府派陈中孚为青岛接收专员，并成立青岛接受专员公署；4月20日，南京国民政府确定青岛为特别市。国民政府接收青岛，为创办国立青岛大学创造了条件。

同年初夏我国著名的教育家蔡元培先生携眷来青岛，住在原私立青岛大学女生宿舍小楼，他对青岛优美的环境、宜人的气候，倍加赞赏。当时军阀割据，战乱频仍，济南是四省通衢，兵家必争之地，而青岛地处海滨，可少受战乱影响。鉴于此，蔡元培和国民政府教育部长蒋梦麟均主张将国立山东大学改为国立青岛大学筹备委员会，将原拟建于济南的国立山东大学迁至青岛，利用私立青岛大学的校址、校舍筹建国立青岛大学。

蔡元培认为，"青岛之地势及气候，将来必为文化中心点，此大学之关系甚大"[①]。在他的心目中，国立青岛大学的环境可以说是中国唯一的，背山面海，实在是研究学问的好地方。

蔡元培通过教育部长蒋梦麟向行政院提出筹办国立青岛大学的议案。1929年6月4日，国民政府行政院第26次会议讨论通过了筹建国立青岛大学的议案，其议案内容如下：

教蒋部长（梦麟）提：国立山东大学筹备经费，因事实上困难，一切尚待规划，查该省青岛地方，有私立青岛大学一所，为张宗昌逆党前省议会议长宋传典所办，自胶济经中央接收，该校长早离校他往，现校中状况纷乱，自不待言。且该校向无确定基金，全赖鲁省款及青岛市款补助。拟将该校取消，其校产归山东大学收用，国立山东大学名称，拟改为国立青

[①] 1929年8月23日蔡元培致吴敬恒（稚晖）函，转引自孙长俊主编《山大逸事》，辽海出版社1999年版，第341页。

岛大学。查青岛交通便利，环境优胜，设立大学，自较济南为宜，可否敬候公决案。

决案：照办。①

根据行政院的指令，将国立山东大学筹备委员会改为国立青岛大学筹备委员会。6月12日，教育部接受蔡元培的建议，另行函聘何思源、赵太侔、王近信、彭百川、杜光埙、傅斯年、杨振声、袁家普、蔡元培等9人为国立青岛大学筹委会委员。

自国立青岛大学筹委会成立以来，先后共举行了6次会议，赵太侔参加了每一次会议，与其他筹委会委员一起，对学校的筹建进行了细致的研究，做出了自己的贡献。

⊙国立青大筹备委员就职典礼全体摄影纪念

6月20日，国立青岛大学筹备委员会在旧省立山东大学校本部召开第一次会议，山东省委员何思源、赵太侔、彭百川、王近信、袁家普在济南宣誓就职，山东省主席陈调元监誓，筹委会推举山东省教育厅厅长何思源为筹备委员会主任，另外还函聘杜光埙、傅斯年、杨振声、蔡元培为筹委。（10月，青大筹委会又增聘陈调元、于恩波、陈名豫为筹委，委员人数由9人增至12人）。会议除宣布国立青岛大学筹备委员会正式成立外，主要讨论了系科设置、行政机构等问题。何思源在会上致答词称"谓大学将来注重职业教育，造就专门人才"。

7月8日，国立青岛大学筹备委员会在青岛汇泉饭店召开第二次会议，赵

---

① 李彦英：《83年前，山东大学青岛复建》，载《大众日报》2011年10月11日。

太侔与蔡元培、何思源等九位委员全部出席，教育部长蒋梦麟从南京专程抵青赴会。会议听取了筹委会主任何思源关于接收旧省立山东大学和私立青岛大学的经过、前国立山东大学筹备委员会工作情况的报告，讨论了院系设置、各院地址、扩充校舍、学校经费、原有两校学生的处理、开学日期等问题，公推何思源、赵太侔、傅斯年、杨振声、王近信为筹委会常务委员，决定学校设在青岛，并分设工厂、农事试验场于济南。这次会议基本上商定了国立青岛大学的雏形，是筹备过程中一次重要的会议。

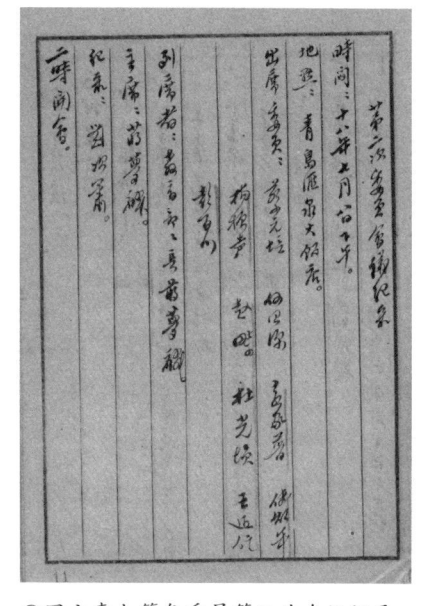

⊙国立青大筹备委员第二次会议记录

国立青岛大学筹建，引起社会关注，上海《时事新报》进行了连续报道。

7月14日，赵太侔与何思源、杨振声、袁家普、王近信、彭百川在济南旧省立山东大学本部召开第三次会议，主要讨论决定学校行政组织、教务长和各院院长人选、已聘和拟聘教师、教职员薪金标准、经费预算、应设年级和旧生编级试验等问题。确定聘请的教师很多，叶公超、罗家伦、金岳霖、潘光旦等都在计划之列。

（三）接收私立青岛大学校产

在国立青岛大学筹备委员会第一次会议召开的前一天，即6月19日，私立青岛大学推举学生代表郭恩纪等到济南谒见国立青岛大学筹备委员会，接洽私立青岛大学护校等事宜。教育部亦电催山东省教育厅速派专员接收私立青岛大学。赵太侔与何思源、王近信奉命在参加筹委会后的翌日赴青岛，预备接收私立青岛大学。6月22日《大公报》报道：

私立青岛大学，经教部合并，山东大学改组为国立青岛大学，筹备委员何思源、王近信、赵畸等荞（二十二日）晨来青，准备调查接受事宜。①

何思源考察完私立青岛大学后即返回济南，赵太侔、王近信留在青岛负责办理校产接收。6月29日，赵太侔、王近信代表国立青岛大学筹备委员会完成接收私立青岛大学校产校舍手续。7月2日，私立青岛大学公函第137号称："敝校所有一切校产、校舍、账册、图表暨学生成绩名册、器具、书籍等均于即日点交贵会（国立青岛大学筹备委员会），赵（太侔）委员点收无讹并奉到。"②

至此，国立青岛大学筹委会接收私立青岛大学校产、校舍工作宣告结束。

---

① 季培刚：《杨振声年谱》，学苑出版社2015年版，第158页。
② 张静：《中国海洋大学大事记》，中国海洋大学出版社2014年版，第8页。

三、兼任山东省立一中校长

山东省立第一中学（简称省立一中）是一所具有悠久历史和光荣传统的学校，在山东教育史上举足轻重，前身是1903年由刘冠三等人创办的山左公校，校址初设在乾健门（即新西门）。1913年，山左公学更名为山东省立第一中学。1914年，济南官立中学堂和私立公励中学堂并入省立一中，校址在贡园墙根街北头，即后来的山东省立图书馆处。

赵太侔与省立一中有着较深的渊源，这是他教育生涯的开始之地。早在1918年8月，赵太侔于北京大学毕业后，到省立一中担任英文教员，并在山东省立第一师范学校兼英语课，直到1919年1月赴加拿大。

刚刚踏上工作岗位的赵太侔，年仅28岁，很注意仪容仪表，头发梳得油亮，风度潇洒。他教学认真，有严师之称，很受学生尊重。省立一中的"诸城三杰"王统照、杨金城、路友于，便是赵太侔的学生。

10年之后，赵太侔再次走进山东省立一中。在1928年的"济南惨案"中，省立一中贡院墙根校舍被日军炸毁，学校被迫停课。1929年4月，日军撤走后，赵太侔随山东省政府进入济南。8月，赵太侔临危受命，被省教育厅任命为省立一中校长。上任

⊙20世纪20年代山东省立济南初级中学

伊始，赵太侔积极筹备复校，因为原校址改为民众教育馆，于是临时借用趵突泉东边的尚志堂筹备，召集学生来校报道，准备复课。9月，赵太侔组

织师生在杆石桥外新校址，修缮校舍，准备迁校。由于"济南惨案"的浩劫，省立一中所有设备、仪器、图书等，荡然无存，一切要从零开始，师生共同努力，重建校园。年底，杆石桥外校舍修缮完毕，赵太侔带领全校师生复校上课。

1929年，省立一中奉命改制，原4年制中学，改为初中3年，高中3年。省立一中改为初级中学，从1930年起，只招收初中生，作为过渡，原在校学生仍按旧制学习，到毕业为止。

赵太侔带领全校学生，继承省立一中的优良传统，教师严谨执教、学生勤奋好学的校风进一步得到发扬。迁校后，学校所设课程，按初级中学要求设有修身、国文、英语、数学、历史、体操等课程，一切管理制度仍按照旧章办理，且日趋完善。因此，教育质量日益提高，团结向上、刻苦自励的好校风逐渐形成。

赵太侔要求省立一中学生既要"修学"也要"修身"。"修学"是为了增长知识，回报社会；"修身"要做到修身自律，待人以善。为此，他确定了校训："勤学致知，敦品励行。"在对毕业生的《赠言》上，赵太侔对这8个字做了阐释："世界进化，物理无穷，一旦不学，即虞落后；学术演进，靡有止境，不勤学致知可乎？若品行端正，所学知识，始有所用，否则知识适为机械变诈之具，不仅无益于人生，尚且有害于社会，不敦品励行可乎？"

赵太侔鼓励学生开阔视野，一专多能，省立一中的文艺活动十分活跃。赵太侔是当时著名的戏剧家，还兼任山东省立实验剧院的院长，给省立一中开展文艺活动带来了便利条件。赵太侔在任省立一中校长近一年的时间里，修建了礼堂，开辟了学生阅览室和游艺室，建立了雅乐、军乐、国术、话剧等文体社团。因赵太侔对话剧情有独钟，因此学校的话剧演出，格外引人瞩目。他亲自指导学生演出的《茶花女》《悭吝人》《苏州夜话》等有进步意义的中外名剧，曾对外公演，社会各界赞誉有加。

期间，赵太侔应邀回到母校省立第十中学（即青州府公立中学堂）发表演讲，很受师生欢迎。其中有一位叫霍树楠的学生，对赵太侔十分仰慕，要求转学到济南，追随他就读于省立一中。霍树楠高中毕业后在国立北平师范大学专攻数学，号称"山东八大数学金刚"之一。

1929年秋，赵太侔聘请国立北京艺专毕业生桑子中担任省立一中图画教员，聘请前校长赵同源的妹妹赵同芳任英文教员兼女生指导员，她是当时省立一中唯一的女教师。桑子中与赵同芳是同事，而赵同芳与胡絜青是挚友，由于这层关系，桑子中认识了老舍。1931年夏，老舍任齐鲁大学教授，桑子中登门拜访，为新婚的老舍、胡絜青夫妇做了一幅名曰《大明湖之秋》的油画。从此二人结下深厚的友谊。赵太侔又通过桑子中认识了老舍。赵太侔在担任国立山东大学校长后，于1934年聘请老舍任中文系教授。赵太侔与老舍由此成为挚友。

由于赵太侔身兼山东省立实验剧院院长和国立青岛大学筹备委员职务，因此十分忙碌，便委托教务主任姜守迁主持全校校务。姜守迁因为支持学生阅读陈独秀、李大钊和鲁迅的文章，被国民党济南市党部列入黑名单，赵太侔为了让姜守迁免受迫害，劝其离开学校，对姜守迁进行了保护。据刘承宏在《我所知道的姜守迁》一文记载：

有一天，在总理纪念周的周会上，忽然接到省党部的通知，说是有党部要人来对学生训话，内容为动员学生警惕共党分子在校中挑起阶级斗争的活动与宣传。姜守迁听到后十分反感，可是也只能硬着头皮与全体学生一起等着要员来训话。可是半个小时过去了，仍不见要员来校，他这时火了起来："离上课的时间不到一刻钟，不能再等了，课程表上授课时间，任何人不能侵占，政治性的训话时间，只能在周会时间进行。现在我宣布：散会！"接着他就受到了攻击。不久，校长赵太侔在一个周末，请他在饭店吃饭，把酒间，赵对他说："你成了省党部的眼中钉，我也被指斥为用人不当。听说你还在课堂上说'进步向上的青年，不可不读陈独秀、李大钊和鲁迅的文章，因他们的文章，确能戳破社会上鬼魅们的嘴脸'。"姜守迁说："陈独秀等人是全国驰名教授，他们的文章，又不是传单，而是刊载在政府批准的杂志上的，我是师长动员他们看看又有什么错呢？"赵校长最后对

他说："你离开这里也好，避免节外生枝！我告诉你，我也要走了，去青岛大学当教授了。"从此，姜守迁辞职离开济南城。①

1930年1月，赵太侔辞去山东省立一中校长职务，全身心投入国立青岛大学筹办中。国立青岛大学成立后，赵太侔任教授、教务长；姜守迁被聘为教务处秘书，二人再度共事。

赵太侔开始教育救国，这是赵太侔人生的一大转折。在济南的两年时间里，赵太侔创办山东省立实验剧院，兼任省立一中校长，同时参与国立青岛大学创办。从此，他由成名成家的个人奋斗，走上倾心办学、教育救国的道路。由此所积累的丰富办学经验，为他以后主政国立山东大学奠定了基础。

---

① 刘承宏：《我所知道的姜守迁》，载济南市政协文史资料委员会编：《济南文史集萃》2000版，第233—234页。

第五章

初掌山大,建树累累

　　在主政国立山东大学近4年的时间里,赵太侔倾心办学,多有建树。国立山东大学由此形成了自己的优良传统和学风,培育了一大批学有专长的人才,在国内外赢得了一定的声誉,为以后的发展打下了坚实的基础;赵太侔的办学理念与实践,成就了中国海洋大学发展史的第一个重要的黄金时期。同时,国立山东大学的教育文化活动,也促进了20世纪30年代青岛文化的繁荣。

一、任国立青岛大学教务长

经何思源和赵太侔等筹备委员近两年的筹备，国立青岛大学（后称国立青大）的各项工作就绪。1930年4月28日，国民政府任命杨振声[①]为校长。

8月，国立青大在青岛、济南、北平三地招生。9月19日，国立青大正式成立，筹备委员会宣告结束。20日，学校举行开学典礼，校长杨振声宣誓就职，中央研究院院长蔡元培监誓。杨振声发表《打基础，重质量，务实际，艰苦创业》的演讲，阐明今后的办学方针。随后，学校即按已制订的教学计划正式上课。

⊙国立青岛大学校门

⊙杨振声

---

① 杨振声（1890—1956），字今甫，亦作金甫，笔名希声，山东蓬莱（今蓬莱市）水城村人。现代著名教育家、作家。

（一）杨振声校长的得力助手

10月6日，杨振声校长聘请赵太侔、张道藩、闻一多、黄际遇、汤腾汉、谭葆慎、谭书麟、梁实秋、周钟岐、杜光埙为教授。张道藩兼任教务长。这是学校的第一批教授。

在青岛，赵太侔租住在距离学校一路之隔的黄县路，与杨振声校长和校医邓初住在一栋楼上。据梁实秋所述："今甫（即杨振声）在校长任上两年，相当愉快。校长官邸在学校附近一个山坡的黄山路（实为黄县路）。他和教务长赵太侔住楼上，一人一间卧室，中间是个客厅，楼下住的是校医邓仲存（即邓初）夫妇和小孩，伙食及家务均有仲存夫人负责料理。今甫和太侔都是有家室的人，但是他们的家室从不随住任所，今甫有一儿一女偶然露面而已。五四时代，好多知识分子都把原配夫人长久地丢在家乡，自己很洒脱地独居在外。今甫亦正未能免俗。"[①]

位于黄县路的赵太侔寓所，是教授们的雅聚之地，黄际遇、梁实秋、赵少侯、杜光埙、邓仲存、丁山、老舍、刘本钊等时常造访，或聚饮高谈，或交流校务，不胜热闹。

1932年9月，赵太侔任国立山东大学校长后，继续住在黄县路。1935年12月，赵太侔迁居位于八大关的荣成路新寓所，与故宫博物院前院长李石曾、山东教育厅厅长何思源、山东省财政厅长袁家普、胶济铁路局委员周钟岐比邻而居。

作为教授的赵太侔，为文学院开设了《文学选读》等课程。作为国立青大的筹建者，他受到杨振声校长器重，还担任了一些行政工作。他协助杨振声校长制定了《国立青岛大学组织规程》等系列校章。1930年12月9日，国立青大召开校务会议，决定校务会议每星期四下午举行。会议公推张道藩、赵太侔和杜光埙起草校务会议规则，并议定"每年九月二十日为本校成立纪念日"。

---

① 梁实秋：《忆杨今甫》，载刘宜庆：《名人笔下的青岛》，青岛出版社2008版，第152页。

 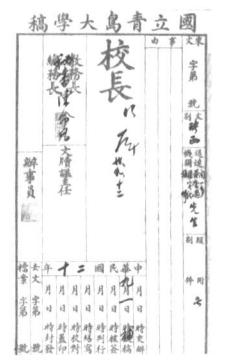

⊙赵太侔被杨振声校长聘为教务长　　⊙赵太侔被杨振声校长聘为学校聘任委员会委员

1931年8月，张道藩辞去国立青岛大学教务长，调任浙江省政府委员兼教育厅厅长，赵太侔接任教务长。

赵太侔除了担任教务长外，还兼任了学校审查委员会委员、图书管理委员会委员、训育委员会委员和聘任委员会委员及建筑委员会主席等行政职务，成为杨振声校长的得力助手。

（二）抗日救亡，爱国情怀

赵太侔是一位具有爱国情怀的知识分子。他早期参加同盟会，反对清朝的腐朽统治，是山东辛亥革命的重要参与者，继而到北京大学求学，创办实社；后来到美国留学，开展国剧运动，施展戏剧救国的抱负。

1928年在济南，赵太侔目睹了日本侵略者残害中国同胞的罪行，九一八事变后，抗日救亡运动如火如荼，作为国立青大教授、教务长的赵太侔，深知自己肩负的责任，参与发起捐款，慰问淞沪抗战将士，痛斥日本侵略者的罪行，告诫学生牢记自己的使命。

1932年1月至3月，上海淞沪抗战爆发，驻淞沪地区的中国第十九路军在爱国将领蔡廷锴、蒋光鼐率领下奋勇抗击。中国军队在人民支援下浴血奋战，连续击败日军进攻，使敌三易主将，数次增兵，死伤逾万，受到沉重打击。鉴于上海各军将士，血战抗日，屡建奇功，义勇忠烈，可歌可泣，校长杨振声与教务长赵太侔、总务长刘本钊、教育学院院长黄敬思，讲师邓初、刘天予等人发起捐款，慰劳前线战士。一时间全校教职员及学生,均争先捐款,共募集855.5元,其中杨振声捐50元,谭葆慎(外文系教授)捐40元,赵太侔、汤腾汉(化学系主任)各捐30元。

其所募集款项,由金城银行交上海市市长吴铁城,并由其转交淞沪各军将士。杨振声、赵太侔代表学校致函前方将士,表示慰问,电文如下。

上海吴市长转蒋总指挥、蔡军长、张军长、戴司令,并前敌各部队将士钧鉴:

贵军忠勇义烈,杀敌致果,为国家争生存,为世界保和平,义声充于海内,威风振乎敌人,全国奋发,愿为后盾,谨集款八百五十五元五角,由金城银行电汇。聊籍薄资,用慰崇庸,并祝最后胜利!

国立青岛大学全体教职员学生叩[①]

不久,学校收到蔡廷锴、蒋光鼐致谢电:"青岛大学列先生及学生诸君鉴,承惠劳金八百五十五元五角,经照收到,特此电谢。"[②]

1932年5月3日是济南惨案四周年纪念日,学校举办纪念仪式,悼念济南惨案中罹难的同胞,并追悼淞沪抗战中阵亡将士。因为校长杨振声在南京,便委托教务长赵太侔担任纪念大会的主席,主持纪念活动。

赵太侔在致辞中,着重强调举办这次纪念活动的意义,他认为有两个方面:

第一,是纪念五三惨案。在四年前今天,日本占据了济南,毁坏了多少房屋!杀戮了多少同胞!并且我们的外交官——蔡公时——也在那时被日本人,用残酷的手段处置死了!这是日本人给我们莫大的耻辱,为了永远不要忘记他,所以才有今天的纪念!而且这个纪念要一直到报仇雪恨为止。

第二,是追悼沪战阵亡的将士。我们忠勇的将士,是为保护国家主

[①]《本校教职员及学生捐款慰劳上海抗日各军》,载《国立青岛大学周刊》1932年2月29日第44期。

[②]《第十九路军覆电致谢》,载《国立青岛大学周刊》1932年3月28日第47期。

张人道而战死的。这许多无名的英雄,牺牲了他们的性命,值得我们来哀悼,因为他们的死,是为我们而死的,是自动的,并没有受了政府的命令,完全自拼洒自己的热血来奋斗的,虽然他们没有受了政府的接济,以致不克达到他们驱逐倭寇的志愿,然而是受了全国的人们精神上的接济,所以他们的死,是很有意义的,在以前中国人不能抵抗日本人的心理,几乎全中国都是这样的,而自十九路军挺身一击之后,不特中国人完全改变了以前怯懦的见解,就是外国人也认为中国军队是可以作战的,并且唤醒了日本军阀的迷梦,叫他知道中国是不可侮的,不仅十九路军可以打仗,全国民众都能够武装起来和他们——日本军阀——对敌的。这以上的光荣,以上的教训,是牺牲了性命的英雄付与我们的,因此知道,追悼不止是开会悲痛而已,要想到自己的责任,毫不迟疑地担负起来,踏着他们的血迹向前奋斗,才真是纪念的意义。①

(三)"酒中八仙"之一

在国立青大,以校长杨振声为核心的学校领导层,他们大多有留学欧美的美景,且多成名于五四运动以后,是社会的精英。在来青岛前就结下了深厚的友谊。来青岛以后,他们施展才华,使刚刚成立不久的大学蜚声学界。这既是作为教育家的杨振声领导有方,也是大家共同努力的结果。

青岛背山面海,风景如画,但毕竟青岛作为新兴城市,既没有南京的夫子庙,更没有北京的琉璃厂,缺乏文化氛围,又没有适当的娱乐,天长日久,生活颇为单调枯寂。诚如梁实秋所言:"青岛是一个好地方,背山面海,冬暖夏凉,有整洁宽敞的市容,有东亚最佳的浴场,最宜于家居。唯一的缺憾是缺少文化背景,情调稍嫌枯寂。故每逢周末,辄聚饮于酒楼,得放浪形骸之乐。"②

---

① 《本校举行五三纪念式并追悼沪战阵亡将士》,载《国立青岛大学周刊》1932年5月9日第54期。

② 梁实秋:《酒中八仙——记青岛旧游》,载张洪刚:《梁实秋在山大》,山东大学出版社2017年版,第285页。

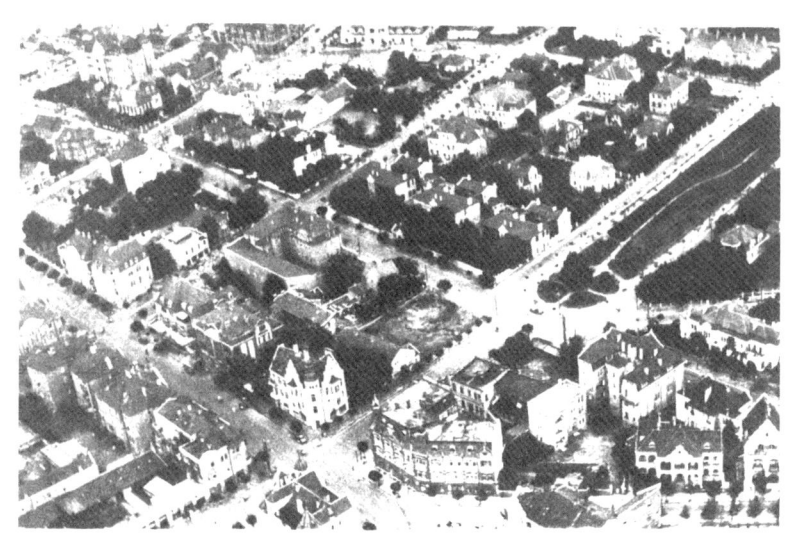
⊙1933年青岛市容鸟瞰

为了活跃学校的气氛，杨振声每星期校务会议之后，提议外出聚饮。经常参加聚饮的有校长杨振声、教务长赵太侔、文学院院长闻一多、外文系主任梁实秋、秘书长陈季超、理学院院长黄际遇、会计主任刘本钊，还有一位女诗人，中文系讲师方令孺。在一次饮宴上，闻一多环顾座位，忽来灵感，脱口而出："我们是酒中八仙！"因唐朝李白、贺知章等八位文人学士被人称为"酒中八仙"，他们便自称"新八仙"。一语道破他们豪饮取乐的神态，"酒中八仙"遂得名。

"酒中八仙"轮流在一个山东饭店顺兴楼和一个河南饭店厚德福两处聚饮，他们从薄暮喝起，起初一桌12人左右，喝到晚上8时，三五位不胜酒力的起身告辞，而剩下的八九位则是酒兴正酣，开始宽衣攘臂，猜拳行酒，夜深始散。"有时且结伙远征，近则济南，远则南京、北京，不自歉抑，狂言'酒压胶济一带，拳打南北二

⊙位于北京路的顺兴楼

京'，高自期许，俨然豪气干云的样子"①。"酒中八仙"们酒食征逐，三日一小饮，五日一大宴，推杯换盏，猜拳行令，觥筹交错。

赵太侔有相当的酒量，也能一口大盅，但是他从不参加拇战②。梁实秋在《铁锅蛋》一文，回忆了同赵太侔在青岛厚德福吃铁锅蛋一事："赵太侔先生在厚德福座中一时兴起，点了铁锅蛋，从怀中掏出一元钱，令伙计出去买干奶酪（cheese），嘱咐切成碎丁羼在蛋里，要美国奶酪，不要瑞士的，因为美国的比较味淡，容易被大家接受。做出来果然气味喷香，不同凡响。"③以后每逢吃铁锅蛋时，就按赵太侔意见，外加美国干酪，切成碎末搅拌，结束前，人人都喝一大碗酸辣鱼汤，以助消化。梁实秋说，好像宋江在浔阳楼上提反诗时想要喝的就是这一味汤。

"酒中八仙"饮酒之猛，胡适是深有体会的。1931年1月27日，从上海赴北京就任北京大学文学院长的胡适，过青岛小憩，下榻在宋春舫开办的万国疗养院。当晚，学校"酒中八仙"设宴款待胡适，山东人能喝酒，于是作陪者络绎不绝地劝酒，胡适不胜酒力，看到他们豁拳豪饮，实在招架不住了，急忙戴上他的太太送给他的刻着"戒酒"二字的指环，当作挡箭牌。大家见此不禁哑然失笑，成为胡适在青岛的一桩轶闻。闻一多可不依不饶，笑呵呵地说："不要忘记，山东本是出拳匪的地方！"

⊙胡适

赵太侔与胡适是亦师亦友的关系。早在美国开展国剧运动时，赵太侔就与胡适保持一定联系，曾写信就开展国剧运动征求过他的意见，并希望给予支持。胡适曾于1930年8月和1931年1月两次来到青岛。胡适有写日记的习惯，在他的日记中多次提及赵太侔，钩沉如下。

1930年8月胡适来国立青大参加中国科学社第15次年会。8月8日到青

---

① 梁实秋：《饮酒》，载梁实秋：《梁实秋散文》，太白文艺出版社2012年版，第222页。
② 拇战：一种娱乐方式，即猜拳，中国民间饮酒时一种助兴取乐的游戏。
③ 梁实秋：《铁锅蛋》，载梁实秋：《雅舍谈吃》，四川人民出版社2017年版，第27-28页。

岛，住在宋春舫福山路新一号家中，晚上杨振声在顺兴楼宴请胡适，"见着赵太侔、周钟麟诸君"；8月10日下午，胡适到杨振声寓所，"太侔也住此，我们谈了几个钟头"。来青岛后，胡适得了盲肠炎，虽经治疗，一时难以痊愈，8月12日在日记中感叹"以后实秋、一多、今甫，太侔诸君来，皆不能起来见了"；8月13日，赵太侔与梁实秋、闻一多探望胡适，胡适请"他们先拟一个欧洲名著一百种的目，略用'哈佛丛书'为标准"；胡适8月15日病愈，16日离开青岛，要赴上海，"上午到青岛大学，看杨金甫、蔡先生，见着太侔、实秋、杨允中、胡刚复、一多等"。十一点乘船离开青岛。①

10月，胡适乘船路过青岛，本想船停泊后，约请杨振声、赵太侔、闻一多、梁实秋几位旧友上船欢聚，无奈风高浪急，无法靠岸，胡适在10月1日的日记中记载："今早七时船应泊青岛，但今早忽大风，船不能进口，在口外停了一整天。我昨天电约杨今甫、梁实秋、闻一多、赵太侔四位来船上早餐，竟成虚邀了。我盼望他们今天不曾在岸上久等。"10月2日日记："午后一点得信，决计不泊岸了，只有一只船来接到青岛的客人上岸。我写了一信给今甫、一多、实秋、太侔，来托客人带上岸付邮。"②

赵太侔与杨振声从年轻时就结下了深厚的友情。两人是北京大学的同学，同是蔡元培的学生。1919年赵太侔与杨振声同考取了山东省官费，留学美国，在哥伦比亚大学学习。留学美国期间，两人曾接待过赴美国留学的俞平伯。赵太侔与杨振声在国立青岛大学共事两年，杨振声辞去校长职务时，力荐赵太侔继任校长。

闻一多、梁实秋毕业于清华大学。赵太侔与闻、梁的友情始于美国，在美国他们经常在一起讨论戏剧，并合作演出《杨贵妃》和《琵琶记》。为了开展国剧运动，赵太侔与闻一多一同提前回国，任职于国立北京艺术专门学校，这是赵太侔与闻一多第一次共事；赵太侔作为新月派中戏剧流派的代表人物，与闻一多、梁实秋一起在《晨报·剧刊》上发表关于振兴国

---

① 刘宜庆：《名人笔下的青岛》，青岛出版社2008年版，第164—165页。
② 刘宜庆：《名人笔下的青岛》，青岛出版社2008年版，第168页。

剧的文章，为国剧运动摇旗呐喊。

黄际遇是一位数学家，也是"酒中八仙"中最长者。赵太侔任山东大学校长后，聘他做文理学院院长，足见赵太侔对黄际遇之器重。黄际遇在青岛期间，写有《万年山中日记》和《不其山馆日记》，多次记述了与赵太侔之间的交往。

二、临危受命，继任校长

杨振声任国立青大校长两年，做了大量的工作，为学校日后发展，打下了坚实的基础，他是山东大学和中国海洋大学这一时期的奠基者。

然而，在杨振声任职期间，先后发生过三次学潮。对于学潮，处于校长地位的他，总是先行阻止，劝阻不成，则行压服，以至开除学生，因而遭到学生们的不满与反对。

经费拮据一直困扰着刚成立的国立青岛大学，各级政府拨付给学校的经费，在当时同类大学属于较少的。如1931年度拨付的经费，仅是中央大学、中山大学、武汉大学的四分之一或三分之一，且中央应拨款和地方协款，经常被减少。以致学校各项开支捉襟见肘。

面对学潮和经费拮据的双重压力，杨振声决意辞职。在致胡适的信中写道："我现在的地位，对济南掣肘青大计划，万分讨厌，恨不得马上即去，只是，大家对青大，总算费了一番力气，很想它能继续发展下去。如此，第一先求能放在一个妥当人肩上，大家去后才不至伤感"。[①]杨振声心目中的"妥当人"就是赵太侔。

1932年4月21日，杨振声赴南京请中央拨发积欠经费，但没有成功。心灰意冷的他认为"中央经费不解决，将来一切计划无从实现"，于是致电教育部请求辞职，将全部校务委托给教务长赵太侔，随后就离开南京去了北平。

6月4日，杨振声返校后，因学生自治会提出取消"学分淘汰制"，校方开除9名学生自治会常委和勒令201名学生休学一年，双方到了水火不容的

[①] 耿云志主编：《胡适遗稿及秘藏书信》(38)，黄山书社1994年版，第133页。

⊙国立青岛大学校貌

地步，学校处于无序状态。

29日，赵太侔与杨振声、闻一多、梁实秋及学校诸重要职员同日相继离校，国立青大顿成无政府状态。杨振声赴南京辞职，赵太侔赴济南寻求解决学校困境之策。

30日，赵太侔与黄际遇面见山东省教育厅厅长何思源、建设厅厅长张鸿烈共商对策，翌日同赴山东省政府汇报学校情况，商定解决办法。

教育部决定对国立青大停办整顿，7月3日致电山东省政府和学校：青岛大学校长杨振声呈请辞职，应毋庸议。该校学生组织铁拳制裁团，实行罢课罢考，应即解散，听候整理。所有教职员重行聘任，学生重行甄别；饬即遵照办理，现尚留校学生，应限于三日内一律离校，听候甄别。

7月10日，教育部成立国立青岛大学整理委员会，聘请赵太侔与蒋梦麟、丁惟汾、朱经农、傅斯年、何思源、王芳亭、王向荣、张鸿烈为委员，蒋梦麟为委员长。7月12日，何思源函电各委员于15日在济南开会。

7月15日，整理委员会在山东省教育厅举行会议，除了朱经农、傅斯年、王芳亭外，其他委员均到会，杨振声列席会议。会议议决国立青岛大学改为国立山东大学；对院系进行调整，停办教育学院，文、理两学院合并为理学院，成立工学院和农学院；学校设甄别委员会对学生进行甄别，甄别的要求是"以学生平时学业成绩及品行为甄别标准。其为此次罢课罢考主动，及平时举行不良者，不得再行收入。并不发给转学证书"。①

会后，赵太侔返回青岛，根据整理委员会的甄别要求，组织了甄别委

---

① 校闻：《青岛大学整理之经过》，1932年9月12日《国立青岛大学周刊》第6期。

员会,负责学生的甄别工作,于7月21日、23日召集了两次甄别会议。经过甄别,合格者66人,不合格被开除学生有75人,几乎占到在校学生的三分之一。

甄别后,杨振声赴北平聘请教员。杨振声为了学校的稳定与发展,分别致信赵太侔、吴之椿和梁实秋,建议赵太侔继任校长。

杨振声在8月19日致梁实秋信中写道:"弟久病不愈,精神体力皆不能再行继续。当即请辞职,与此函同时有致太侔、之椿一信,劝太侔为校长。之椿为教务长,再辅以吾兄机智,青大前途,定有可为,望兄运用神技,促成此事,弟不胜感激叩头之至。"①杨振声在8月26日致梁实秋的信中,再次谈到赵太侔担任校长,"关于省方,太侔若肯担任,协款及其他,皆可作为担任时先决条件,较弟为易",因为当时学校面临"两个重要问题:一为省府为难,一为教员问题"。②

国立青大经过两个月的整理与甄别,宣告结束。经过整理之后,9月2日,行政院举行第60次会议议决,通过杨振声辞职案;国立青岛大学更名为国立山东大学;教务长赵太侔升任校长案。9月30日,国民政府正式任命赵太侔为国立山东大学校长。

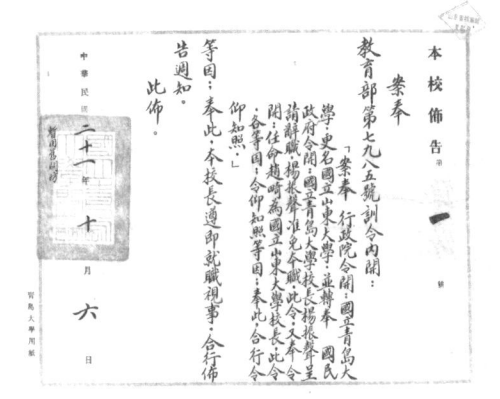

⊙校刊发布国民政府赵太侔为国立山东大学校长消息

对学生进行甄别的同时,赵太侔主持的学校招生工作同步进行。这次招生,共录取新生99人,旧生于9月19日开学后,分别补行学年试验。9月20日,学校校刊公布录取新生名单。

---

① 陈子善编:《梁实秋文学回忆录》,岳麓书社1989年版,第397页。
② 陈子善编:《梁实秋文学回忆录》,岳麓书社1989年版,第398页。

　　9月19日上午，国立山东大学举办开学典礼，300余名师生齐聚大礼堂。赵太侔以校长的身份致辞。他报告了学校改组的经过及国立青岛大学成立两年来的发展，肯定了杨振声校长主政国立青大取得的成绩，向师生介绍新聘的各系主任及教授。

　　从4月，赵太侔以教务长的身份代杨振声主持校务以来，至9月2日被任命为校长为止，在4个月的时间里，赵太侔临危受命，恪尽职责，为了学校的发展，不辱使命，通过自己的努力，尽可能减少学校的混乱局面和对学校造成的负面影响，办学秩序井然有序，院系调整、招生、聘任师资诸项工作正常进行。

三、从严治校，成绩斐然[①]

赵太侔是国立青大的主要筹建者，又担任过教授和教务长，是学校校务会议的核心成员，并且在杨振声辞职期间，曾代行校长职务，加之曾担任过北京艺术专门学校戏剧系主任、创办过山东省立实验剧院，兼任过山东省立一中校长，因此具有丰富的办学经验，是各方面都能接受的校长人选。他出任国立山东大学（后简称山大）校长，可谓众望所归。

⊙赵太侔

赵太侔任校长后，在原有的基础上，"遵循仿效"前任校长杨振声的治校成规，结合当时的教育实际，借鉴西方的教育经验，明确提出一系列先进、务实且独具特色的办学思想和办学理念，并将这些思想和理念积极落实到实践中去，使当时山大得到快速发展，并在国内外产生了重要的影响。

赵太侔办学热忱，处事稳重，属于学者治校的类型。他在主持工作时，勤恳而细致，尚实不务虚名，尤厌自诩。人们评论他说："有的人只说不做，有的人也说也做，只有他做了也不说。"他在山大成立4周年纪念会上说"虽然本校在社会上有时得不到一般的了解，而在学术界却已有了很深的认识"。他曾告诫教职员工"我们不能太注重宣传，也不能太向各方面

[①] 参见张庆美硕士学位论文《山东大学发展史上的办学理念及其实践研究》之"国立山东大学时期的办学理念及其实践（1928—1937）"部分，第14-27页。

应酬。其实这并无碍，只要我们内部工作能够积极努力"①。

1934年4月，国民政府教育部派员到各国立大学视察，对山大教学中的严谨、研究中的创新、建设学校中的勤俭节约、培养人才中的重视质量等等，甚为满意，训令指出："查该校近年设施，尚能秩序稳进，殊为可嘉。文理学院以理为主，而以中国文学及外国文学两系辅助中外文语文之基础训练，事属新创，用意尚佳。化学方面注重中国药材分析，生物方面注重海滨生物之研究，至为切当。"②至此，国立山东大学在国内学界声名鹊起。

⊙20世纪30年代国立山东大学校门

（一）选贤任能，教授治教

聘请学术造诣深的学者，组成高水平的教师队伍，实行教授治校，是办好一所学校的主要条件和决定因素。

赵太侔十分注重高水平师资的聘请和培植，在办学过程中，始终把邀请国内学术界知名学者作为一项重要工作。随着杨振声校长的辞职，闻一多等众多学者辞职他往，学校的师资力量亟待充实。赵太侔接任校长后，奉教育部令，不仅要对学生进行"甄别"，同时也要对所有的教员另行聘任。

在师资队伍建设中，赵太侔吸收北京大学及哥伦比亚大学办学经验，提倡科学民主、学术自由，打破门户之见，广聘专家学者来校任教，充实教师阵容，致使国立山东大学成立之初，在较短的时间里，就形成了阵容整齐、水平较高的师资队伍。

赵太侔认为办好大学，教师的力量和科学水平起着重要作用。他非常

---

① 校闻：《本校举行四周纪念及始业式：赵校长黄院长均有诚恳训话，中央研究院蔡院长到场讲演》，1934年9月24日《国立山东大学周刊》第85期。
② 1934年6月5日教育部给山东大学的《训令》，现存山东省档案馆。

留心聘请教师，专门准备了一个小本子，记录各门学科的专家和学者，了解对方情况后，或者亲自聘请，或者托人代聘，延揽不遗余力。

为了保证选聘师资的质量，赵太侔成立了聘任委员会，制定了聘任制度。所聘任的教师必须经过聘任委员会通过，而聘任委员会审查各院系聘任的教授和讲师都是按照严格的程序进行考察的。对于教授的聘任，赵太侔一向比较严格审慎，坚持宁缺毋滥的原则。所以各院系历年所聘请的教授，均为国内学术界知名人士。

为了稳定教师队伍，安定受聘教授的生活，使之安心研究工作，赵太侔主持制定的聘任制度中，贯穿培养学术人才的思想，同时也给予了较多的人文关怀。学校经费虽少于其他各校，但教师的薪俸与其他各校基本相同。教授要任满一年，才能续发聘书，一般是一次续发3年的聘书；教授在校任职连续3年者，可享受半年假期，或从事专题研究，或出国考察，经过申请学校可给予适当的补助。这在社会动荡、谋职困难的情况下，对于受聘教授有不小的吸引力。学校成立以来，历年所聘教授，即使到校之初尚未成为国内权威，但经数年研究工作的努力，也大都成为学术权威。

为了建立阵容整齐的师资队伍，赵太侔任校长伊始就开始学者的聘任工作，所聘学者均在国内学界有一定的知名度。1932年9月2日，赵太侔任校长，9月6日从济南回到学校，立即与黄际遇共商教师聘任。经过商定，他在小本子上记下了拟聘任学者的名字。不久这批学者陆续到校，这份名录，是赵太侔主校后所聘教师的基本阵容。此后，赵太侔每年都要聘请知名学者来校任教。

赵太侔主张学校应不受地域的限制，他说"我们必须从全国乃至国际间延聘专家学者，即便聘用本省人到校任课，那是因为他们在学术上的地位，并非因他是本省人的关系"[①]。他聘请的教师，留学归国的不论毕业于欧美还是日本，国内毕业的，不管毕业于那个大学；甚至不管是否大学毕业，只要有真才实学，他都聘请，绝无门户之见，真正容纳和吸收各种教

---

① 《本校校庆典礼校长致词补志》，载《国立山东大学周刊》，山东省档案馆档案：J110-01-933。

⊙老舍

⊙童第周

学方法和教学思想。比如，当时理学院院长兼数学系主任黄际遇教授，早年留学日本和美国，回国后曾任中山大学教授、河南教育厅厅长、河南中山大学校长；物理系主任蒋德寿教授是留学英国的博士，是物理学家；任之恭教授是美国哈佛大学的博士；化学系主任汤腾汉教授，是德国柏林大学博士，德国政府特许优等药化学师；文学家沈从文则是行伍出身，小学毕业。再如，生物系曾省教授是法国里昂大学博士，著名寄生虫学专家；刘咸教授是英国皇家学会生物学博士，在国际上负有声誉；童第周教授是比利时比京大学动物学博士，著名的组织胚胎学专家。

除了这些"海归"学者外，赵太侔还聘请了多名外籍学者来校任教。至1936年，在山东大学任教的德籍学者有伊格尔（机械系教授）、石坦因（化学系讲师）、卜其尔（土木系讲师）、费尔（物理系讲师）、葛其婉（外文系教授）等。

赵太侔任校长期间，新聘请的教师有50多人，可以说每个人都是有学问、有专长、有成就的专家学者。其中文科新聘教授有丁山、姜忠奎、闻在宥、老舍（舒舍予）、洪深、胡鸣盛、孙大雨、李茂祥、戴丽琳、葛其婉，讲师萧涤非、彭啸咸、罗玉君、水天同、袁振英、王国华、周学普等；理学院新聘教授李达、李衍、曾炯、王淦昌、何增禄、蒋丙然、郑衍芬、陈之霖、邵德辉、王宗清、林绍文，讲师刘天予、杨善基、李藩、蔡方宪、王祖荫、蔡复元、胡铁生、曾呈奎、左景烈等；工学院和农学院新聘教授赵涤之、喻兆琦、张闻骏、肖健、吴柳生、余立基、伊格尔（德籍）、吴耕民，讲师耿承、李良训、林德、叶识等。另外，还引进了两名体育教授郝更生、宋君复。

到1934年全校教师已达136人，其中教授占37.5%，讲师占34.6%，助教占27.9%。师资队伍的严整、水平、结构、层次，在全国都是一流的。台湾褚承志先生在回忆这一时期山大时认为："国立山东大学教职员的阵容，虽较国内第一流大学如北大、清华等校稍逊，但比一般国立大学，则毫无逊色。"①

这些教师多学有专长，而且多为中青年，在教学研究中勤奋认真，勇于创新，使学校的学术空气日益浓厚，教学质量不断提高。

(二)学术活动，蔚然成风

赵太侔注重学术研究，倡办学术演讲、学术报告、学术讨论等各类学术活动，并在每星期一"总理纪念周"时间段增加学术演讲，长期坚持。浓郁的学术氛围，丰富多彩的学术活动，在成为教学、科研纽带的同时，也极大拓宽了学生的知识领域，提高了学生的能力。

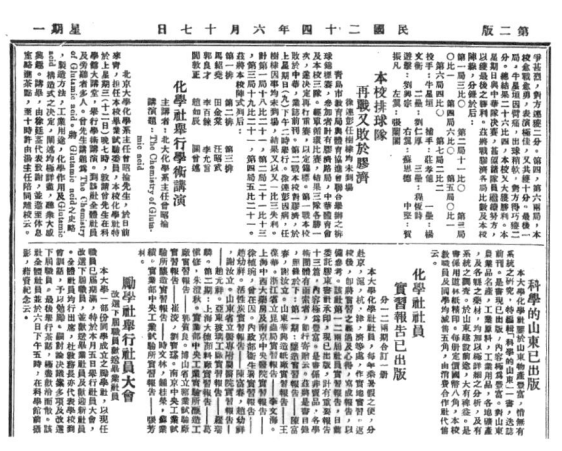
⊙《国立山东大学周刊》报道学生社团学术活动

利用"总理纪念周"做学术讲演是发扬学术民主，提倡不同学派的争论，活跃学术氛围的重要学术活动。每次"总理纪念周"时间，照例由教授轮流做学术讲演，学生们蜂拥而至，场面十分壮观。

在每周例行的"总理纪念周"上，赵太侔亲临会场，介绍做演讲的教授，并提出自己的见解。如1934年10月15日，在该学期第4次"总理纪

---

① 褚承志：《国立山东大学》（上），载《山东文献》第6卷第2期，1980年4月台北出版。

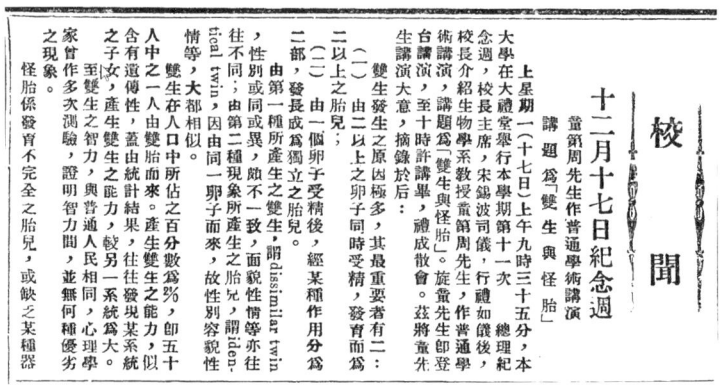

⊙1934年童第周在"总理纪念周"做学术讲演

念周"上,洪深做《怎样做一个有用的人》的普通学术讲演。讲演前,赵太侔就专门学术讲演、学生偏于各人所学、听讲者人数较少等问题提出改进、普及意见,鼓励教授做普通学术演讲,让更多的学生受益。他说:"本校每周普通学术讲演,虽是由各系诸位先生担任,所讲者不免偏于各人所学;但这种既非专门的讲演,纯是一种普通的知识,无论那系的同学都应该来听。从前,每周讲演者定有次序表,先行公布,因此,遇到某系的先生讲演时,听讲者必是那系的同学为多,他系的同学到者很少。为补救此种缺憾,本学期就不把演讲者预先公布,临时在这里来报告,如此,听讲的人也就容易普及些。"①随后,赵太侔介绍洪深讲演。

赵太侔积极倡导利用"总理纪念周"做学术讲演,全校师生积极参加。如任之恭教授一年内做过6次学术讲演,王淦昌教授两年半做过8次学术讲演,汤腾汉教授做过10多次学术讲演,老舍先后做过《诗与散文》《中国民族力量》的讲演;洪深先后做过《怎样做一个有用的人》《一年级英文教学方法之改进》等讲演;林绍文做过《漫谈科学》的讲演等。这些讲演,让学生学到了做人和做学问的道理,广受欢迎。

除了每周的学术演讲之外,赵太侔还利用一些便利的条件,经常邀

---

① 校闻:《洪深先生作普通学术讲演,讲题为怎样做一个有用的人》,载《国立山东大学周刊》1934年10月22日,第89期。

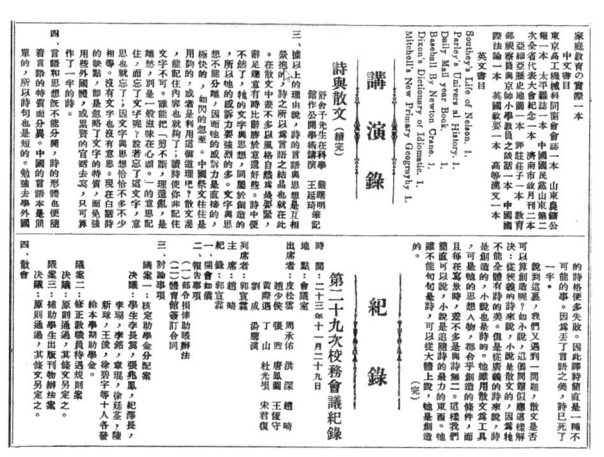

⊙刊载于《国立山东大学周刊》的老舍演讲词《诗与散文》

请著名学者和社会名流来校讲学或演讲。张伯苓、章太炎、蔡元培、顾颉刚、竺可桢、冯友兰、罗莘田、秉农山、杨杏佛、陶希圣等，都曾应邀到校讲过学或做学术演讲。

1932年9月，张伯苓先生代表上海废止内战同盟会由天津赴济南，调解山东国民党省主席韩复榘与"胶东王"刘珍年（驻山东省国民革命军第17军军长）摩擦冲突后，于9月26日应青岛市市长沈鸿烈邀请，乘火车到达青岛参观游览。28日上午，张伯苓先生应赵太侔邀请，在沈鸿烈、雷法章二人陪同下赴国立山东大学参观并讲演。在讲演中，张伯苓先生就来山东调解韩、刘冲突的使命、过程、结果做了陈述，并阐明了自己的观点，"盼今后民众应当自觉，把自己的使命担负起来，或者对于内战外侮稍有补救"[1]。

1934年4月，赵太侔借北京大学教授陶希圣先生利用春假，赴各地参观市乡区建设及游览名胜之机，邀请他来校做学术演讲，讲题是《中国社会经济史概说》。12日，赵太侔和教务长杜光埙、秘书长皮松云、文理学院院长黄际遇等陪同陶希圣先生步入大礼堂。

在陶希圣讲演前，赵太侔致辞，他说："我们平常很少有机会得校外的学者来讲演，尤其是因为青岛地位的偏僻，平常是更不易得到这种机会

---

[1] 曲海波：《"南开之父"张伯苓的青岛之行》，载《半岛都市报》2014年5月20日。

的。现在请到陶先生来校讲演,这是我们很难得的机会。陶先生的文章在各大杂志上想同学们都已见到,不用我再多介绍了。陶先生对于中国社会史、经济史,很有研究,可以给我们在学术上很大的帮助,今天虽是一下午的时间,但我们还尚觉不够。"随即,陶希圣先生做讲演,历时3个小时。①

国立山东大学浓厚的学术氛围,给时在物理系任教的王淦昌教授留下深刻的印象,半个世纪后仍记忆犹新:"科学研究工作,更是学校活动中必不可少的内容,记得每周一的'总理纪念周'会上,向例由教授轮流做学术讲演,各系的学术报告会或讨论会从不间断,全校呈现出学术空气浓郁,学术思想活跃的喜人景象。"②据不完全统计,自1931年10月至1937年5月,各次学术讲演全文或摘要在校刊发表的,就有206篇。通过这些活动,活跃了学术空气,开阔了师生视野,启迪了思想,进一步推动了教学科研工作的开展,使整个校园洋溢着奋发向上、努力探索之风。

⊙1935年中国物理学会第四届年会在山东大学举办,蔡元培、李书华、沈鸿烈等出席开幕式(前右二为赵太侔)

---

① 校闻:《北大教授陶希圣来校讲演:讲题为"中国社会经济史概说"》,《国立山东大学周刊》1935年4月15日,第111期。

② 王淦昌:《往事回顾》,载《悠悠岁月桃李情——山东大学九十年》,中国文史出版社1991年版,第2页。

赵太侔倡导施行导师制。他认为导师制可以让学生随时接近师长，服从师长之指导，借资取法，养成健全之习惯以及高深之学问与高尚之人格，为此于1935年1月制定了《国立山东大学教员服务及待遇规程》。

为了开辟学术园地，发表师生的科研成果，在赵太侔的主导下，学校于1933年和1934年先后创办了学术刊物《科学丛刊》和《文史丛刊》。《科学丛刊》出版两期，是理科类的学术性期刊，作者既有教授、讲师，也有高年级学生。黄际遇、曾炯、郭贻诚、汤腾汉、曾省、秦素美等著名学者均在此刊发表学术文章；《文史丛刊》是文科类的学术性期刊，主要刊载教授们的研究与创作成果，其中包括胡适、游国恩、姜忠奎、丁山、张煦、黄际遇、梁实秋、赵少侯等学者的文章。

学校的各种学术社团如雨后春笋般成立起来，主要的学术社团有励学社、刁斗文学社；文艺社团有素丝社、程征文艺社、潮音文艺社、文刊编辑社、新文学会、大众科学社。这些学术和文艺社团都出版了自己的刊物。各系也成立了自己的学术社团，如国文学会、数理学会、数学讨论会、物理读书会、化学社、生物学会、机械学会等。这些学术组织每两周开一次会，而且每次都有学术演讲。通过这些活动，学生的兴趣被吸引到学术研究上来。

赵太侔对于这些学术和文艺社团，给予了大力支持和鼓励，或为这些社团创办的刊物题写刊名，或为之作序。在这些学生社团中，影响最大、成绩较为显著的是刁斗文艺社和励学社。刁斗文艺社创办不定期文艺刊物《刁斗》，共出两卷六期，内容以文学批评、创作和翻译为主，曾刊载老舍、梁实秋、赵少侯、周学普等文学名家的作品。

励学社创办于1934年1月，出版综合性杂志《励学》半年刊，前后共出七期，引起学术界的重视。1月10日，赵太侔为创刊

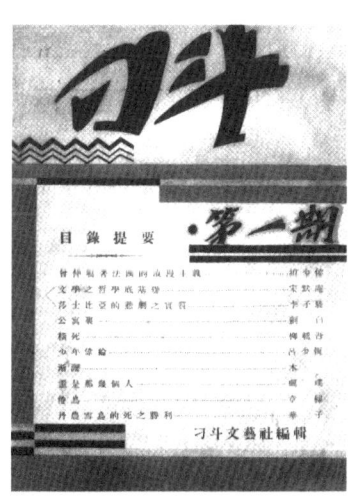

⊙《刁斗》

的《励学》作序，提出："我希望同学们努力使这刊物负起阐扬文化的使命等等。但如果这使命不是包办性质的话，则凡属学术刊物自然都负担一部分，似不待言，更不须印在前面给别人看。学术论著不外是学术研究的记录，有此记录而后有继续研究讨论之凭藉，而后有更进一步之研究记录，文化生命之延续及拓展确系于此。从学术团体本身来说，学术刊物又有其特别功用，它不仅报告社员的研究，而且催动着每个社员研究的努力。因为学术论著不仅是研究的结果，而常是研究的动力，有时作论著即是作研究，论著和研究多半分不开。所以我们可以说，因了有此刊物，而同学们的学业将益加精进。我个人觉得此点应特别置重，其价值反不在乎外求。"①

对于"负起阐扬文化的使命"的《励学》，赵太侔和学校的教授们给予了大力的支持，予以"慨予捐助"。励学社的学生为表示谢忱，《励学》创刊号上刊载了《本社鸣谢启事》："敬启者蔽社成立之日，即策印励学。唯以经费所限，一再延期，终赖诸先生慨予捐助，第一期得顺利出版。嘉惠后学，至深铭感。谨将诸先生大名列左。以表谢忱。"所开列的名单有赵太侔、游国恩（文学史家与楚辞学专家）、萧涤非（文史学家与杜甫研究专家）、任之恭（物理学家）、李珩（天文学家）、杜光埙（法学专家）、汤腾汉（药物化学家）、张煦（藏学家与语言文字学家）、曾省（农业昆虫学家）等文理科26位先生的名字。

《励学》期刊，以发表学生论著为主，也刊载著名学者的文章，鼓励不同思想的争鸣。社会科学方面的研究成果主要以古典文学与训诂学等研究为主；自然科学方面包括植物、水产等文章。随着《励学》影响力的扩大，该刊在当时逐渐引起国内学术界的重视，以至蜚声海外，美国华盛顿国会图书馆曾致函该社，全份订购该刊。

（三）通才为本，协调发展

赵太侔认为，大学培养多种类型的人才，应设立多种学科，使学与

---

① 赵太侔：《励学》"序"，载国立山东大学励学社：《励学》第1期，1933年12月出版。

术、通才与专才、基础与应用相互补充，和谐发展，而不是将两者截然划分开来。为此，国立山东大学既设立了文、理两院，又设立了农、工两院，这样设置系科易收学科互补之效，使通才不致空泛，专才不至于狭隘，有利于提高教育质量，开展研究工作，培养多种人才。国立山东大学在人才培养模式上，注意专才通才相结合，更着重培养通才。

对于招收学生的地域来源，赵太侔颇有见解："一个大学应收容各方面的学生，使他们彼此了解各种地方不同生活方式，来源愈广，收获愈丰富，愈能陶冶优秀人才。"

为了培养以通才为本、协调发展的人才，赵太侔于1932年将文、理两院合并为文理学院。文、理两院合一是国立山东大学的一个特点。这不仅仅处于经济上的考虑，更是通才教育的重要举措。

赵太侔倡导通才教育，一方面为了使学生在低年级"修习基本学科，为之奠定从事高深研究之基础"，另一方面为了培养学生健全人格，尤其是所有学生都能得到美育的滋养。此举是为了达到以文、理基础学科打造学校的学术根基和沟通文、理，培养学生的科学精神和美育思想之目的。

⊙国立山东大学校园一角

赵太侔主持制定的《国立山东大学学则》，也明确规定了文科生必修理科的某些课程，理科学生必修文科的某些课程。此外，学校还十分重视体育教学，把体育教学作为一项重要的工作，体育占8学分，不及格不得毕业。学校要求学生每周必修体育课两小时，每日至少要有一小时课外活动，为了培养学生运动的兴趣，学校春秋两季都举办运动会。各种运动项目的竞赛，既督促了学生们加强体育锻炼，又培养了学生公平竞争、顽强拼搏的精神。

(四) 民主管理，教授治校

赵太侔的求学、工作经历，使他有坚实的民主办学思想基础。他十分注意发挥集体的智慧与作用，实行民主办学。在校务管理方面实行的是校长主持下的教授治校制度，具体表现形式就是建立由教授广泛参与的校务委员会和各种专门委员会。

赵太侔主导建立了以教授为主体的校务委员会。校务委员会由校长、教务长、总务长、各院院长、各系系主任和教授代表组成，校长为主席。它既是学校的立法机构，又是学校的权力机构。凡属学校的重大问题和兴革事项，提交校务委员会做出决议，校长负责

⊙图书馆内景

组织执行，"如有窒息"，得由校长提交校务委员会"复议"。一般的事，他认为应行则行，应否则止，不以请求或建议者为谁而通融或拒绝。这样教授们均能积极关心学校，提出各种建设性意见，保证了学校的工作在以教学、科研为中心的轨道上运行。

除了校务委员会，学校还建立了科学研究、教师聘任、校舍建筑，教学设备及图书购置、招生、毕业考试等各种专门委员会，其成员均从教授中聘任，对校长负责，帮助校长分担一部分行政事务工作。各委员会成员不但能把与教学有关的工作处理得稳妥、完善，更重要的是发挥了教授治校的作用。

教授治校是大学自治（内治）的具体实施形式。教授治校即依靠教授办学，让教授参与学校的决策和管理。当时的教授治校制度，非山大所独有，却在这里得到很好的实践。王淦昌认为："学校设有由教授组成的校务会委员会，讨论决定各项重大兴革和决策，这既发挥了教授治校的作用，

又体现了民主管理学校。"①

因为学校经费十分拮据,赵太侔组建了一个精炼、高效的行政管理队伍,各司其职,井然有序。首先对学校的行政机构进行了调整。增设教务处,将原来独立设置的图书馆,划归教务处;取消总务处和秘书室,增设秘书处,原总务处所属各科室,均归秘书处管理;还增设了文牍课和出版课。其次是不断压缩行政人员编制,至1936年,学校各行政单位中的工作人员,图书馆11人,注册课5人,校医室3人,出版课7人,文牍课3人。

时任教务长的杜光埙认为,国立山东大学的一个重要特点就是"学校的行政组织简单,不仅促进行政效率,而且也收撙节开支之效。对于行政组织,向采缩小编制之原则,所用人员亦尽量减少"。1934—1935年间,国立山东大学已为一个具有文理、工、农三个学院的大学,"而其职员人数,由校长、院长起,至书记(按:当时的书记,系一般办事人员)止,共38人,行政组织之简单,用人之经济,颇似教会设立之大学"②。

在院系负责人任用方面,赵太侔知人善用,选聘著名学者担任。文理学院院长由数学家、文理通才黄际遇教授担任;中文系主任先后由著名藏学家张煦和哲学史专家施畸担任;外文系主任先后由文学家梁实秋、戏剧家洪深和著名学者凌达扬担任;数学系主任先后由数学家黄际遇、李达、周绍濂担任;物理系主任由物理学家王恒守担任;化学系主任由化学家汤腾汉担任;生物系主任先后由生物学家曾省、刘咸、林绍文担任。工学院院长由著名学者汪公旭担任;土木工程学系主任先后由著名学者赵涤之、唐凤图、余立基、张倬甫担任;机械工程学系主任由机械工程学家周承佑担任。农学院院长由生物学家曾省担任。图书馆馆长由文史学家胡鸣盛担任。

国立山东大学各项工作和谐,目标一致,大家同心同德,教学、科

---

① 王淦昌:《往事回顾》,载《悠悠岁月桃李情——山东大学九十年》,中国文史出版社1991年版,第1页。
② 杜光埙:《忆国立山东大学》,载《悠悠岁月桃李情——山东大学九十年》,中国文史出版社1991年版,第274-275页。

研、基础建设都进展得较快,这既是实行这种领导体制的结果,更是赵太侔办学水平和人格魅力的彰显。

(五)从严治校,人文关怀

赵太侔认为学风是学校的精神支柱,必须在教学与科研中培植和形成。而好的学风是各级领导以身作则,带动全校师生自我追求的结果。

赵太侔把修订各种规章视为学校的一项根本工作。他主持制定的学校各种规章数十种,包括学校组织规程、学则、各部课及图书馆的章程和办事细则,各委员会的章程,考场规则,以至学生寝室规则等。赵太侔强调各种规章既已经制定,就必须严格执行,不得通融,一切校政必须按章办事,不得任便,各种课程必须科学组织,不能凌乱。

赵太侔强调要加强对学生的严格管理。首先新生入学考试,十分严格。国立山东大学从1932至1936年共招收五届学生,从录取人数占投考人数的百分比来看:1932年是12.8%,1933年是22.5%,1934年是20.4%,1935年是19%,1936年是10.9%。虽然招

⊙山东大学工学院机械系毕业班合影

生地点和招考人数逐年增加,但录取率基本上呈逐年下降趋势,录取的新生质量不断提高。

其次,国立山东大学实行严格的"学分淘汰制",对学生要求很严格,注重质量。由于实行学分淘汰制,所以学生都肯勤奋攻读,刻苦上进,形成了浓郁的学习风气。《国立山东大学学则》规定,"凡一学期于某学程缺课逾三分之一或旷课满五小时者,不得参与该学程之学期试验,并不得补考";"学生全年所修学程有二分之一或必修学程三种不及格者,令其退学;学生全年所修学程有三分之一或必修学程二种不及格者,留级一

年，但不得留级两次"①。由于这种严格的管理，不断督促学生勤奋学习，对学生是一种鞭策力量，对于安定教学秩序、树立勤奋好学的优良学风，起到了积极的作用。

也正是这些严格的规定，形成了较高的淘汰率。国立山东大学前两届学生淘汰率分别为42.5%和25%。较之国内其他著名大学，国立山东大学的淘汰率是很高的。

再次，学生的学业考试极为严格。国立山东大学考试分为临时试验、学期试验和毕业试验三种。临时试验，由任课老师随时举行，学期试验于期末举行，考试范围包括本学期所修学程的全部内容。四年级学生最后一学期的试验是毕业试验。为了确保每届毕业生的质量，国立山东大学组织了由校内教授和校外专家组成的毕业试验委员会，由该委员会审查办理。

1934年6月，国立山东大学首届学生毕业。为此，学校成立了第一届毕业考试委员会，委员由严济慈、何思源、林济青、胡先骕、蒋丙然、雷法章、杜光埙、皮松云、黄际遇、张煦、梁实秋、王恒守、汤腾汉、刘咸等校内外著名学者组成，赵太侔为委员长。据中国台湾地区版的《山东文献》记载：毕业考试委员会委员于6月10日、15日两日，开会两次，第一次审查论文，第二次审查论文及成绩部分；6月11日至14日，则每日轮流莅临考场监督考试，由此可见其严格认真程度。国立山东大学第一届毕业生共有61人，经过审查有8人不予毕业，准予毕业者53人。②据黄际遇在《万年山中日记》记载：6月15日下午，赵太侔主持毕业考试委员会会议，审定及格者55人，实际毕业53人。其中，中文系18人，外文系11人，数学系9人，物理学系4人，化学系8人，生物学系5人。③

1934年6月23日，上午九时国立山东大学举行了第1届毕业典礼，各来宾及全体教职员学生，均先后入场。随后，体育部主任宋君复带领毕业生，整队而入，全场掌声雷动。各毕业生男着黑色制服，女着白色长服，

---

① 《山东大学百年史》编委会：《山东大学百年史》，山东大学出版社2001年版，第89页。
② 褚承志：《国立山东大学》（上），载《山东文献》第6卷第2期，1980年4月台北出版。
③ 黄际遇：《黄际遇日记》（卷三），汕头大学出版社2014年版，第358页。

整洁素雅。国民党中央委员陈立夫、山东省教育厅厅长何思源、青岛市市长沈鸿烈等社会名流及各界来宾百余人亲临现场道贺,场面极为壮观。国民政府教育部长王世杰发来贺词。

⊙20世纪30年代国立山东大学大礼堂

典礼开始后,校长赵太侔首先致辞,并代表教育部长王世杰致训词,他勉励毕业同学于毕业后,本着在校努力吃苦求学之精神,为国家社会效力。随后青岛市市长沈鸿烈为53名毕业生授毕业证书,各毕业生分系依次领受证书;并代山东省主席韩复榘给毕业生前9名颁奖,每人奖皮包1只、自来水笔1支、金手表1只。颁奖后,沈鸿烈还颁给前3名丁金相、赵幼祥、蔡文显书籍多种。毕业典礼后,各来宾及教职员以及毕业生至科学馆前合影留念。

1935年6月,国立山东大学组成第2届毕业考试委员会,赵太侔为委员长。委员除了本校的8名教授外,还聘请了北平研究院副院长李书华、中山大学文学院院长刘凌霄、北京大学化学系主任曾昭抡、浙江大学物理系主任郑衍芬、青岛市工务局局长邢契莘、山东省政府委员林济青、山东省教育厅厅长何思源任委员。其阵容之强,足可见当时对毕业试验的重视程度。考试期间,校长及各任课教师按日当场,毕业考试委员会委员轮流每人每日监试一场。试卷经各任课教师评阅后,要由委员会相关成员复阅。经过审查,本届毕业生有93人,准予毕业者87人。

1936年6月,国立山东大学第3届毕业考试委员会,由本校各系主任及教授11人组成,赵太侔为委员长。经过审查,本届毕业生55人中有2人不予毕业。生物系毕业生中有薛廷耀、郑柏林、尹左芬,以后成长为著名的海洋、水产专家。

由于学校平时对学生学业管理极严,考试时又有严格的规定,所以国立山东大学学生学习都十分刻苦勤奋，善于思考，并富有创造性，他们既要把基础打牢，又要掌握专业知识，因此毕业生质量较高。

尽管如此，由于国立山东大学实行严格的"学分淘汰制"和毕业考试制度，因此造成很高的淘汰率，平均

○山东大学理学院化学系毕业班合影

淘汰率接近四成。但能够顺利毕业，走上工作岗位的毕业生，其能力不但远胜于私立青岛大学的毕业生，较之国内其他高校毕业生也是高质量的。褚承志先生曾将20世纪30年代的国立山东大学毕业生与20世纪70、80年代的中国台湾地区的大学生进行对比，做过一个形象的比喻："国立山东大学前后4届毕业生不过200多人，较现在台湾一般普通大学差远了，量当然差得远，但质方面不知高了多少倍。以货币比喻说，民国二十六年前一位国立山东大学的学士，好比一元含银七钱二分的大头，现在台湾一般所谓大学的学士，好比一元新台币，贬值多了。"①虽然近于笑谈，但亦足见当时国立山东大学毕业生质量之高。

赵太侔鼓励学生参加国内举办的各种学术活动，学子们取得了优异的成绩。1934年中华文化科学馆举办生物学考试竞赛，全国15所"国立"大学各选4名学生参加。国立山东大学选送的4名学生全部获奖，其中特等奖1名，甲等奖2名，乙等奖1名；1935年中华文化科学馆又举办物理学考试和征文两项竞赛。公、私立大学各选3名学生参加物理学考试；2名学生（包括助教）参加征文比赛。国立山东大学选送的5人又全部入选。

在赵太侔掌校期间，对学生严格要求，培养他们独立思考的精神，重视科学研究，鼓励探索，培养出一批优秀的人才。如臧克家、汪志馨、郭

---

① 褚承志：《国立山东大学》（上），载《山东文献》第6卷第2期，1980年4月台北出版。

质良、庄孝僡、张致一等后来都成为国内外知名的专家学者。

国立山东大学在对学生学业严格管理的同时，实行行之有效的奖励机制。学校为了激发学生学习国文和英文的积极性，专门针对一年级学生设立了国文、英文成绩奖学金，金额为每学年400元，总名额为10人，其中国文、英文两门课成绩总和在前4名者得奖，其余6名为国文、英文成绩进步最明显者。

赵太侔对家境寒苦的学生十分关心，鉴于学校助学金有限，不能普遍救济，于是主持校务委员会于1935年3月通过了《国立山东大学学生作工给酬办法》。办法规定学生可以做一些日常维护工作，如浇灌花木、打扫房间等，每日工作一到二个小时。这实际

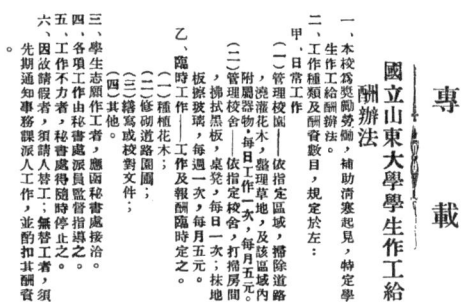

⊙《国立山东大学学生作工给酬办法》

上是针对一些贫寒学生，为了能够顺利完成学业，在学校力所能及的条件下所提供的一种帮助。

赵太侔在1935年3月25日本学期第5次"总理纪念"周上，就此办法的实施进行说明并阐明意义："此种作工，不仅为补助清寒学生，且可以奖励劳动。我们要相信劳工是神圣的，以劳力换的报酬，当较不劳而获的生活更有价值。中国学校学生作工的尚不多，而在外国这种情形是很普遍的，也并没有人觉得奇怪。学生作工，一方面可以得到补助，完成他的学业，同时并能锻炼自己的刻苦与耐劳，这是最好的办法，就是不需要经济补助的学生，也可以因为练习劳动而作工，不要觉得作工是有失身份的事，不能作工的同学，对于作工的同学尤其不要讥笑，而且应该特别敬重。中国的教育一向是四休不勤的士大夫教育，我们要纠正这种错误，转移风气不能只靠几个人，我们人人要有共同的信念。"①

---

① 《国立山东大学周刊》1935年4月1日，第109期。

国立山东大学学风严谨、学则严格，在严格的考评体系监督下，校园内形成了刻苦努力、勤勉务实的学习风气。学生们养成了课余时间利用图书馆、研究室和实验室的良好习惯。利用实验室，不只是增进对于所习学科的了解，也因此训练其实验之身手，对于养成踏踏实实从事科学实验的精神也至关重大。学校规定晚上是学生自修的时间，届时学生们都会自觉的前往图书馆、研究室学习。

四、敢于创新,特色鲜明

赵太侔办学治校特色鲜明,敢于创新,具体表现在勤俭办学、为地方服务、大学精神以及提高体育兴趣和养成进取精神等方面。

(一)自力更生,勤俭办学,改善办学条件

国立山东大学自1930年开办以来,一直为经费拮据所困扰,成为学校长足发展的一个瓶颈。虽然办学经费历年递增,从1930年的48万元增至1937年的93万元,但较之中央大学、中山大学、武汉大学等国立大学,仅是它们的三分之一或四分之一。

国立山东大学的办学经费来源于国民政府拨款、山东省政府和青岛市政府及胶济铁路局协款,其中协款占大多数。1932年7月,胶济铁路局协款以缩减预算为由,停止拨发;1933年8月,青岛市政府协款以市财政拮据为由,也停止拨发;以后山东省政府协款因故缩减或停发。地方协款的缩减和停发,为国立山东大学的办学造成极大的困难。因此,校长赵太侔不得不往来于南京、济南等地,为筹措办学经费,奔走呼告。

基于办学经费严重不足,赵太侔采取撙节开支、压缩行政开支等办法,把有限的资源用在改善办学条件上,从而形成了自力更生、勤俭办学的优良传统。

勤俭办学已成为山东大学和中国海洋大学的优良传统,这种传统的形成得益于赵太侔校长的办学理念与实践。王淦昌认为:"自力更生、勤俭办学的优良传统,应当是山东大学最最宝贵的精神财富。"[①]

[①] 王淦昌:《往事回顾》,载《悠悠岁月桃李情——山东大学九十年》,中国文史出版社1991年版,第2页。

1. 尽量缩小行政编制，节约行政开支

至1935年，国立山东大学成为具有文理、工、农三个学院的国立大学，其行政人员由校长、院长起至办事员只有38人，行政人员精简到只占全体教师的五分之一。学校将行政经费开支压缩到只占全部经费的六分之一。此外，为节省不必要的经费支出，学校先后于1933年和1934年停办了在济南的工厂管理处和农事试验场。

学校善于行政管理，处处注意勤俭节约，把行政人员减少到最低标准，把行政经费压缩到最低限度，从原来不足的经费预算中，通过精打细算，用积少成多、集腋成裘的办法建设学校。

2. 自力更生，艰苦创业

在教育经费严重不足、教学设备极端匮乏的条件下，为了提高教学质量，赵太侔号召全体师生自力更生、艰苦创业。物理系、化学系的仪器设备，最初是从私立青岛大学及省立山东大学接收来的，多不适用。教师们亲自带领学生自制实验仪器设备。至1936年，物理系已经建立43个实验室（包括研究室）。化学系自制药品、自制化学试剂，自给有余后还对外供应；生物系自采标本。据时任物理系教授王淦昌回忆："我就曾和学生、技工试制了近代物理实验的一些设备。这样做'一箭双雕'，不但保证了教学的急需，而且也培养了学生的动脑动手能力。"①

3. 厉行节约，加强学校基本建设

办学经费尽管不足，赵太侔还是将学校节余的经费存入银行生息，用这笔钱修建了教学办公楼，筹建了一批实验室，购买了大量的图书。

国立山东大学文理、工两个学院原有校舍系原俾斯麦兵营改用，不敷应用，建筑又无专款。从1933年起，赵太侔使用学校节省的存款，加上申请的教育部补助，先后修筑了科学馆、体育馆、工学馆和水力实验室。这些建筑告成后，基本上解决了教学用房及实验室紧张的状况。

---

① 王淦昌：《往事回顾》，载《悠悠岁月桃李情——山东大学九十年》，中国文史出版社1991年版，第2页。

⊙科学馆

⊙工学馆

科学馆始建于1932年1月，经过两年建设，于1933年2月竣工。科学馆总投资13万元，教育部只拨给4.2万元，其余8.8万元都是历年节约积存起来的。科学馆是山东大学历史上建设的第一栋教学、实验楼。

赵太侔认为要办好一所大学，除了有高水平的师资队伍以外，最重要的是有两个条件，一个是图书馆，一个是实验室。尽管经费不足，而赵太侔对图书和仪器设备的购置，仍尽了最大努力。1934年图书增至30万册，各种仪器增至800多件，价值二三十万元。

当时图书馆图书，多是从前私立青岛大学和前省立大学接收过来的，数量很少，且多是旧课本，多不实用。鉴于此，国立山东大学大量采购中、外文书，由于经费不足，在采购图书时，更加注重质量。为此，专门成立了图书委员会，规定各系所需要的图书，必须先由系主任签字后，交由图书委员会审查通过后，再由图书馆在各系的预算项下统一订购。其中有不少善本书籍，如《道藏》和《释藏》等。至1936年度，图书总额87805册；至1935年度，图书费用共计213383.54元，占同期经费支出的8%。

赵太侔除了将节余的经费用于建设教学实验楼和购买图书外，还重点建设了实验室。至1936年度建立了43个实验室（包括研究室）。其中，物理系建设了普通物理、物性、电学、无线

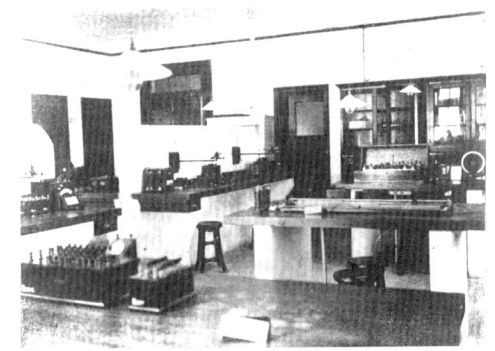
⊙电学实验室

电、光学、近代物理等实验室，除此还建设专供修理及自制仪器的工厂；化学系建起了普通化学、普通定性分析化学、定性分析化学、定量分析化学、有机化学、物理化学和药物化学等实验室；生物学系建成了普通生物学、无脊椎动物学、比较解剖学、生理学、植物学、胚胎学、技术学、海洋生物学等实验室以及海藻学、实验胚胎学、生理及组织学、鱼类学等实验室，另有温室、鱼类饲养室及标本陈列室等；工学院建有材料试验室、水力实验室及测量仪器室、热力工程实验室及机械实习工厂等。自制或购买的教学仪器大约1800余件。

宽敞的图书馆、丰富的图书、完备的实验条件，提高了学生的研究兴趣，为不断学术创新提供物质保障。文学院学生课后聚集在图书馆或各系研究室，理学院学生于实验课程之外，也都是在实验室读书或实验，甚至周末也在实验室进行实验。

⊙图书馆

这种利用实验室的习惯，不仅仅能增进学生对于所习学科的了解，而且锻炼了学生的实验能力。学生因为在校期间，养成了读书思考和利用实验室的习惯，所以毕业后，勇于创新，贡献良多。

（二）俭朴肃静的"冬的精神"

勤俭办学既是山东大学和中国海洋大学的优良传统，也是大学精神的具体体现。1936年6月，即将离校的赵太侔应二五级级会邀请，为他们编辑发行的《山大年刊》作"叙"。在"叙"中，赵太侔回顾了主校以来励精图治建设科学馆、工学馆、体育馆等设施之艰辛，希望学生珍惜经过全校师生同心勠力，学校所取得的声誉；他勉励学生继续发扬光大这种优良传统，并寄予厚望："虽然苟即此以求其略，则寻踪问迹，旧事可追，缔造经营，艰难自见，庶几诸生异日献身国家之时，偶披斯编，当有鉴于往者之

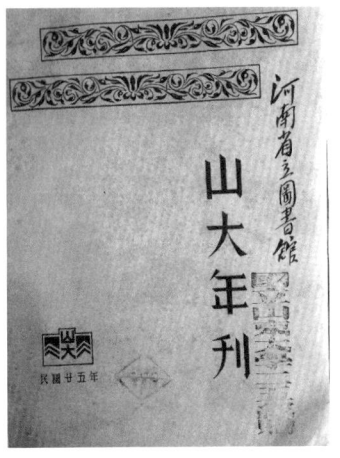 

⊙1936年出版的《山大年刊》　　⊙赵太侔为《山大年刊》作"叙"

努力，而不至有懈于将来，是又区区之所厚望也夫。"①

老舍则认为国立山东大学的大学精神是"冬的精神"。他在《山大年刊》上著文《青岛与山大》，对赵太侔主政山大期间大学精神的养成，进行了精彩的概括：

> 一个大学或者正象一个人，它的特色总多少与它所在的地方有些关系……青岛之有夏，正如青岛之有冬；可一般人似乎只知其夏，不知其冬……山大所表现的精神是青岛的冬……不管青岛是怎样西洋化了的都市，它到底是在山东。"山东"二字满可以用作朴俭静肃的象征，所以山大——虽然学生不都是山东人——不但是个北方大学，而且是北方大学中最带"山东"精神的一个。我们常到崂山去玩，可是我们的眼却望着泰山，仿佛是。这个精神使我们朴素，使我们能吃苦，使我们静默。往好里说，我们是有一种强毅的精神；往坏里讲，我们有点乡下气。不过，即使我们真有乡下气，我们也会自傲地说，我们是在这儿矫正那有钱有闲来此避暑的那种奢华与虚浮的摩登，因为我们是一群"山东儿"——虽然是在青岛，而所表现的是青岛之冬。②

---

① 赵太侔：《励学》"叙"，载国立山东大学励学社：《励学》第1期，1933年12月出版。
② 老舍：《青岛与山大》，载国立山东大学《二五年刊》1936年。

(三) 注重实际，服务地方

关于大学与地方的关系，赵太侔认为大学是社会拿出血汗换来的钱组织的学术机关之一。既然如此，就应当以学术增加人类的幸福来报答他们。赵太侔强调："一个大学与其所在地方，还有一种密切的关系，大学既受到地方的供养，一方面要协调地方解决各种技术上的问题；同时要供给地方所需要的人才，我们造就的学生，如果不能供应这种需要，那便是我们未能尽到责任。"赵太侔依据此办学理念，在国立山东大学院系设置、课程设置、教学管理、教学方法等各个方面和环节上，进行了大胆的实践和探索。

首先，学校在学科设置上尽可能与国家、地方的需要有机结合。1932年夏，为满足当时社会对科技人才的需要，学校增设了工、农两院。工学院设土木工程学系和机械工程学系，农学院设置了研究、推广两部。研究部从事山东地方主要农产品的改良，设研究生若干人，在教授指导下从事研究；推广部以向民间传播研究成果为主旨，并附设农业传习所，收农家子弟，实习改良工作。1935年，工学院根据国家经济状况，农村及国防的急切需要，增加了水利、路政等课程。学校地处青岛海滨，青岛是重要商港，船舶往来频繁，气象观测至关重要，由此，在物理系设置天文气象组。化学系为配合地方需要，十分注重药物化学研究，同时为适应青岛纺织工业与山东博山各项工业发展的需要，特别注意染色、陶瓷、玻璃等的实验与研究。

其次，学校在教学和研究中重视理论联系实际，力求为工农业生产做贡献。如化学系对山东药物的研究与解析，对青岛印染业进行的具体考察和探讨等，都是把解决生产实习问题，直接纳入教学和研究工作中；生物系师生利用学校地处海滨研究海洋生物的诸多便利，对海洋生物进行了重点调查，进行采集与研究并制作成标本，为国家海洋事业开发提供了科学资料和数据；农学院对莱阳梨病虫害的防治，对山东棉花品种的改良，以此为专题，制订出专门计划，深入现场进行研究。这些做法，既服务工农业生产，又丰富教材内容，增加了学生的研究兴趣，浓厚了学校学术氛围。

再次，学校重视培养学生的研究兴趣和能力。当时，国立山东大学的各学院，都非常重视培养学生学术研究的兴趣和能力。生物系从二年级起，就各授以题目，在教授指导下，从事实验；化学系为培养学生独立研究能力，鼓励学生多做实验，学生即使在规定的实验时间外，也可以随时到实验室工作。系里还明确规定：三年级学生必须在课外做较简易的实验研究工作，否则不能做毕业论文的研究；四年级学生依个人兴趣在实验室做研究工作，由教师指导，结果作为毕业论文付印公布，否则不能毕业。通过这种训练，培养了学生的动脑、动手能力，也培养了学生科学研究的兴趣，对学生走向社会、服务社会奠定了很好的基础。

（四）提高体育兴趣，养成进取精神

赵太侔把体育作为培养人才、促进学生全面发展的有机组成部分，主张学生应该智、德、体并重。基于对体育精神的高度认识，赵太侔在组织机构方面，成立了下设教务处的体育部，聘请宋君复、郝更生、高梓为体育教授，他们被称为学校体育发展的"三驾马车"。宋君复于1932年春以教练的身份，率领东北大学体育系刘长春代表中国出席第10届美国洛杉矶奥运会，这是中国人第一次出现奥运舞台上，开创中国奥运历史的新纪元。

⊙郝更生、高梓夫妇

⊙宋君复

赵太侔积极推动体育设施建设。1932年学校建有2个篮球场、1个排球场和1个运动场。1933年增加了3个篮球场、2个网球场和1个排球场。1934年扩建了田径赛运动场，增设了一个360米的跑道，并且在场内建有一个正式的足球场。1935年学校在经费十分紧张的情况下，建了一座设施完善的体育馆，这是青岛市唯一的一座体育馆。建成后，馆内早晚来运动的学生络绎不绝，青岛市的社会团体以及其他学校的学生也经常到体育馆来参加各种比赛。

学校的体育运动蔚然成风。学校的体育教学是每周必修两小时的体育课，还有晨操、课外活动。学校经常参加青岛市举办的足球、篮球和排球比赛，多次获得奖牌。尤其值得一提的是，国立山东大学足球队连续四年保持青岛市足球高级组盟主的地位。1932年10月，学校组织代表队参加了在河南开封举办的第16届华北运动会。

⊙国立山东大学体育馆

1936年，宋君复作为第11届奥运会中国体育代表团的主要负责人，率领部分运动员在青岛进行了紧张的体育训练，国立山东大学的体育场馆是运动员的主要训练基地。现在的鱼山校区运动场外伫立着的石碑"一九三六年第11届奥运会中国体育代表团运动员训练场旧址"即为对此事的纪念。

1935年4月4日，学校举办第四届春季运动会。这次运动会与往届不同

⊙国立山东大学春季运动会

的是增加了一个精神锦标和校长、教授作一周赛跑。《国立山东大学周刊》对此有精彩的报道:

精神方面以本校教职员工之一周（约三百七十公尺）赛跑表演为最佳，参加者有洪浅哉（洪深），李仲珩，王淦昌，汤腾汉，王贯三（王普），童第周，张怡荪（张煦），赵少侯，李茂祥诸先生及赵校长等十人，均各抖擞精神，整装待发，极引观众注目。鸣枪后，开始比赛，乐声掌声同时并起，西装便服，虽各不同，但各争先着，互不相让，一时至为热烈。王淦昌先生首达终点，计成绩一分九秒，李仲珩先生继之，次为童、洪两先生，再次各先生均相继到达；惟赵校长因中途失跌，故到达最后。是项表演，精神极佳，逸趣横生，实开本校历年之新记录，为大会生色不少。①

赵太侔在闭幕式致辞中语重心长地告诫学生一定要坚持体育锻炼，并阐述健全的体格对于学业及意志的重要性:

体育实在是太重要太基本了，我希望每一个同学都要对于自己的身体检查一下，我们的体格是不是训练太差？是不是功课一繁重，身体就不能胜任，每到考试时就发生疾病的增加？是不是我们还应当努力？这些直接的关系都在于我们体育上的训练，不但影响到我们的身体方面，一切行动精神方面都要受影响，我们作事是不是常觉得缺乏毅力，有时候半途而废？我们是不是常觉得缺乏志气，好因循妥协？我们是不是常觉得没有胆量，对于真正是非不敢承认，对于一种真理不敢拥护，胜不过困难，战不过环境，遇事不敢负责任？这是什么原因？因为我们的体力不够健全。我们必须先锻炼成健全的体格，才能有勇往直前的精神，这是每个人都要注意到的。②

---

①《国立山东大会周刊》1935年4月15日，第111期。
②《国立山东大会周刊》1935年4月15日，第111期。

（五）当代文苑的一角

赵太侔是著名的戏剧家，由文学家执掌学校，其人文追求直接影响了学校自由文学传统的形成与发展，决定学校的体制与规范，直接结果是学校更注重文科的教育与发展。虽然这一时期，学校也聘请了众多理工科一流学者，但比不上对新文学教育发展程度的重视。

在赵太侔聘请的文科学者中，新文学家占有相当的比重，包括老舍、沈从文、梁实秋、孙大雨、洪深、赵少侯、周学普、罗玉君等。他们在教书之余的文学创作，不少已载入中国现代文学史册，丰富了青岛历史文化的人文内涵。

⊙文学院师生合影

臧克家于1930年至1934年就读国立山东大学中文系，期间出版了他的代表作《烙印》和《罪恶的黑手》两部诗集，由此踏入文坛。晚年的臧克家在回忆这个时期山东大学的新文学时，由衷感叹："在文艺方面，山东大学称得起当代文苑的一角。"

诚哉斯言！

⊙诗人臧克家

老舍在校期间，出版了短篇小说集《樱海集》《蛤藻集》；中篇小说《文博士》和《我这一辈子》；长篇小说《骆驼祥子》等。其中，《骆驼祥子》是一部具有里程碑意义、享誉世界、奠定老舍文学大师地位的著作。

沈从文在青岛进入文学创作的旺盛期，写了《记胡也频》《记丁玲女士》和《从文自传》等传记；创作了《都市一妇人》《一个演员的生活》等中篇小说；出版了《月下小景》等小说；奠定其文学大师地位的中篇小说《边城》也构思酝酿于青岛。

⊙长篇小说《骆驼祥子》

梁实秋作为翻译家，出版了《织工马南传》《西塞罗文录》，开启了《莎士比亚全集》翻译；作为文艺评论家，出版了《文艺批评论》和《偏见集》。其中，《偏见集》是梁实秋较为重要的一部文学论集，收录了与鲁迅笔墨交锋的文章。

洪深是我国著名的电影戏剧理论家、作家和导演。在国立山东大学，他创作了电影剧本《劫后桃花》，开创了电影文学剧本创作的先河，结束了中国自有电影以来只有分镜头剧本，而没有文学剧本的历史，具有重要意义。

孙大雨是新月派诗人、文学翻译家，在校期间，他翻译了莎士比亚的《李尔王》和罗伯特·勃朗宁长诗《安特利亚·特尔沙多》。周学普在青岛首译《歌德对话录》；赵少侯出版了《眯眼的沙子》《山大王》和《恨世者》等，他们是我国著名的翻译家。

在中国大学的校园里，学生文学社团始终占据十分重要的位置，从某种意义上说，一个大学的文学社团的发展往往能够反映出这学校的科学与人文素质综合发展程度。在赵太侔的支持下，学生成立了励学社、刁斗社、素丝社、征程文艺社、潮音文艺社、文刊编辑社、新文学会等文艺社团。他们或创办自己社团刊物，如《励学》《刁斗》；或在《山东日报》

《青岛晨报》《民国日报》《青岛民报》等报刊推出文艺周刊，随这些报刊发行。

国立山东大学中文系的学生组织了"山大文学会"，老舍等老师曾经参加过山大文学会的讨论，给予他们一定的指导。这个时期，学校培养了臧克家、王林、崔嵬、赵瑞蕻、蔡天心、徐中玉等文学名家。

赵太侔、俞珊夫妇是著名的戏剧家，而时任教授的梁实秋、洪深、孙大雨等人，他们或戏剧创作，或戏剧研究，或戏剧翻译，对于繁荣学校的戏剧起到了积极的推动作用，由此在校园中形成了良好的氛围，学校的戏剧活动空前高涨。每逢学校重要纪念活动，赵太侔时常请名角来校演出。

1935年5月，洪深支持学生创建了话剧社并给予指导，在洪深的指导下，话剧社排演了话剧《寄生草》，不仅活跃了学校文艺生活，而且轰动了青岛剧坛；同年秋，洪深又支持学生重新组建了"国立山东大学戏剧团"，排演了《一士兵》和《玩偶之家》等剧，再次引起轰动。

中国海洋大学承续国立山东大学时期的话剧传统，在20世纪60年代演出《雷雨》等剧，至今为人津津乐道；海鸥剧社恢复重建以来，演出了众多剧目，至今活跃在青岛的戏剧舞台上。

五、师道传承,师恩难忘

蔡元培、赵太侔与国立山东大学,两位教育家与一所大学,铸就了山东高等教育的一个奇迹。

赵太侔是蔡元培的学生,二人相识于1917的北京大学。是年蔡元培任北京大学校长。蔡元培在北京大学实行"兼容并包、民主办学"的办学方针和"教授治校"的制度,提倡学术民主,支持新文化运动。在北大这种兼容并包的氛围下,赵太侔与袁振英等一道创办了无政府主义社团实社,并将蔡元培、陈独秀、吴稚晖、李石曾等人引为同道。

北京大学的求学经历,对赵太侔的一生至关重要,其价值观、品行、专业知识,在此得天独厚的环境中奠基与培育。赵太侔深得蔡元培办学之精髓,在山东大学的办学实践中,他将北京大学"兼容并包、民主办学"的办学方针及大学精神融于其中,并发扬光大。

1925年8月至1926年7月,赵太侔任国立北京艺术专门学校戏剧系主任期间,由于北京艺专的前身北京美术学校,是依据蔡元培"美育"思想建立的重要艺术教育单位,蔡元培的"美育"思想,潜移默化地融会到赵太侔戏剧教育中去。

赵太侔与恩师蔡元培第一次共事是在1928年。是年,山东省教育厅长何思源欲创办国立山东大学,并成立筹备委员会,赵太侔与蔡元培皆是筹备委员。

⊙1903年蔡元培在青岛

1922年，北洋政府收回青岛主权，青岛作为新崛起的现代城市，引起了蔡元培的关注，他认为"青岛之地势及气候，将来必为文化中心点，此大学关系甚大"[①]。1929年初夏，蔡元培第二次来到青岛小住，通过考察，对青岛寄予厚望。鉴于济南地处交通要冲，战争频仍，蔡元培主张将国立山东大学迁至青岛，易名为国立青岛大学重新创办，获得国民政府同意。

1929年6月，国立青岛大学筹备委员会成立，蔡元培和他的学生赵太侔、杨振声是筹委会委员，他的另一位学生何思源为筹备委员会主任。何思源主导山东教育14年，成绩卓著，被誉为"山东的蔡元培"。7月8日，时任国民政府监察院长的蔡元培再次来到青岛，与何思源、赵太侔、杨振声等全体委员参加了筹备委员会第2次会议，这次会议基本上商定了国立青岛大学的雏形。期间，蔡元培协助他的学生何思源处理轰动全国的《子见南子》案"。

蔡元培为创办国立青岛大学，倾注了自己的全部情感和心血。1930年9月，国立青大成立，蔡元培推荐自己的学生、文学家、教育家杨振声任校长，并亲笔题写校牌，在学校办学经费拮据之时，给吴稚晖写信，恳求他帮助解决经费的困难。

1932年9月，国立青岛大学更名为国立山东大学，赵太侔继任校长。杨振声、赵太侔秉承恩师蔡元培执掌北大时的"思想自由、兼容并包"的宗旨办学，为青岛开启了文化和科学的黄金时代。

在国立青岛大学筹备以及国立山东大学发展中，蔡元培都发挥了不可替代的作用，北京大学"兼收并蓄"的传统，也融入了它们的学脉。如果说蔡元培是国立山东大学的总设计师，那么杨振声和赵太侔则是践行者。国立山东大学的学脉中镌刻着北京大学的印记。

从1930年到1935年，蔡元培多次莅临青岛，每次来青岛必定要到国立山东大学来，赵太侔必定亲自迎往，致学生礼，十分恭敬。

[①] 1929年8月23日蔡元培致吴敬恒（稚晖）函，载孙长俊主编《山大逸事》，辽海出版社1999年版，第341页。

1934年8月28日，蔡元培携妻儿从上海乘普安轮抵达青岛。赵太侔对老校长来青岛格外高兴，亲往码头迎接。

29日晚，赵太侔、俞珊夫妇同去蔡元培下榻处拜望；8月31日晚，赵太侔、俞珊夫妇在顺兴楼宴请蔡元培。9月18日，赵太侔登门造访，邀请蔡元培"约二十日午前九时，参加山大开学式"暨学校成立4周年纪念大会，并发表演说。20日上午9时，国立山东大学举行4周年纪念及始业式。赵太侔校长对恩师蔡元培的到来表示欢迎，他说："今天在我们举行纪念典礼的时候，能得到蔡先生参加，更增加大会的荣耀。蔡先生不仅是学术界的泰斗，又是全国青年的导师，今天能够领受到他的教训，更是最宝贵的纪念。"①

蔡元培在演讲中，充分肯定自己的学生赵太侔执掌山大所取得的成绩，总结国立山东大学较国内各大学优点：① 山海壮观；② 组织完善，例如文理学院之合设，工学院与理学院之连贯，农学院之专事研究。他叮嘱学生："在这样优美的环境中，不要忘了我们民族是到了应吃苦的时候了，许多同胞都正在吃苦，我们青年学子更应当保持着勤苦耐劳的精神，脚踏实地地向前努力，才不辜负这优美的环境和这良好的设备。"②

11月10日，蔡元培离开青岛。此次青岛之行，蔡元培在青岛的两个多月，他营救在北平被捕的历史学家范文澜；在青岛市立民众教育馆做演讲，在国立山东大学开学典礼上讲话；几乎踏遍了岛城的大小景点，到崂山观耐冬，游丹山赏红叶，迎宾馆、水族馆、湛山寺等都在其游程之内。期间，蔡元培心系国立山东大学，更多的是与国立山东大学教授晤谈。赵太侔得到恩师教益，受益匪浅。

青岛、国立山东大学，一直是老教育家蔡元培魂牵梦绕的地方。年近古稀的蔡元培在1935年一年内两次从上海到青岛，两次踏进国立山东大学校园。两次来青岛，共住66天。期间，蔡元培与赵太侔及山大教授往来频繁。

从9月14日至10月23日，蔡元培于1935年第二次来青小住。作为中央研

---

① 《本校举行四周年纪念及始业式》，1934年9月24日《国立山东大学周刊》第85期。
② 蔡元培：《山东大学成立四周年纪念会演说词》，载《青岛时报》1934年9月21日。

究院院长的蔡元培,如何办好青岛的海洋研究机构这个问题,自在其考虑之内。青岛海洋生物研究所开办后,经费捉襟见肘,拟向各大学之设有生物学者协商,凑款资助该所。10月8日,蔡元培"晤太侔,与商海洋生物研究所经常费问题"。

1934年和1935年,蔡元培的3次青岛之行,受到青岛市政府以及社会各界的热烈欢迎。1935年10月23日,蔡元培恋恋不舍地离开了青岛,从此再没登临青岛,直到逝世。

1935年,蔡元培年近70岁,已是人生古稀之年,但作为一代学术泰斗,

⊙1935年蔡元培在青岛

在国内仍无固定的居所,没有一套真正属于自己的房子。他的书籍分散于北平、南京、上海、杭州各地,无集中储藏之地。他在上海是租房子住。他的一位学生曾说:一般人言家无积蓄为家徒四壁,但蔡元培先生连"徒四壁"的房子也没有。鉴于蔡元培为国家、为民族、为革命、为教育、为文化、为学术辛苦一生,却没有属于自己的房子,1935年春,蔡元培的门生故旧——北京的蒋梦麟、胡适、周炳琳,南京的罗家伦、段锡朋、陈剑翛,武汉的王星拱、皮宗石、周鲠生,上海的丁燮林、汪敬熙、李博嘉以及济南、青岛的何思源、赵太侔、杜光埙等共同发起《集资为蔡先生七十寿辰营造住宅办法》,地点"暂定青岛"。

9月7日,赵太侔与蒋梦麟、胡适、王星拱、丁西林、罗家伦共同署名,写了一封"祝寿献屋函",信中写道:

孑民先生:

我们都是平日最敬爱先生的人,知道明年一月十日(应为十一日)是

先生七十岁的寿辰，我们都想准备一点贺礼，略表我们敬爱的微意。我们觉得我们要送一件礼物给一位师友，必须选他所最缺少的东西。我们知道先生为国家、为学术，劳瘁了一生，至今还没有一所房屋，所以不但全家租人家的房子住，就是书籍，也还分散在北平、南京、上海各地，没有一个归拢庋藏地方。因此，我们商定这回献给先生的寿礼，是先生此时最缺少的一所可以住家藏书的房屋。我们约定这次赠送的参加，由个人自由决定，任何人的赠送都不能超过一定低微的数目，而且因为时间和地点的关系，对于先生许多的朋友、学生，并不及普遍的通知。可是各地的响应，已超过了我们当初的期望。

现在我们很恭敬地把这一点微薄的礼物献给先生，很诚恳的盼望先生接受我们这一点诚意！我们希望先生把这所大家献奉的房屋，用作颐养、著作的地方；同时，这也可看作社会的一座公共纪念坊，因为这是几百个公民用来纪念他们最敬爱的一个公民的。我们还希望先生的子孙和我们的子孙，都知道社会对于一位终身尽忠于国家和文化而不及其私的公民，是不会忘记的。

我们很诚心地祝先生的健康和先生一家的健康！

蒋梦麟　胡　适　王星拱
丁燮林　赵　畸　罗家伦
中华民国二十四年九月七日①

这封信出自胡适的手笔。蔡元培收到信件后，心情很复杂，开始坚决不同意，后来因为盛情深厚，却之不恭，1936年1月1日表示接受，并写了《答谢祝寿献屋函》，其中写道："但使元培以未能自信的缘故，而决然谢绝，使诸君子善善从长的美意无所藉以表见，不但难逃矫情的责备，而且于赞成奖励之本意，也不免有点冲突。元培现愿为商君时代的徙木者，为燕昭王时代的骏骨，谨拜领诸君子的厚赐。誓以余年，益尽力于对国家对

---

① 季羡林主编：《胡适全集》（第24卷），安徽教育出版社2003年版，第253-254页。

文化的义务,并勉励子孙,永永铭感,且勉为公尔忘私的人物,以报答诸君子的厚意。"①蔡元培的回信,体现出他的谦谦君子之风,既严于律己,又成人之美。

胡适、赵太侔等人决定将房建在青岛,据王森然在《蔡元培先生评传》中称:北大师生商定的结果是筑一经念堂,名曰"孑民堂",每股五十元,"在荣成路购地基一块,不数日已得二三万元,拟于翌年动工"。然而,1937年抗战爆发,青岛陷入日军之手,献屋之举,最终未能实现。

1940年3月5日,蔡元培在香港病逝,享年73岁。蔡元培终其一生,也没有一所属于自己的房子。

蔡元培逝世后,毛泽东特发唁电:"学界泰斗,人世楷模。"对蔡元培毕生致力于"道德救国,学术救国",予以高度评价。

美国哲学家、教育学家杜威评价蔡元培:"拿世界各国的大学校长来比较,牛津、剑桥、巴黎、柏林、哈佛、哥伦比亚等,这些校长中,在某些学科上有卓越贡献的不乏其人。但是,以一个校长的身份而能领导那所大学,对一个民族,对一个时代,起到转折作用的,除了蔡元培,恐怕找不出第二个。"②

蔡元培对国立山东大学的影响,不仅在于他亲力亲为的指导上,更体现在他的学生赵太侔在办学过程中,继承了蔡元培的教育理念,将国立山东大学办成一个崇尚学术、校风自由而严格管理的现代大学;将北京大学的大学精神移植到青岛这块土地上,在国立山东大学扎根、萌芽,开花结果,发扬光大。学界形象地称国立山东大学为"北大的青岛版"。

学者沈卫威认为,1949年之前民国时期的现代大学形态分成两大学统。其中北京大学、中山大学、武汉大学、清华大学、青岛大学—山东大学、台湾大学的人文学科是一个学统。因为他们有师资的内在关联,特别是北京大学的文科教授对后几所大学学科建设的支持,同时也带来了北大

---

① 周天度:《蔡元培传》,人民出版社1984年版,第379页。
② 黄雪利:《杜威与蔡元培人格教育思想之比较及启示》,载《怀化学院学报》2013年第2期。

求新、求变的学风和自由主义思想资源的发散。在蔡元培的关心下，赵太侔任校长的国立山东大学，新文学作家云集，文学之盛，得力于北大的学统和传承。①

---

① 沈卫威：《现代大学的两大学统——以民国时期的北京大学、东南大学—中央大学为主线考察》，载《学术月刊》2010年第1期。

六、因戏结缘，结为伉俪

1933年12月，赵太侔与话剧明星俞珊结婚。12月16日的《北洋画报》（第1025期）上，刊头登有《俞珊女士新婚倩影》，次页还登有《蜚声戏剧界之名闺俞珊女士与赵太侔君新婚俪影》。照片上新娘新郎含喜不露，两侧的伴郎伴娘皆为俞家侄女、公子，天真开朗。

⊙赵太侔与俞珊新婚俪影

新郎赵太侔44岁，是国立山东大学校长。新娘俞珊25岁，任国立山东大学图书馆职员；一个是戏剧家，一个是话剧明星；一个是山大校长，一个是望族名媛。不苟言笑"饶有六朝人风度"的大学校长赵太侔，与一位大胆泼辣风姿翩翩且年龄小19岁的演员俞珊结合，在当时颇受公众关注。

俞珊是浙江山阴（今属绍兴市）人，1908年出生在世代书香之家，家世显赫。其祖父俞明震，清翰林，曾任南京江南水师学堂督办（即校长），是鲁迅先生的尊师；祖母曾广珊是曾国藩的孙女。其父亲俞大纯为俞明震长子，母亲卞洁君。俞大纯、卞洁君夫妇生有四子和两女：长子俞启孝、次子俞启信、三子俞启威、四子俞启忠；长女俞珊，次女俞瑾。俞珊叔父俞大维是国民党要员，曾任国民政府兵工署署长，被誉为中国的"兵工之父"，1949年赴中国台湾，1954年出任"国防部长"。

俞珊先后就读于南开中学、上海国立音乐学院和南京金陵大学艺术系，1928年参加田汉创办的南国社；1929年7、8月间，俞珊在南国社第2期公演中，饰演话剧《莎乐美》的女主角，她将这出戏的唯美与颓废的精髓演绎得淋漓尽致，引起轰动，媒体竞相报道，由此成为中国话剧史上第一位女明星。她那张求爱不得便割下所爱者头颅捧着亲吻的剧照，成了中国话剧史上的经典形象。

⊙俞珊表演《莎乐美》剧照

1930年6月，俞珊又参加了南国社第3期公演，在话剧《卡门》中，她成功塑造了一个热爱自由富有反抗精神的吉卜赛女子形象，其表演热情泼辣，再次引起轰动，引起大都会青年对她的景仰与狂热，名声更是如日中天，成为南国社后期一颗璀璨炫目的明星。

俞珊主演《莎乐美》《卡门》成名之后，上海各报刊纷纷登载她的剧照并报道，红极一时。很多朋友在她父亲俞大纯面前频频称赞她的成功。俞大纯却认为女儿俞珊在舞台上饰演风骚女子不但有伤风化，而且有损于自家门风，便不让她再演戏。俞珊抗争无果，只好含泪退出南国社。1931年2月，俞珊来到青岛，在国立青岛大学图书馆工作。

俞珊因饰演《莎乐美》，声誉鹊起，红极一时。徐志摩、梁实秋、沈从文、闻一多、田汉等都是她的"粉丝"。在众多的追求者中，唯独才华内蕴的赵太侔与俞珊因戏结缘，结为伉俪。

赵太侔在戏剧方面的才华有目共睹，俞珊则是20世纪30年代中国话剧界一颗璀璨的明星。两人都是戏剧艺术的研究与实践者，戏剧是两人生命中的交集之处，也是沟通两人精神世界的桥梁。源于对戏剧艺术的热爱，两人跨越年龄的鸿沟走到了一起。

赵太侔、俞珊两人完婚后，夫唱妇随，在青岛度过了一段和睦恬淡的时光。俞珊离开话剧舞台后，拜"通天教主"王瑶卿为师，学习京剧，代表剧目是《贵妃醉酒》。为了京剧艺术，俞珊不得不奔波于青岛与天津、北平之间。赵太侔给予挚爱京剧艺术的俞珊大力支持，或陪同俞珊观看京剧名家的表演，或赴平津两地，为俞珊的表演撑场。

1934年，中国湘鄂赣浙皖五省发生重大旱情，其规模之大，影响之重近百年未见，许多地方文献称之为"甲戌大荒"或"甲戌大旱"。9月29日，青岛

⊙俞珊在北平演出《贵妃醉酒》剧照

市社会局发起赈灾义演，义演地点是可容纳2000人的平度路大舞台，俞珊与四大名旦之一的尚小云同台演出。京剧《四郎探母》是这次演出的大轴戏，俞珊扮演的铁镜公主博得阵阵喝彩。赵太侔陪恩师蔡元培观看了这次演出，对夫人的表演赞不绝口。

1935年9月17日，青岛市在东海饭店举办"慈善夜"义演，为灾民募捐，俞珊再次"闪亮登场"，成为这次义演的明星。这天晚上义演的剧目有俞珊的《贵妃醉酒》，还有青岛美孚大阪的女公子和哈琳小姐的双人舞，美国领事小姐的匈牙利舞，帕克小姐的关瑞大舞，周钟岐两公子的海军舞。

那天晚上，俞家姑娘打扮像新娘子似的，走进"东海饭店"，当她进去的时候，会场中起了一阵骚动，这是欢迎俞家姑娘！

毕竟赵太侔和俞珊姑娘的关系深一点，一阵骚动之后，她就和赵太侔一同走进化妆室。俞姑娘现在是王大爷的弟子了，排场所以异于在田汉足下做弟子的时候。一切的一切，都有点像郁达夫"迷羊"中的坤伶味儿。

一会，又是一阵骚动，俞姑娘的"醉酒"上场了。赵太侔在台下看看，脸上不时流露出一种会心的微笑。可是到了剧中杨贵妃要求装高二力士"那个"的时候，赵教授恰巧是把头低下来了。后来台下的太太们道一

声好的时候，赵太侔的眼睛，已经一只大一只小了。

这夜，狂欢了一夜，同时救活了一些灾民。①

1936年6月，赵太侔辞去国立山东大学校长职务，8月被任命为北平艺术专科学校校长。俞珊随夫君赵太侔到北平生活。一年后，七七事变爆发后，夫妇二人随学校辗转迁到江西沅陵。不久，赵太侔辞职赴重庆，在教育部所属部门任职，俞珊同往。重庆时期，两人的感情变化尚无资料可鉴，据刘本钊（山大校长室秘书主任）的儿子刘光鼎在《我和我的父母及兄弟姐妹》一文中透露："俞珊一直跟着赵太侔到抗战胜利，给他生了两个女儿。②抗战胜利以后，从重庆回来的时候，俞珊就坚决跟他离婚了。"③

1946年，赵太侔回到青岛，第二次就任国立山东大学校长，一直单身生活。1949年11月21日，赵太侔填写职工登记表时，婚姻状况栏写着：结婚，爱人俞珊，分居已久，现在何处不详。在1965年所填的职工登记表中，填写的内容是：爱人俞珊，57岁，中国戏剧学院职员，不同居。登记表信息表明，二人仍存在夫妻关系，只是早已不同居。

赵太侔与俞珊分手的主要原因，在于两人巨大的性格差异。对此，北平艺专的学生李浴在晚年撰写的回忆文章《赵太侔和俞珊》一文中有过分析：俞珊相貌姝丽，而且长于戏曲，文武昆乱无所不精，兼以性格活泼，见义勇为，在当时文艺界颇有名气。赵太侔虽然早年在美国读戏剧，回国后也曾在北京艺专戏剧系任过教，但此后长期做行政工作，任国立山东大学校长多年，且性格寡言木讷，与俞珊迥异。

---

① 《莎乐美变成杨贵妃　赵太侔难比大力士》，载1935年9月17日《社会日报》。

② 刘光鼎的说法有误，赵太侔与俞珊育有一女一子，女儿叫赵光中，是姐姐；儿子叫赵光九，是弟弟。

③ 刘光鼎：《我和我的父母及兄弟姐妹》，载《党史博览》2006年第4期。

1945年的一天，李浴和同学去拜访时任教育部参事的赵太侔。俞珊对赵太侔多有埋怨，毫不掩饰地对李浴等人说："你们看看你们的校长，真像一个木头，一点趣味都没有！"① 从中可以看出，赵太侔、俞珊夫妻在性格和志趣上不一致之处，果然此后不久双方宣告感情破裂，劳燕分飞。

---

① 李浴：《赵太侔和俞珊》，载《沈鸿缀羽》，上海书店出版社1994年版，第75页。

七、倾力相助，济困解厄

谈及赵太侔、俞珊夫妇，当时名字还叫李云鹤的江青是一个绕不过去的人物。1929年，俞珊因演《莎乐美》，红极一时，成了话剧女明星，成了"新女性"的代言人、年轻人的偶像。这无数文艺青年中，就有李云鹤。

赵太侔与李云鹤相识于济南。1926年，12岁的李云鹤小学毕业，父亲李德文病故。其母栾氏再无力供应女儿读书。这年冬天，栾氏带着女儿千里迢迢投奔李云鹤在天津的姐姐李云霞。李云霞的丈夫叫王克铭，是奉系军阀部队的一名军官。1928年底，因王克铭奉调，李云鹤离开天津，到济南投奔堂叔李子明。李云鹤母女在济南的生活来源，主要就是靠这位叔父接济。

1929年8月，赵太侔创办的山东省立实验剧院在济南面向社会招生，免收学费，免费提供食宿，每个月还发2元的津贴。剧院的优惠条件，对李云鹤有很大的吸引力，于是她便去报考。她高高的身材、秀丽的面庞给考官留下深刻印象，虽然李云鹤考试成绩并不理想，还是破格录取了她。

考入山东省立实验剧院后，李云鹤结识了赵太侔。山东省实验剧院是李云鹤人生的转折点。没有话剧演员李云鹤，就不会有日后的电影演员蓝苹。从学话剧开始，李云鹤走上文艺之路。

1931年初，山东省立实验剧院停办。随后，教务主任王泊生在北平组织了私人剧团晦鸣社。演出的主要剧目有《子胥逃国》《打金砖》《哭祖庙》《文天祥》等。李云鹤来到北平参加晦鸣社，演出过《玉堂春》。

李云鹤在北平演出受挫，收入又太低，难以维持生活，不得不返回济南。李云鹤走投无路之时，想到了对她的表演颇为赏识的赵太侔，便写了一封十分恳切并充满祈求的信，信中说道：自从剧院解散后，随王泊生等人去了北平演出，但不习惯那里的生活，只好回到了济南，可现在找不到合适的工作，恳求赵太侔能够给予帮助。

由于赵太侔对李云鹤印象较深，更是从一位师长对学生的爱护方面考虑，在回信中表示：要是李云鹤在济南生活实在困难，可以到青岛来找他，他愿意帮助。李云鹤收到赵太侔信后不久，便来到了青岛。

1931年春，李云鹤投奔恩师赵太侔。赵太侔根据李云鹤的请求和实际情况，安排她到中文系作旁听生，又考虑到她的生活困难，就和图书馆馆长梁实秋商量，让她到图书馆担任管理员，负责填写卡片和收发图书，每月30元薪水。李云鹤一边学习，一边读书，半工半读，有了相对稳定的生活。赵太侔一再叮嘱李云鹤机会难得，要倍加珍惜。

李云鹤是比俞珊稍微晚些时间来到国立青大的。她到来时，正是赵太侔追求俞珊之时。李云鹤经常出入赵太侔家，见到俞珊时一口一个师母，目光中流露着尊敬、羡慕之情，决心走俞珊之路，从事戏剧演出。由于她们对京剧和话剧都有浓厚的兴趣，所以两人谈得十分投机。李云鹤成了赵太侔和俞珊家的常客，并在此结识了俞珊的弟弟俞启威。

两年多的半工半读的生活，不仅让李云鹤生活有了保障，同时使她的文化素养有了较大的提高。她很喜欢听闻一多的课，尝试着写了剧本《谁之罪》。她也写过诗，其作品经常在学校文艺园地和其他刊物上发表，只是未敢拿出来请闻一多指点。为了写短篇小说，她向沈从文请教，沈从文要求她每周写一篇短篇小说。她能说会道，因此显得颇有独到见解。她爱出风头，尤其喜欢在课堂上与同学们争相提问、辩论，给老师和同学们留下了深刻的印象。

李云鹤与赵太侔两人本来没有任何历史渊源，他们偶然相识，成为师生，改写了她的人生轨迹，也在一定程度上改变了赵太侔的命运。

八、默许海鸥剧社公开活动

1930年冬，俞珊的弟弟俞启威由上海来到青岛，在国立青岛大学物理系做旁听生；1931年夏，正式考入国立青大物理系。俞启威系俞大纯三子，来青岛前，与姐姐俞珊参加了左翼剧作家田汉领导的有着明显左翼文化团体色彩的南国社。俞启威在南国社，结识了演员宗晖（中共地下党员）。在宗晖影响下，俞启威在上海静安寺等处参加了散发革命传单等活动，这位"三少爷"的思想逐渐左倾。

在国立青大，俞启威和王林住在同一个宿舍里，二人很快成为朋友。当时王林名义上是国立青大的党支部书记，实际上是光杆司令，所以就把俞启威作为培养对象，一些秘密活动也拉着他一起干，俞启威表现也非常积极。后来，王林将俞启威的情况向中共青岛地下党组织负责人李春亭汇报，建议将其吸收入党。上级研究了王林的意见，认为俞启威出身成分和社会关系复杂，应在实际工作中再考验一段时间，但同意把党内文件给他看，在校内的活动也可以和他研究。"九·一八"事变后，俞启威成了学生运动中的活跃分子。1932年春天，俞启威被正式发展为中共党员。

1931年"九一八"事变后，抗日救亡运动日益高涨。国立青大党支部根据中共青岛市委的指示，决定运用各种学术和文艺组织团结同学，开展学生运动。根据上级指示精神，俞启威给南国剧社的田洪（田汉的弟弟）写信，与"剧联"取得组织联系，于1932年4月秘密成立了"剧联"青岛小组，对外称"海鸥剧社"，吸收进步学生参加。

海鸥剧社成立后，聘教务长赵太侔为顾问。赵太侔没有正式接受，但也没有拒绝，默认剧社可以在校内外公开活动。剧社汇集了王东升、崔崔嵬、张福华、李云鹤、杜建地和杨洛昆等校内外十几名文艺骨干和精英，俞启威担任社长。其中，崔嵬、杜建地、李云鹤是赵太侔任山东省立实验剧院院长时的学生。

赵太侔创建的山东省立实验剧院是以王泊生、吴瑞燕等北京艺术专门学校戏剧系的学生为骨干力量组建的，而海鸥剧社的主要成员又是山东省立实验剧院的学生，从某种意义上说，存在着一种传承的关系。

李云鹤是通过俞珊认识俞启威的。"九一八"事变后，俞启威、王林等领导了国立青大南下请愿斗争。一天，李云鹤对赵太侔说："我想参加请愿活动。"赵太侔立即反问："你也要去捣乱？你也想惹麻烦吗？"李云鹤吓得不敢再说什么，转身离去，从此，倔强的她再也不去听赵太侔的课了。

海鸥剧社成立后，俞启威积极发展成员。当时海鸥剧社缺女演员。俞启威知道李云鹤曾经是山东省立实验剧院的学生，就动员她来海鸥剧社当演员。由此，李云鹤开始进入青岛的左翼文化圈子，参加了海鸥剧社。

在海鸥剧社，俞启威深刻地影响了李云鹤的一生。1933年2月，俞启威发展李云鹤为中共党员，李云鹤时年19岁。

海鸥剧社成立后，于1932年5月28日在大礼堂首次公演两部革命话剧《月亮升起》和《工厂夜景》。这两部话剧能在"九一八"事变后的中国、在白色恐怖下的青岛公开演出，是十分不易的。海鸥剧社首次公演后，引起强烈反响，校内外媒体竞相报道。

⊙《国立青岛大学周刊》报道《海鸥剧社公演盛况》

演出当天,《青岛民报》副刊不吝版面,在第八版用一个专门版面刊登消息:《青大海鸥剧社公演特刊》。上海左翼作家联盟机关报《文艺新闻》也报道了这次公演,称他们是"预报暴风雨的海鸥"。

1932年6月,国立青大爆发了大规模的学潮,王林和俞启威是学潮的领导人之一。学校开除了王林等9名非常学生自治会的常委。由于赵太侔的缘故和俞家的社会关系,俞启威没有受到牵连。

学生们纷纷离校,王林、俞启威、张福华等留在校内,继续坚持斗争。因王林的身份暴露,俞启威与王林商定暂时离开青岛。随后俞启威立即购买了船票,二人一同乘船转移到上海。

1932年9月,国立青岛大学改组为国立山东大学,校长杨振声辞职,教务长赵太侔接任校长。俞威启告别了王林,回青岛担任国立山东大学党支部书记。同年冬天,俞启威提出海鸥剧社下乡为农民演出,宣传抗日。

⊙王林在国立青岛大学读书时留影

他认为:到崂山去,既是为农民演戏,再是查看地形,还可以在山里建立抗日武装队伍。

这时,陈鲤庭创作的话剧《放下你的鞭子》从上海传到青岛。为了适应农村演出需要,俞启威决定将话剧进行改编,改编的任务落到了崔嵬的肩上。崔嵬在反复研读之后,将其改编成适宜于农村街头演出的形式,取名为"广场剧",语言也进行了改革,不用那种话剧腔,而是用当地的方言,剧名也改为《饥饿线上》。1933年春节,俞启威带领海鸥剧社主要成员带着简单的服装道具深入崂山农村王哥庄一带,用当地群众所习见乐闻的方言演出。崔嵬亲自导演,崔嵬和李云鹤、杜建地担任主演,获得了空前成功。利用地方方言演出街头剧,在青岛戏剧史上是第一次,在当时全国也是不多见的。

1933年3月,中共青岛临时市委成立,李俊德任书记,委员有俞启威和王经奎两人。俞启威分管宣传和学运工作,负责领导左翼剧联,重新恢复被破坏的活动,并从学校扩展到了社会上。俞启威把主要精力用于领导和组织海鸥剧社的活动,海鸥剧社发展到了20多人。俞启威带领剧社演员,相继在山大礼堂和青岛当时最大剧院"大舞台"(永安戏院)公开演出《一致》《暴风雨中七个女性》《乱钟》《S·O·S》《婴儿的杀害》等话剧,宣传抗日救亡,扩大了剧团的影响。

1933年7月,山东临时省委组织部部长宋鸣时被捕后叛变,供出了俞启威。俞启威被捕后,从青岛押解到济南。李云鹤找到赵太侔设法营救,赵太侔对她劝诫一番,并说:"你们这些青年不是瞎闹?把中国政权交给你们,你们能管理的了吗?"①随后,赵太侔赶赴济南,力请国民党山东省主任委员李文斋、山东省教育厅厅长何思源出面保释,并亲领俞启威返回青岛,送给旅费,密嘱速速远走。

俞启威被保释出来后,于同年秋回上海治病,并积极参加革命活动。1935年,俞启威来到北平,不久考入北京大学数学系,参加中华民族武装自卫委员会北平分会,从事抗日救亡活动。同年12月,俞启威参与领导"一二·九"爱国学生示威游行活动,成为著名的"一二·九"运动的领导人。

⊙俞启威参与领导"一二·九"运动留影

海鸥剧社作为山东省第一个革命红色剧团,为山东乃至中国的戏剧事业做出了重要贡献,它因抗日救亡而诞生,是当时全国抗日运动的重要组成部分,属于文化斗争的范畴。它对于教育民众、唤起民众、宣传抗日,

---

① 中国海洋大学:赵太侔档案,档号:246。

发挥了重要作用，具有革命性和斗争性。

海鸥剧社作为20世纪30年代青岛左翼文化的重要组织，为新中国培养了文艺精英和党的高级干部。俞启威（后改名为黄敬），成为"一二·九"运动的著名领导人，建国初期任天津市委书记兼市长，后任第一机械工业部部长、国家技术委员会主任；王林后来成长为著名作家，新中国成立后任天津市文联副主席；崔嵬这位山东省立实验剧院的高才生，是海鸥剧社的编剧、导演和主要演员，他在山东省立实验剧院和海鸥

⊙1933年崔嵬在"海鸥剧社"

剧社的锤炼，使之成为集编剧、导演、演员于一身，具有很深造诣的电影艺术家和剧作家，主演过《红旗谱》，导演过《青春之歌》《海魂》等电影。

赵太侔身为大学校长，默许海鸥剧社公开活动，并给予暗中支持，营救被捕入狱的俞启威。正是得到赵太侔的支持，海鸥剧才得以发展壮大，其贡献不可磨灭。

1998年春，海鸥剧社在中国海洋大学恢复重建，并于当年5月17日在该校成功地演出了《雷雨》《项链》《深情》《风雨起兮》等剧目，宣告了海鸥剧社的新生。20年过去了，海鸥剧社依然活跃在青岛的艺术舞台，传承着"海鸥精神"。

因为学潮和办学经费拮据双重压力，赵太侔于1936年3月辞去国立山东大学校长职务。6月8日，国民政府教育部训令，赵太侔辞职照准，暂有校务会常务委员会代理校务。8月，任命山东省政府委员林济青代理国立山东大学校长职务。

赵太侔主政国立山东大学近4年的时间，学校在教学和科学研究上多有建树，形成了自己的优良传统和学风，培育了一大批学有专长的人才，在

国内外赢得了一定的声誉，为以后的发展打下了比较坚实的基础。至抗战爆发，当时全国共有国立大学13所，国立山东大学是其中之一，名次位列第8。较之其他国立大学，山东大学虽创办较晚，但是发展很快，被誉为后起之秀。

赵太侔的办学理念与实践，成就了中国海洋大学发展史的一个黄金时期①。同时，国立山东大学的教育文化活动，也促进了20世纪30年代青岛文化的繁荣。

---

① 中国海洋大学的前身是创办于1924年的私立青岛大学，省立山东大学是山东大学的前身。1930年国立青岛大学在私立青岛大学和省立山东大学的基础上成立。1932年更名为国立山东大学，1958年秋，山东大学主体迁往济南，以留在青岛原校址的海洋系、水产系为基础，于1959年3月成立了山东海洋学院。山东海洋学院1988年更名为青岛海洋大学，2002年再次更名为中国海洋大学。由此，从1930年至1959年，中国海洋大学与山东大学有30年的历史共同期。两校都将国立山东大学作为自己重要的历史时期。

第六章

面向海洋,特色初萌

赵太侔秉承前校长杨振声发展海边生物学的学科建设理念,聘任童第周、林绍文、张玺、曾呈奎等海洋生物学者来校任教,在生物学系形成了较为强大师资阵容;成立或参与成立海洋生物研究机构,大力倡导科学研究;在物理系创立天文气象组,我国海洋气象学科由此发端。海边生物学成为中国海洋大学特色立校的第一个海洋学科源头。

一、院系设置,富有特色

赵太侔非常重视院系设置和学科建设,其学科建设的理念是着眼于学生的培养,着眼于为地方服务。基于这种学科建设理念,他对国立山东大学的学科进行了大胆的探索与调整,呈现出了自己的学科特色。

国立青岛大学成立后,成立了文、理两个学院。文学院下设中国文学系、外国文学系和教育学系;随着全国乡村建设运动的发展,1931年2月,经校务会议议决,又将教育学系扩充为教育学院,下设教育行政系和乡村教育系。

赵太侔任校长后,对学校的院系设置进行了调整:将教育学院停办,该院学生大部转入国立中央大学教育学院,少数转入本校中文系;文、理两学院合并为文理学院;在青岛增设工学院,下设土木工程学系和机械工程学系;在济南设立农学院,下设研究部和推广部,由生物学系主任曾省兼任院长。农学院因为经费缺乏,始终未招本科生。

⊙国立山东大学工学院土木工程系师生合影

赵太侔的院系设置方案,体现了以下几个特点。

一是赵太侔不仅将基础学科作为学校发展的重点,而且极力提倡文、理学科的沟通,他的第一个创新就是在院系设置上突破旧有的模式,把文学院和理学院合并,密切了二者之间的关系。合并后的文理学院院长由数学家黄际遇担任。文理学院以理为主，以中文、外文两系辅助全校的中、外文教学。对于这种做法，1934年6月5日教育部在《训令》中赞许道："事属新创，用意尚佳。"①文理学院编制课程的原则是："第一，欲巩固各学系根本知识之基础；第二，欲顾及时代环境，最低限度能与各姊妹大学并辔齐驱；第三，就教、学两方面才能，各有充分发展之可能。"②

同时，赵太侔还大胆试验，将理学院中的数学、物理两系合并为数理学系，一年的实践证明，数学、物理两系虽不分系，也须分组，所以从1933年度两系又重新分开。

二是赵太侔把工学院与理学院一起来办，把农学院设在济南，根据山东省是农业大省的实际，对农作物进行研究，实行有针对性的教学。这种做法得到了蔡元培的称许，他在1934年国立山东大学成立4周年纪念会上的演讲中说道："山大还有几点特色，是其他各大学少有的，现在提出来说说。第一文学院与理学院合并成文理学院——因为文理不能划分的界限太清楚了，譬如有许多课目，过去都划在文科里，现在却都归为理科了；如果文理两院合并，自然可以使文科的学生不致忽略了理科的东西，理科的学生也不致忽略了文科的课程，所以山大合并来办是非常好的。第二是理工两学院都在一处来办！我们知道工与理的关系，是非常密切的，工就是理的应用，理就是工的基础，两个东西是不应分开的。现在山大将两院在一起来办，自然很经济，而且很容易得到好的成绩的。第三是农学院能按照本省农业情形，加以研究，再想法来改良和发展本省的农业，这也是非常适宜的。"③

几经探索与调整，形成了文理、农、工3院8系的办学规模。至1934年，国立山东大学的院系设置基本定型，这种院系设置格局一直保持到抗战爆发，在全国各大学中逐渐形成自己的学科特色和优势。

---

① 1934年6月5日教育部给山东大学的《训令》，现存山东省档案馆。
② 《黄院长报告》，载《国立青岛大学周刊》1931年6月11日第5期。
③ 校闻：《本校举行四周纪念及始业式：赵校长黄院长均有诚恳训话，中央研究院蔡院长到场讲演》，《国立山东大学周刊》1934年9月24日第85期。

二、着力发展海边生物学

青岛作为国内外知名的海洋教育与科技城,其源头有两个:一个是在观象台筹设的中国第一个海洋研究机构——海洋科;另一个就是国立山东大学生物系的海边生物学,二者互动发展,奠定了青岛作为海洋教育与科技城的基础。

赵太侔接任校长后,为了把国立山东大学打造成为中国"海边生物学之中心"做了大量的工作,主要体现在以下方面。

(一)聘请著名学者来校任教,充实教学、研究队伍

为了发展生物学科,赵太侔不遗余力地延聘优秀学者到校任教、研究。1932年生物系仅有曾省、沙风护两名学者,赵太侔任校长后,于1933年增聘刘咸、段续川、左景烈等教师;1934年至1936年,又新聘王宗清、童第周、林绍文、曾呈奎、张乐亭、汤独新等多位学者。至1936年6月,先后来生物学系任教的教授、副教授有曾省、刘咸、喻兆琦、沈嘉瑞、段续川、童第周、王宗清、林绍文、刘发煊、张玺等10人;讲师有秦素美、沙风护、左仲伟、汤独新、李鸣冈、曾呈奎等6人。这个师资阵容,在各系中是比较强大的。他们在国立山东大学这个舞台上,书写了中国海洋生物科学追赶世界科学前沿的传奇。

生物系的教授学贯中西,在各自的学术领域,皆有建树。曾省教授是法国里昂大学博士,著名的寄生虫专家,专门研究各种家畜和人类的寄生虫,主要是扁虫和条虫;刘咸教授是英国皇家学会生物学博士,在国际上有一定声誉;童第周教授是比利时比京大学动物学博士,著名的组织胚胎专家,他给学生讲授实验胚胎学、生物学史、进化学等课程,激发学生的学习兴趣,开阔了眼界;林绍文教授是美国康奈尔大学博士,著名的无脊椎动物分类学专家,多才多艺,教学方式寓教于乐,深受学生欢迎;王宗清教授是法国巴黎大学科学博士,为我国细胞学尤其是植物细胞学的诞生与发展,做出了重要的贡献;段续川教授是美国宾夕法尼亚大学研究院细胞学哲学博士,我国植物细胞学的先驱和奠基人之一,他为学生讲授遗传学,讲课清晰生动,深受同学的爱戴;喻兆琦教授留学法国,是中国第一个从事虾类分类和鱼类寄生虫分类研究的学者;沈嘉瑞是英国伦敦大学博士,甲壳动物学家,中国现代甲壳动物分类学的开拓者和奠基人;张玺是法国国家博士,为学生讲授海洋知识课程,是我国著名的动物学家和海洋湖沼学家。

沙凤护先生为学生讲授植物形态和分类学,业余时间就带着学生到崂山采集标本,让学生认识了不少花草树木,他后来成为我国植物分类的权威;曾呈奎先生为学生讲授海藻学,时常带学生到海边采集标本,取得第一手资料,他勤奋好学,常读书至深夜,后来成为我国著名的海洋生物学家。

(二)大力倡导海洋生物科学研究,成绩显著

在加强生物系师资队伍建设的同时,赵太侔还加强了仪器设备和图书建设。从1932年至1936年,生物学系经过4年的建设,教学设施趋于完备,建成了生物学、无脊椎动物学、比较解剖学、生理学、植物学、胚胎学、技术学、海洋生物学等8个教研室以及海藻学、实验胚胎学、生理及组织学、鱼类学等研究室,另有温室、鱼类饲养室及标本陈列室等。图书、杂志、仪器、标本,通过购置、交换与采集,逐

⊙1934年7月,中华海产生物学会青岛组在科学馆门前合影(后排左三为系主任曾省)

年积聚，颇为可观。

赵太侔大力倡导科学研究。生物系重点进行海洋生物调查与研究，汇聚了一批名师，积累了一定的学术实力，培养了一批海洋生物研究人才，形成当时海洋生物研究"南有厦门，北有青岛"的"双城记"。

生物系利用青岛滨海的特点，因地制宜，着重对海洋生物调查研究，为开发海洋提供了科学资料和数据。生物系教师在教学之余，将大部分精力用在学术研究上，其中最重要的一项工作就是对青岛附近的海洋生物进行采集与研究，对

⊙生物标本实验室

生物标本进行制作与保存。平日，每隔2个周，老师带领学生到胶州湾采集一次生物标本；寒暑假，则到较远的烟台、威海海滨采集生物标本；为尽可能搜集到东南沿海的生物标本，生物学系还与中央研究院、中国科学社等机构进行合作，联合到舟山群岛、厦门、海南沿海进行生物标本采集。由此，生物学系"海洋生物之标本，种类之繁多，数量之充足，可供十余年之教材及研究之用，实为各大学所未有"，为进一步开展研究奠定了基础。1934年4月，教育部派员对学校进行视察，对其注重海滨生物研究予以充分肯定。

生物学系在科研方面取得的成果为国内外同行所瞩目，某些研究成果达到了国内甚至国际领先水平。童第周教授发现脊索动物，如文昌鱼、玻璃海鞘、柱头虫等海产品，认为是很有研究

⊙1936年童第周、叶毓芬夫妇（右二、右三）与饶钦止（右四）、林绍文（右一）等在科学馆门前合影

价值的难得的实验材料,并开始探索人工饲养的办法。1934年,童第周在做胚胎实验时,发现双头蛙卵一个,经培养后长成两头蝌蚪,可以在水中活动,至为奇特。童第周、叶毓芬夫妇绘图多张,将研究所得撰写成论文《双头青蛙之研究》,发表在国外著名杂志上。他们通过实验证明:青蛙之两头,决定于卵子本身,而非决定于精虫之穿入,否定了卢克斯及布拉舍氏理论的谬误。林绍文教授的《中国十字形水母之研究》,介绍了新发现的中国钟形水母和青岛正十字水母,引起学界的关注。该文问世前,尚未有科学家注意到我国这一类海洋生物,该研究填补了海洋生物研究领域的空白。曾呈奎先生的《海南岛海产绿藻之研究》,所研究之海藻,计38种,其中有新种和新变种各一。①

生物学系在海洋生物调查中,新发现了不少生物新品种,以校长、系主任的名氏命名,在世界生物学会登记。其中,"赵畸鱼""曾省蟹"都为世界首次发现。

(三)成立生物研究机构,海洋生物研究纳入了国家的范围

当时中国海洋生物研究力量十分薄弱,国立山东大学生物系因初建,举步维艰。赵太侔为了将其建造成中国海边生物学研究的中心,先是在生物学系内筹建研究机构,继而又与中国其他的海洋生物研究机构进行合作,筹建以国立山东大学为主导的国家海洋生物研究机构。

1933年春,国立山东大学在沙子口筹建了海滨生物研究所,派员常驻研究,但因经费不足,成绩不大。1934年7月,国立山东大学联合清华大学、北京大学、中华海产生物学会、青岛水族馆、北平研究院,将海滨生物研究所改组为青岛海产生物研究所,由生物系曾省教授负责。海产生物研究所成立后,上述单位"均各派员生前来参加研究。又本所本期开设课程两种,一为海藻学,聘由北平静生生物调查所李良庆教授担任讲授;一为海产无脊椎动物学,聘由北平研究院生物研究所所长陆鼎恒先生担任讲授,每周各讲演三小时,海滨采集两次。各参加学生均以此种专门课程,

---

① 参见《山东大学百年史》编委会:《山东大学百年史》,山东大学出版社2001年版,第75页。

兼有实习之机会，均能随各导师努力工作"①。

1935年4月，太平洋科学协会海洋组中国分会在南京中央研究院举行成立大会，会议决定在厦门、定海、青岛、烟台分设4个海洋生物研究所。其中青岛海滨生物研究所由国立山东大学和青岛观象台共同主持。由此，国立山东大学的海洋生物研究纳入了国家的范围。

（四）"素极勤笃"，影响深远

针对青岛滨海的地理特点，国立山东大学在生物系陆续开设了《海藻学》《水生植物之形态》等涉海课程与讲座。同时重视实践，学生从二年级起，就各授以题目，在教授指导下从事研究，不少学生写出了水平相当高的论文。1933年1月，

⊙1935年曾呈奎带领学生在海滨实习

国立山东大学出版《科学丛刊》第1期，共收录19篇文章，生物系学生论文就占了4篇，且大多数与海洋生物有关，由此彰显生物系教学和研究的海洋取向。1934年，在中山文化教育馆所举行之全国大学生征文考试竞赛中，生物系同学的论文质量，为全国之冠军。②

从1930年创办生物系，至1936年，短短的6年时间，生物系逐步形成了"素极勤笃"的系风，"师生间之情感，犹如家人子弟，除上课外常聚集实验室中，探讨研求，每至夜深不辍。闲间则结队采集，作实地之观察，故就一般言，同学之学术兴趣甚高，研究精神亦佳"③。

至1936年夏，生物学系共有三届毕业生21人，其中出国深造者有11

---

① 校闻：《海产生物研究所近讯》，载《国立山东大学周刊》1934年7月30日第82期。
② 参见周兆利：《山东大学青岛时代：海洋学科远东第一》，载《青岛日报》2011年5月23日。
③ 《动物学系植物学系及海洋研究所概况》，载《国立山东大学校刊》1946年12月28日第7、8期合刊。

人，接近全体毕业生的二分之一，到各大学任教，或在学术机关从事研究工作者，约占全系历届人数的三分之一，由此可见生物学系毕业生质量之高和对学术研究的倾心。

中国海洋大学海洋生命学院源于1930年9月国立青岛大学时期创设的生物系，是我国最早从事海洋生物学教学与科研的单位之一。历经近90年发展，经过几代人的励精图治，海洋生命学院无论在人才培养、基础研究还是应用研究方面都形成了鲜明的特色和优势，建成了包括国家重点学科在内的完整人才培养体系和科学研究体系。

目前，海洋生物学是国家重点学科、生物学国家一级学科博士学位授予点、生物学博士后流动工作站的重要组成部分。海洋生物系拥有联合国教科文组织（UNESCO）中国海洋生物工程中心、山东省生物化学与海洋生物材料高校重点实验室、山东省中韩海洋生物材料国际合作研究中心、生化与海洋生物材料学科平台，是我国海洋生物学研究和人才培养的主要基地之一。

三、开设天文气象组

在发展海边生物学的基础上，因地理上的便利，渐次设立海洋学、气象学，是赵太侔一直在思考的问题和努力的方向。

天文气象学科的筹建，与赵太侔的办学理念是密不可分的。他认为，要真正学懂海洋，还必须有海洋之外的许多学科来配合，气象学是极为重要的姊妹学科，这两门学科应相互渗透，相得益彰。

青岛滨海，是当时国内十分重要的港口，对外船只来往频繁，对于天气气象的观测，显得十分重要。

赵太侔办学的一个重要思想就是立足地方实际筹建学科，为地方服务。作为教育家的赵太侔和作为气象学家的蒋丙然，他们深知培养气象专业人才的重要性，携手合作致力于天文气象人才的培养。1935年，赵太侔校长与青岛观象台台长蒋丙然反复协商，决定两家合作，在国立山东大学物理系创立天文气象组，专门为航海服务。赵太侔聘蒋丙然为教授，由观象台高级技术人员担任讲师，开设气象学、球面天文学等课程；并以观象台为教学实践基地，学生因此而深得其慧，边学习、边操作。

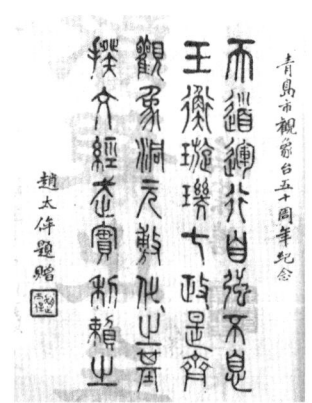
⊙1948年赵太侔为《青岛市观象台五十周年纪念特刊》题词

当时国内设有气象专业的大学有中央大学、清华大学和浙江大学，皆设在地学系内，唯独国立山东大学的气象组设在物理系，此举可以更好地接通气象学与物理的内在联系。赵太侔创办的天文气象组，意义深远，昭示着我国海洋气象学科的诞生。

天文气象组必修课程79学分，分为两类：一为天文气象本身课程，理论与技术并重，一切实习教材与青岛观象台全部合作；一为物理课程，如热、力、光、电等科目，均为研究天体现象的主要工具，所以均定为必修。天文气象组的毕业论文，以解决天文或气象上的实际问题为原则。

在物理系天文气象组学习的有王彬华、万宝康、牛振义和孙月浦4名学生。其中，王彬华成长为我国著名的海洋气象学家，曾荣获中国气象学会主持的全国"气象终身成就奖"，其撰写的著作《海雾》是国际上最早和唯一的一部研究海雾的专著，对我国海洋气象专业发展做出了突出贡献。

1938年2月，成立不到三年的天文气象组因国立山东大学南迁停办而宣告解散。1949年国立山东大学物理系恢复气象组，刚从美国回国的赫崇本曾讲授"理论气象"和"气象仪器与观测"，青岛观象台台长王彬华兼任物理系气象组教授，讲授"天气学"和"普通气象学"。1952年海洋学系成立，赫崇本教授任系主任。1953年物理系气象组并入刚成立的海洋学系，定名为海洋气象教研组，为海洋气象学科的建立打下基础，王彬华正式调入海洋系。1957年9月，经高教部同意，海洋系海洋气象教研组扩充为海洋气象学专业。赫崇本任系主任，王彬华为系副主任。

1958年10月，山东大学主体迁往济南，以留在青岛的海洋系、水产系为基础，于1959年3月成立山东海洋学院。海洋系下设海洋水文学与海洋气象学两个专业。

自1935年，赵太侔倡办海洋气象学科，经过20余年的发展，成为中国唯一的海洋教育高等学府——山东海洋学院（今中国海洋大学）的支柱学科。

中国海洋大学海洋与大气学院海洋气象学系，是全国唯一冠为"海洋气象"的历史悠久的教学和科研院系，自1984年海洋气象学获批成为全国第2批博士点后，1999年又发展成为山东省重点学科，2003年获批成为大气科学博士学位授予权一级学科点，并设有博士后流动站和山东省"泰山学者"岗位，现如今已成为我国培养海洋—大气相互作用及气候、海洋气象学及大气环境等方面人才的重要基地之一。[1]

---

[1] 本部分参见：王启、傅刚、盛立芳：《中国海洋大学气象专业简史及其特色》，载《中国海洋大学报》2008年6月23日第1566期。

四、对海洋生物学科建设的贡献

20世纪30年代的国立青岛大学和国立山东大学是中国海洋大学的一个重要时期。这个时期杨振声、赵太侔两位校长在发展综合学科的基础上，立足于青岛滨海的区位优势，提出发展海边生物学，将发展海边生物学作为学校一个发展方向并重点建设。

在国立青岛大学时期，校长杨振声和教务长赵太侔，在对青岛地理环境、自然资源及山东古物文献进行了细致分析的基础上，确定了将学校建设成为中国海边生物学研究中心的目标，主张文理渗透，提出渐次增设海边生物学、海洋学、气象学等海洋学科建设的路线图。

赵太侔任国立山东大学校长后，重视涉海学科的建设与发展，建成了生物学系教学和科研大楼——科学馆。这一时期，生物学系开设了鱼类学、海洋学等涉海的课程，建有鱼类学研究室、海藻学研究室、海洋生物学研究室以及温室、鱼类饲养室、海洋生物标本室等。学术研究也多与海洋、水产相关。

生物学系开展了一系列的生物调查与研究，形成一批蜚声学界的学术成果；在学校成立了海洋生物研究机构，并参与筹建青岛海产生物研究所和青岛海滨生物研究所。

青岛海滨生物研究所是当时太平洋科学协会中国分会中的四个著名海洋生物研究机构之一，进一步奠定了青岛在近代中国海洋科学体系中的地位，青岛由此逐步发展为中国著名的海洋科技中心。在筹建青岛海滨生物研究所过程中，作为校长的赵太侔起到了决定性的作用，功不可没。

在赵太侔的领导下，国立山东大学经过数年的努力，生物学科完全确立了自己的学科地位和海洋生物学特色，为后来中国海洋大学的海洋、水产学科独步国内以及青岛成为我国著名的海洋科技与教育城起到奠基性的作用。

在倾力发展海边生物学的同时，赵太侔还与青岛观象台合作，在物理系创立天文气象组，我国海洋气象学科由此发端。

中国海洋大学作为一所以海洋、水产为显著特色的高等学府，赵太侔着力建设的海边生物学和海洋气象学，经过数年的发展，成为国家的重点学科，成为中国海洋大学整个海洋学科体系中的一支重要力量。

第七章

锐意改革,延承校脉

在执掌北平艺术专科学校的两年时间里,赵太侔对艺术教育进行了大胆的探索与改革。他聘请名师,加强师资队伍建设,完善规章制度,恢复北京美术学校(北平艺术专科前身)的开学日期作为创办纪念日;探索艺术教育的规律,明确艺术教育的学制和人才培养目标。抗战爆发后,赵太侔为保存中国艺术文脉,毅然率领艺专部分师生踏上南迁之路,辗转办学。

一、大胆探索，秩序规范[①]

1936年7月，赵太侔又回到了阔别十年之久的国立北平艺术专科学校。10年来，北平艺专几经变迁。1927年北京九所国立高等学校合并为京师大学校，艺专成为其美术专门部，1928年又更名为国立北平大学艺术学院。1934年1月，恢复为国立北平艺术专科学校（后称"北平艺专"），严智开为复校筹备主任，8月北平艺专宣告独立，严智开随即被任命为校长。1936年6月，严智开辞职。6月21日，教育部任命赵太侔为校长，7月11日到校就职。

⊙国立北平艺术专科学校
　校长赵太侔

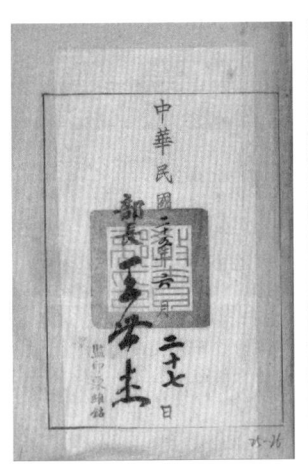
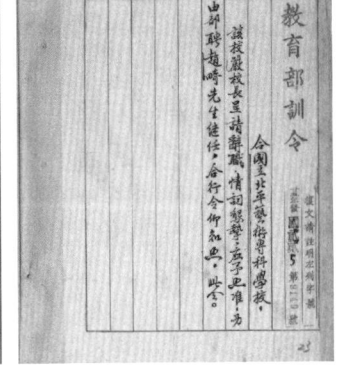
⊙教育部任命赵太侔为国立北平艺术专科学校校长

[①] 本节参见李中华：《筚路蓝缕兴国美：1917—1937北京国立专门美术教育研究》之"赵太侔的改革方案"，湖北人民出版社2008年版，第101-108页。

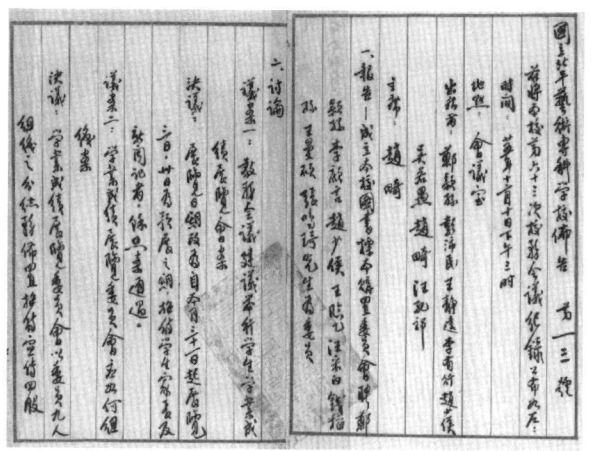

⊙北平艺专校务会议记录

赵太侔上任伊始，正是北京艺专转制后的关键时期，他从并科裁班、师资队伍建设、建章立制、组织建设、学生学籍、经费等诸多方面加强基础建设，完善了"艺术"专门学科建制，为造就艺术设计人才，付出艰辛的努力。

⊙北平艺术专科学校建筑

上任后，赵太侔取消了雕塑科、图工科的分组；撤销了艺术师范科；重新修订了学校组织大纲和教师服务等系列规程；恢复了北京美术学校的开学日期作为创办纪念日。

为了加强师资队伍建设，赵太侔聘请齐白石、黄宾虹、溥心畬、汪孔祁为国画组教授，吴镜汀、王雪涛、吴光宇为国画组讲师；聘请彭沛民、唐仲明、常书鸿为西画组教授，聘请王曼硕为西画组讲师；聘请王静远、王石之、王临乙为雕塑科教授；聘请李有行、庞薰琹为图案科教授。另聘寿石工、闻一多、闻家驷、钱稻孙为专职讲师；聘请郑颖荪为教务长、赵少侯为秘书、吴若愚为训育主任，从而形成了较为强大的师资阵容。

在任北平艺专校长一年多时间里，赵太侔对艺术教育进行了大胆的探索与改革。他充分发挥教授治校的作用，集思广益，就"并科裁班"、学制、校史起源、师资队伍建设、制度建设等诸多方面进行了改革，使得艺专步入正常的轨道，为北平艺专的长足发展奠定了良好的基础。

（一）"并科裁班"，完善学制

严智开任北平艺专校长时，借鉴日本的美术教育模式设置了北平的"艺术专科"的学制，其具体设置是绘画科下设国画组、西画组；雕塑科下设雕刻组和塑造组；图工科下设图案组和美术工艺组；艺术师范科。他过于强调艺术

⊙1937年北平艺专雕塑科师生毕业合影

专科教育的实用性，将学校办成了"工艺美术学校"，且专业分组太细，各"组"下面又分为不同的"组"，这在当时的艺术专科学校中罕见。

1936年教育部派员对北平艺专视察时，认为该校科组设置不合理，要求重新改造，校长严智开与教育部意见相左，加之学校之前因为学制设置在师生中引发的矛盾，严智开于同年6月辞职。

赵太侔就任北平艺专校长之时，恰逢北平艺专招生。前校长严智开已经在媒体发布了依照旧学制的招生简章。赵太侔根据教育部"并科裁班"精神，重新布置招生工作。他指示发布了"更动"后的招生简章。招生简章于7月17日刊载于《北平晨报》。招生科别有绘画科（包括国画组、西画组）、雕塑科和图案科。因为是按照更动后的专业设置招生，所以招生广告突出强调"本校日前所发招生简章内容略有更动，兹已改印新章"。

8月28日，学校发榜公布被录取的学生名单，录取74名，在校学生235人。新生于9月1日至4日办理入学手续，9月14日正式开课。

赵太侔上任伊始，"并科裁班"，建立新的学制是他首先面临的问题。9月1日和7日，教育部两次下达调正"专科"学制的命令：减少聘任兼职

教授,图工、雕塑科不分组,艺术师范科裁并。赵太侔据此对原来的学制进行了改革,制定了"并科裁班"具体办法:将图工科取消分组并改为图案科;雕刻组、塑造组组建为雕塑科;撤销艺术师范科。具体措施:将图案、雕塑科两科学生送各工厂实习;允许艺术师范科的学生根据学业情况可转入其他科、组继续学习。

10月,赵太侔就"并科裁班"对新闻记者谈话,并提出了"本校今后兴革计划":

> 各科之中,除艺术师范科外,又各分两组,即绘画科分国画组、西画组;雕塑科分雕刻组及塑造组;图工科分图案组及美术工艺组。此项分组实甚牵强,雕塑科及图工科分组,使雕可离塑,工可离图,其割裂尤不合理。而一考其内容,则雕刻组之主要课程,仅除雕凿竹木小品;以印刷制版染色等课归诸图案组,以漆工金工等课归诸美术工艺组,实则同为工艺技巧之讲习,而非设计之训练也……各科组课程颇多重复,雕塑及图工两科应不分组。艺术师范课程应尽量与其他各科沟通。①

对于北平艺专的"并科裁班",社会普遍关注,一个月后,赵太侔在接受新闻记者采访时,向媒体表达了调整、改革北平艺专学制的主体设想和实施艺术教育的理念:

> ……然此次并归,并非专为应付困难,亦非只为奉行部令,实为重要改进,是积极的而非消极的。盖艺术与技术不同,艺术学校与工艺学校亦应有别,技术训练偏重制作之技巧,而艺术训练则应注重美的创造与设计,其界限甚清,绝对不容牵混。故艺术学校之使命不在养成工巧之技师,而在造就艺术设计之人才。艺专过去之设施,似忽略此点,其分组办

---

① 《本校今后兴革计划——赵校长对新闻记者谈话》,载李中华著《筚路蓝缕兴国美——1917—1937年北京国立专门美术教育研究》,湖北人民出版社2008年版,第100-101页。

法及课程内容即多侧重于技术之训练，忽略创造设计之重要。此种情况，不但不能使学校与学生负起艺术教育改进工业，美化社会之使命，且将使学校及学生与工业制造机关立于相对地位，而绝学生来日之出路，盖无论如何，三年学校教育之学生决难与艺徒出身之工匠争长短也。①

赵太侔上述讲话，涉及艺术教育的核心问题，即艺术教育的学制和人才培养的目标。

学制问题，从整个教育范围来讲，关系到国家培养什么人才，塑造什么样的公民，用什么样的形式和用多少时间完成等一系列问题，这应该是一个完整的、全面的教育体系。而且，一种学制，必须有一定的时间周期来保障实施，以探索、总结其中的是非得失，然后再进行调整。从1911年周湘在上海创立"上海油画院"算起，至1937年抗战前夕的25年的时间里，北京国立专门美术教育经历了从"中等"学制到"美术专门"学制，拓展为"艺术专门"学制，进而升格为"大学"学制，最后降级改为"专科"学制的发展过程：修业年限有3年、4年、5年乃至6年的不断探索、调整、改进过程。

关于艺术学校人才培养的目标，在当时教育界对于"艺术专科"学制到底是培养"艺术"人才还是"技术"人才始终有争议，这也说明教育部对于到底"如何办艺术教育"没有统一的认识。1929—1934年，教育部派刘海粟到欧洲各国考察艺术教育，刘海粟于1935年向教育部提出修改艺术教育学制的意见，主张艺术专科教育学制年限至少要与大学学制相同以及从初中开始招收艺术人才等。1937年教育部颁布了艺术专科学校或大学艺术系必须设立高中部，从初中招收学生的命令。这实际上将"艺术专科"学制增加为五年，但专科的性质没有变。

赵太侔与严智开的艺术教育观念存在着明显的对立和分歧。赵太侔

---

① 《赵校长对新闻记者谈话》，载李中华著《筚路蓝缕兴国美——1917—1937年北京国立专门美术教育研究》，湖北人民出版社2008年版，第102-103页。

认为艺术教育应该"注重美的创造与设计",即以"研究高深学术""造就艺术之人才"为办学宗旨,而这样的培养目标实际上正是"大学"或"专门"学制教育所要完成的任务。这有别于严智开所遵循的"以教授应用科学,养成技术人才"的艺术"专科"学制教育的培养目标。

严智开在主政北平艺专之初,确定的培养实用性"技术人才"办学宗旨和课程设置方案是得到教育部批准的,1936年遭到教育部否定的原因在于彰显"美育"和艺术的学术教育思想重新得到重视。赵太侔则顺应了这种潮流,其主张培养艺术设计人才观点,是与教育部颁发的艺术学校的培养目标相一致的。

赵太侔调整、改革后的"艺术专科学制",采用"学分学年制",将各科组的课程分为专业必修课、共同必修课和共同选修课3种,规定需修满108学分方可毕业。

各科、组专业课、共同必修课、共同选修课统计比较表

专业	专业课		共同必修课		共同选修课	
	学分	学分比例(%)	学分	学分比例(%)	学分	学分比例(%)
国画	48	44.44	34	31.48	48	44.44
西画	33	30.56				
雕刻	41	37.96				
塑造	45	41.67				
工业图案	43	39.82				
商业图案						

根据课程安排,必修课程(专业课和共同必修课)学分最少的西画组也有67学分,占应修满学分的比例为62.04%,可供选修的共同课,学分为48分,占规定学分的44.44%。

而且,我们还可以发现绘画、图案、雕塑各科,都有相互交叉安排的课程,这既是改变"大学"学制(包括严智开提倡主修、辅修的艺术"专科"学制）时各学系东西方美术体系彼此分离的状况，而且在相当程度上有回归"美术专科"学制时的教学安排和教育思想的倾向。

（二）回归传统，校脉承续

关于赵太侔回归"美术专门"学制的倾向，我们还可以从下面的事件看出端倪。

从1918年成立的北京美术学校到1937年与杭州国立艺术专科学校合并前的国立北平艺术专科学校，到底是一个学校在不同时期的校名变更，还是在不同时期随着教育体制的变化而不断进行重组的整体转换过程？其实这个问题在1934年筹建国立北平艺术专科学校时就显露出来。严智开在1934年答记者问时，就持"重建"的观点，而不是"延续"的观点。当时他说"以全国艺术专科学校，只有国立杭州艺术专科学校"。随后接任校长的赵太侔则采用了"延续"的观点，将创办于1918年的国立北京美术学校作为国立北平艺术专科学校的起点，确定4月15日为校庆纪念日。

赵太侔采用"延续"的观点，意味着确认北京国立专门美术教育有一条从未间断的发展脉络，有一条延续的美术教育传统。此外还有一个客观原因，就是赵太侔曾于1925年任北京艺专戏剧系主任，对该校的历史发展脉络有清晰的认识。

1937年4月15日，北平艺专举办建校19周年纪念庆典。赵太侔任纪念会主席并做报告，在教务长和秘书等相继报告后，学校名誉教授周养庵致辞，他认为赵太侔校长、郑颖荪教务长莅事以来，深知体要，一反前任关门政策，将来成绩日好，是可预期的，他鼓励学生当作此时机，正好勇猛精进，以成艺术人才。

报告结束后，赵太侔夫人俞珊为优秀学生颁发优等勤学奖章，共有10人享此殊荣。下午6点学校举行游艺大会，表演昆曲、国剧等节目，以示庆祝。

如今中央美术学院采用了"延续"观点，将学院的起点追溯到创办于1918年的国立北京美术学校，确定每年的4月1日为校庆纪念日。2018年4月1日，中央美术学院举行了盛大的建校100周年庆典。

(三)完善规章制度,加强师资建设

随着北平艺专学科设置、学制和办学宗旨等方面的改进,赵太侔建章立制,对学校的规章制度进行修订与完善,同时不断加强师资队伍建设,形成了较为齐整的师资阵容,成为他"兴革计划"的一部分。

⊙北平艺专十九周年纪念庆典留影

⊙赵太侔、俞珊夫妇(中立者)在北平艺专十九周年纪念庆典上与全体获奖者合影

1. 制度建设

重新修订《国立北平艺术专科学校组织大纲》(共16条)。其中,第二条将修改后的专业设置确定为绘画科(国画组、西画组),雕塑科,图案科。第十五条,规定学校"在必要时,得附设高中艺术科"。至少这两条,应该是与以前的《组织大纲》有区别的地方,也体现出教育部进行学制改革的意图。

修订《国立北平艺术专科学校教员服务及待遇规则》(18条),对于教授、专任讲师、讲师的待遇和任课时数以及对于教师缺课后的补课或扣发薪水等问题均有明确规定。体现规范艺术专科教育教学环节的意图。

修订《国立北平艺术专科学校学则》(共9章47条),其中最值得注意的是学校"课程兼采学分制及学年制",既不同于国立杭州艺专实行的"纯粹学分制",也不同于严智开的"主修、副修的学年制",规定"本校学生除党义、军事训练、看护学及体育外,至少须修满一百零八学分,方得毕业,其各年级应修习学分总数,依各科组年级课程分配表之规定"。或者"学生在本校肄业满三学年,修满本校规定课程之学分,党义、军事

训练、看护学、体育等科成绩及格"者，并参加毕业考试及格，才准许毕业，发给毕业证书。

赵太侔还根据教育部的要求修订了《学生操行考察规则》（9条）、《学生奖惩规则》（7条）等规章制度，加强了学生管理；成立"图书购置委员会"，保证常年进购书刊。

2.改进教职员队伍

赵太侔到校后先辞退教务长卫天霖，另外聘郑颖荪担任；聘国画组教授：黄宾虹、齐白石、汪采白、傅心畲；讲师：吴镜汀、王雪涛、吴光宇；西画组教授：彭沛民、唐亮、常书鸿；讲师：王曼硕；雕塑科教授：王静远（女）、王石之、王临乙；图案科教授：李友行、庞薰琹；讲师：李旭英、高立芳、谭义瀚；聘公共课、选修课讲师：寿石工（书法篆刻国文）、钱稻孙（日文）、闻一多（英文）、闻家骃（法文）、张志甫（西洋美术史）、刘海蓬（艺术教育学）、邵晓琴（音乐）等。

⊙赵太侔聘任齐白石为北平艺专教授

⊙北平艺专教职员名录

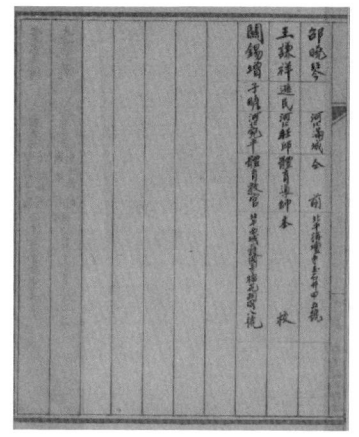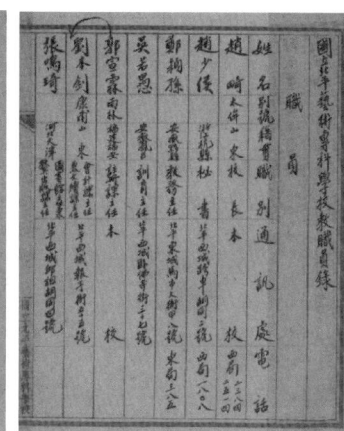

◎北平艺专教职员名录

（四）设立高中艺术科

1937年5月5日，赵太侔呈请教育部设立三年制高中艺术科，以"养成艺术师资，工业人才，并为升入专科之基础之训练"之目的。6日，教育部通令批准。因原定的国立北平艺术专科学校、国立杭州艺术专科学校和中央大学艺术科三校联合招生筹备不及，遂中止联合招生。赵太侔主持校务会议，决定了本年度的单独招生办法：本年暂停招收本科生；下年度起附设高中；招收高中一年级生两班；招生日期8月2日至6日；考试日期8月9、10两日笔试，11日口试；考生交考试费2元；招考地点：北平、南京两地举行。

赵太侔设立的高中艺术科，筹划甫毕，不久因抗战爆发，学校南迁，无从实现。

（五）向国画研究室推荐优秀学生

北平艺专和国画研究室是当时北平的两家重要艺术机构，各有侧重。赵太侔参加了国画研究室的相关工作，并向该研究室推荐优秀学生。

1937年4月26日，赵太侔与福开森、周肇祥、于非厂、郑颖荪、邱石冥和汪慎生等艺术界人士应邀出席古物陈列所在传心殿举行的国画研究室第一期研究员开学典礼。国画研究室第一期研究员共录取35人，赵太侔代表北平艺专向古物陈列所推荐的杨秀珍、吴咏香、陆兰淑、谢炳琨、贾树德、萧重华、张文田、刘琢、刘德治、杨云龙等10名学生全部被录取。

（六）展示学业成绩，扩大社会影响

为了检阅北平艺专学生的学业成绩，赵太侔于1936年12月31日至1937年1月2日组织了大规模的"学业成绩展览会"，共展出学生作品1300余件，分列24个展室，包括圆雕、浮雕、石膏、泥塑、图案、木炭画、油画、水彩、用器画和中国山水、花卉、人物、鸟兽等。这次展览，是学生利用暑假及开学后3个月时间完成的作品，因为场地所限，还有部分作品没有展出。

这次展出检阅了北平艺专学生的艺术实绩，取得了较大的社会影响。《世界画报》等媒体对这次展览追踪报道，刊出了展览的多幅作品。社会上对北京艺专的这次展览给予充分肯定：作品中技术应用娴熟，创造力丰富，给人留下深刻的印象。为了答谢媒体对于这次展览不辞辛苦的报道，赵太侔举办招待会并合影留念。

⊙北平艺专举行学生学业成绩展览会时留影

鉴于赵太侔主政北平艺专所取得的成绩，由此成为1937年第2届全国美术展览"北京筹备委员会"的委员。同年4月19日，当选为新成立的"全国美术会北平分会"主席。

赵太侔根据"兴革计划"所实施的系列改革措施，使得北平艺专的教学秩序空前规范，出现了兴旺发展的迹象。6月11日，北平艺专举行毕业生典礼，这是学校于1934年脱离北平大学，成为独立学校的首届毕业生，参

⊙ 北平艺专第一届毕业典礼师生合影

加毕业典礼的除了校长赵太侔外，还有教师黄宾虹、溥儒、吴镜汀、汪采白、王雪涛、吴光宇、寿石工等，他们是中国画坛的一代宗师。

1937年"七七事变"爆发，日本大举入侵中国。赵太侔主政北平艺专仅一年，励精图治，刚刚完善的"艺术专科"学制不得不再次中断实施。

北平沦陷后，赵太侔奉命带领北平艺专部分师生南迁，克服重重困难，几经辗转迁至湖南沅陵继续办学，延承校脉，薪火相传。

⊙ 北平艺专第一届毕业典礼师生合影（局部，中坐者为赵太侔）

二、心系艺专，辗转办学

1937年7月7日，日本帝国主义侵华战争全面爆发。同年12月1日，战事扩大，平津京沪相继沦陷，国民政府宣布在重庆办公。12月，国民政府首都南京失陷。

抗战爆发后，国民政府要求各高校"以就地维持课务为原则"，导致北平的许多高校师生并未立即南下，而是持观望态度。虽然教育部随后开始着手内迁高校，此时因为日军的封锁与家庭的拖累，许多教师打消了内迁计划。

7月29日，北平沦陷前夕，赵太侔不愿做亡国奴，为保存中国艺术文脉，毅然率领北平艺专部分师生开始踏上南迁之路。临行前，赵太侔委托王石之、赵少侯、张鸣琦等保管未能迁走的校产。

离开北平后，赵太侔率部分师生于10月几经辗转流徙至江西庐山牯岭继续办学，在极其艰苦的条件下恢复了上课。当时正值暑假，教师散居各处，赵太侔给在杭州的常书鸿发去电报，要他立即过来会合。常书鸿安顿

⊙1937年，北平艺专师生在南迁途中

好家室后，独自奔赴江西庐山；赵太侔又让常书鸿致函在上海的庞薰琹和王临乙，让他们赶赴庐山。两人接到常书鸿复校函后，在上海匆忙采办了

一些教具，随后一路乘危履险到达庐山，和陆续从北平撤出的师生汇合。

11月，国民政府出台《平津沪战区专科以上学校整理方案》，《方案》确定北平艺专和杭州艺专同时迁到湖南沅陵合并办学，于是两校奉令向沅陵迁校。

杭州艺专校长林风眠率领200余人，带上图书、教具，自11月中旬撤离杭州，经浙江诸暨、江西鹰潭、湖南长沙，于1938年2月抵沅陵，等待与北平艺专合并。

北平艺专在庐山牯岭稍做停留后，辗转西迁，沿长江来到武汉。随着上海、南京相继沦陷，此时武汉成为全国政治、文化中心，大批戏剧团体、戏剧工作者云集武汉。赵太侔、俞珊夫妇投入抗日救国的滚滚洪流中去。

来到武汉后，赵太侔当选为中华全国戏剧界抗敌协会理事。协会要求全国戏剧界人士摒除一切成见，巩固超派系超地域的团结，以戏剧为民族解放战争服务。俞珊应青年会平剧部邀请，在青年会公演的《贵妃醉酒》中扮演杨贵妃，募资劳军。演出引起轰动，"一般深嗜平剧者应为之满座，且多向隅"。

赵太侔在武汉招了一次新生后，随即率领师生向沅陵进发，于1937年年底抵达沅陵，在城对岸的老鸦溪租下一处私人宅屋，略加修理后就当了学校的校舍。后来，北京艺专学生曾到沅江中称为河上州的小岛子上住过一段时间，赵太侔和教师们经常看望学生，表示慰问。

沅陵古称辰州，自古便是水路交通之要塞。抗战开始后，一些外来机关、团体陆续迁来沅陵，包括当时影响很大的后方抗战报纸《抗战日报》。1938年，沅陵县城成为湖南的临时省会。

日寇入侵，国难当头。北平艺专在内迁途中，演出了《放下你的鞭子》等抗战剧目。来到沅陵后，安定伊始，北平艺专一个主要任务是宣传抗战。赵太侔是著名戏剧家，他的夫人俞珊又是对京剧、昆曲，青衣、花旦都精通的名票，所以到了沅陵，就演出了新编京剧《新雁门关》。在演出中，赵太侔、俞珊夫妇进行艺术指导，在剧中北平艺专学生郭良夫饰演将军，俞珊扮演演将军夫人，这次演出轰动了整个沅陵城。赵太侔这位"笑

比黄河清的人"，观看时也发出几次由衷的笑声。

3月6日，清华大学教授闻一多随长沙临时大学湘黔滇步行团来到沅陵。翌日，闻一多急于看望老朋友赵太侔，从沅陵到老鸭溪有七八里路远，几经打听，终于找到赵太侔的住所。

赵太侔见到闻一多，格外亲切，感叹不已。两人相识于美国，共同发起国剧运动，一起回国将停办的北京美术学校恢复、扩建为北京艺术专科学校，共同为开展国剧运动不辞辛苦奔走呼告；两人在国立青岛大学再度共事，是当时有名的"酒中八仙"；赵太侔就任北平艺专校长后，聘任闻一多为英文教授，可谓感情笃深。

他乡遇故旧，自然有说不完的话。两人对于时局担忧，同时对抗战必胜充满了信心。屋外寒气逼人，屋内却是暖意融融，不时传来他们爽朗的笑声。

三、沅陵会师，遭遇风潮

1937年底和1938年2月，北平艺专和杭州艺专先后抵达湖南沅陵，奉教育部之命酝酿合并。杭州艺专达到沅陵后，因找房子比较困难，赵太侔对于远道而来的杭州艺专伸出援手，腾出部分校舍让他们居住，提供诸如灯油之类的生活用品给杭州艺专的师生。

⊙国立艺专师生在沅陵老鸦溪合影（背景为沅陵县城）

1938年3月，教育部派专员张道藩来主持两校合并事宜，定沅江东岸的沅陵老鸦溪为临时校址，校名改称为国立艺术专科学校，下设绘画、图案、雕塑、音乐4科。校舍为沈从文在老鸦溪南岸的一处宅院，还租用当地民宅和筑造木房当临时教室，恢复上课，并于9月份照常招生。两所学校的合并，集中了当时国内艺术界的精英，成为抗战时期国内艺术院校的最高学府。

合校前两校的情况：杭州艺专教职员有34人，学生100余人；北平艺专教职员有13人，学生近30名余人。北平艺专的经费充裕，但是师生以及教具都很少；杭州艺专是师生很多，教具也很多，包括各种石膏像、钢琴等又大又笨重的教具；教育部发放的疏散经费，在搬运笨重教具中花费殆尽，经济上十分紧张。诚如杭州艺专学生丁天缺所言："当我们到沅陵时，

北平艺专的师生已先到了，他们真可怜得要命，全校只有十多名教职员工，学生还不到三十名，校产几乎等于零。跟杭州艺专来比，真是小巫见大巫。"

张道藩在主持两校合并时，为平衡职权，废校长制，改为校务委员制，负责全校事务。成立由3人组成的校务委员会，原杭州艺专校长林风眠任主任委员，原北平艺专校长赵太侔和教授常书鸿任校务委员。以校务委员会形式来管理学校是为了平衡两校职权，协调两校在教学、师生等方面的关系，同时也希望两校师生同舟共济，共同办好当时中国唯一的艺术类高等学校。

由校长制改为委员制，是抗战时期高校合并的通常做法，并非针对国立艺专一校的行为。西南联合大学、西北联合大学等由多校合并的高校都由校长制改为委员制。校务委员会制不同于校长制，校务委员会主任地位高于委员，但是没有人事任免权。

关于校务委员会主任一职，林风眠和赵太侔都是合适人选。林风眠曾任北京艺专和杭州艺专校长，按其治学经验和艺术成就，应该是合校后的国立艺专主任委员的不二人选。赵太侔曾任山东省立实验剧院院长、国立山东大学校长，具有丰富的办学经验，也应该是主任委员合适的人选。

张道藩在主导两校合并时，充分考虑两校的实际情况。由于杭州艺专的师生多于北平艺专，所以安排林风眠任主任委员。任命常书鸿为委员，因他是杭州人，又在北平艺专执教，想让他起一个团结和缓冲的作用。林风眠遇到问题需要与赵太侔、常书鸿两位委员协商解决，各有三分之一的表决权。但是这种安排，非但没有达到预想的目的，反而埋下了隐患。

国难当头，办学艰难，南北两所艺专联合起来，理应取长补短，相互融合。但是由于两校办学宗旨、艺术流派的不同以及经济问题和错综复杂的人事关系，未能达成合作，反而矛盾丛生。合并后不久，两校师生闹起学潮来，时间长达两月之久。

首先是两校学生由互相猜忌发展到争吵对骂，后波及教师。林风眠坚持让北平艺专拿出钱来承担新成立的国立艺专的办学经费，成为学潮的诱因之一。

如何集中两校的财物，将这有限资源用在办好新成立的国立艺术专科学校上，是合校后的首要任务。林风眠在合校后资源分配上的态度，引发部分师生的不满。

在第一次校务会议上，林风眠希望赵太侔把北平艺专的钱拿出来办校，被赵太侔拒绝，说北平艺专也没有钱。常书鸿提出两校各拿出一些钱为应急之用，亦被林风眠拒绝。赵太侔、常书鸿、庞薰琹认为林风眠对新校没有诚意，由此产生了隔阂。双方就新建的国立艺专经费分担问题没有达成协议。

北平艺专在迁校时，国画方面的师生多未随迁，势单力薄。因此，在第二次校务会议上，赵太侔提出保留一位国画教员的名额，林风眠认为教职员工临时聘书已发，赵太侔要聘的那位教员又不在沅陵，没有必要保留。在遭到林风眠的断然拒绝后，赵太侔拂袖而去，声称此后再也不过问学校事。

第三次校务会议讨论学校迁往云南昆明的问题。迁校问题由北平艺专首先提出，赵太侔认为学校在沅陵无法发展，应该迁到昆明发展壮大，林风眠也认为迁校志在必行，他坚持让北平艺专拿出经费作为两校的共同迁校费用，遭到拒绝。是否迁校的实质还是经费问题。

杭州艺专教职员中也有人认为林风眠这样做，对北平艺专不公平，于是提出将两个月的薪水捐献出来作为迁校之资，这一提议在杭州艺专内部就产生了分歧。经济困难，加上教育部也没有让国立艺专迁校昆明的打算，国立艺专只能继续留在湖南沅陵办学。

两校由于战时临时合并办学，地处沅陵，生活和教学设施缺乏的问题极难解决，更由于合校后一些教职员坚持分校的立场，可谓矛盾重重，最终酿成了所谓的"沅陵学潮"。

"沅陵学潮"爆发后，林风眠于4月辞去校务委员会主任职务。1938年4月至5月，新合并的国立艺专是在学潮的动荡中度过的。6月，教育部下令取消国立艺专委员会制，恢复校长制，任命滕固出任该校校长。滕固是一位学贯中西、知识渊博的学者，同时具备行政管理经验和政府委派官员的身份。关键是他与北平艺专、杭州艺专两校人员似无瓜葛。无论是学术地位，学术成就和人际关系而言，用这样的人选来平衡各方，应当是最佳方案。

滕固上任后，对学科进行调整，在原有基础上分为专科部和中专部。专科部分为造型艺术和实用艺术两部。聘任赵太侔为实用艺术部主任，常书鸿为造型艺术部主任，不久赵太侔自行离开国立艺专前往重庆。

国立艺专在沅陵的时间大致在1938年2月至同年11月。随着日军步步紧逼，武汉失守，长沙告急，沅陵又不能偏安一隅了。至1945年抗战胜利，国立艺专先后辗转迁至云南昆明、呈贡、四川璧山、重庆沙坪坝等地，行程六千公里，历时九年，经停校址近十处，师生们备尝辛苦，坚持办学，保存了中国美术教育的一支薪火。这在中国美术教育史上绝无仅有，在世界教育史上也属罕见。

抗日战争胜利后，国立艺术专科学校的原北平艺专和杭州艺专，各回原地办学。1946年撤销国立艺术专科学校，分别恢复"国立北平艺术专科学校"与"国立杭州艺术专科学校"校名。

第八章

整理戏剧，文艺救国

重庆8年，赵太侔以其深厚戏剧研究学养，主导了教育部的剧本整理工作。此举有历史和现实双重价值，一是通过整理，摸清了中国戏剧各剧种的"家底"，对于继承和弘扬中国传统文化，具有深远的历史意义；二是为抗战中的各艺术剧团，提供了优秀的剧本，成为抗日救亡演出的重要保障。

一、名家荟萃，服务抗战

1938年12月，教育部社会教育司戏剧组成立。1939年1月，赵太侔来到重庆，担任戏剧组主任，办公地点在重庆市区。5月初，日军飞机频频轰炸重庆，为安全计，教育部进行疏散，戏剧组和教科用书编辑委员会迁到重庆北碚。

迁到北碚后，教育部常务次长张道藩对教科用书编辑委员会改组，将中小学教科用书编辑组合并，社会司剧本组并入，更名为剧本整理组。赵太侔任教科用书编辑会委员兼剧本整理组主任。

在张道藩领导下，编辑委员会集中了一批国内知名人士。赵太侔、梁实秋、陈之迈、李清悚、徐文珊、王向辰、李辰冬、萨师炯、舒蔚青、陈廷杰、阎金锷、方令孺、张德熙、温肇桐、李竹年等人都被搜罗到旗下。编辑委员会会下设中小学教科书组，主任梁实秋；青年读物组，主任是陈之迈，蒋碧薇、方令儒隶属这一组；民众读物组，主任王向辰；剧本整理组，主任赵太侔，组员有编辑员朱双云、舒慰青、阎金锷、田禽、赵清阁、胡绍轩。

编辑委员会位于北碚蔡锷路。赵太侔与梁实秋、方令孺等比邻而居。他们寓居编辑委员会所在的三楼，一室分内外两间，赵太侔住在外间，但基本没来住，内间配给梁实秋，室内一床一几一椅，邻居是青年读物组的方令孺。赵太侔与梁实秋、方令孺曾同在国立青岛大学任教，是当时著名的"酒中八仙"，时隔多年后，"八仙"中的"三仙"又在北碚相聚了。

张道藩不但是当时著名的政治人物，而且是著名文艺理论家，著有《近代欧洲绘画》《我们所需要的文艺政策》《三民主义文艺论》等。同时，他还是一位剧作家，著有电影剧本《密电码》《再相逢》；话剧剧本

《自救》《自误》《最后关头》《杀敌报国》等。

赵太侔与张道藩于1930年9月初识于青岛，同在国立青岛大学任教授。张道藩当时还兼任国立青大的教务长，同年12月离开学校，赵太侔继任教务长。

梳理两人交往历史，赵太侔与张道藩至少三次共事，一次在国立青岛大学；第二次是赵太侔参加中国第二次美术展览会；第三次则是赵太侔任教科用书编辑委员会剧本整理组主任。三次共事，张道藩都是赵太侔的上司。

张道藩和赵太侔都是戏剧家，因此在戏剧方面有了更多的交流。1934年2月初，张道藩完成自己的第一部话剧剧本《自救》，油印了20本，分送赵太侔和陈果夫、杨振声、柳亚子等人征求意见，赵太侔等人提出了修改意见。张道藩撰文表示感谢："后来先后得着他们的复信，或当面详细的讨论，承他们诸位的指示，改正了不少的错误，变换了若干的对话，补充了第四幕，裁去了第五幕。《自救》剧本修改后，勉强可以公演，我不能不深深地感谢他们诸位。"①

⊙张道藩

同年9月，张道藩自编、自导的话剧《自救》在南京公演，引起很大轰动，湖北、广东、天津等地的学校剧团纷纷来信要求排演。

剧本整理组内设编辑员、助理编辑员。成立之初，编辑员有5人，助理编辑员1人，至1941年编辑员增至8人，助理编辑员增至2人，加上主任赵太侔，戏剧整理组共计11人，其中多为戏剧名家。

编辑员胡绍轩是我国现代著名作家、剧作家。曾任中华全国文艺界抗敌协会常务理事、总务部干事，出版有戏剧集《卢沟桥》《病院枪声》《第七号人头》等。

编辑员朱双云于1940年将《岳飞及其他》改编成京剧《岳飞》；他是中

---

① 王由青：《张道藩的文宦生涯》，团结出版社2008年版，第87页。

华全国戏剧界抗敌协会常务理事和话剧部主任。1943年春,年仅54岁的朱双云因患肺结核病得不到及时治疗而病逝,赵太侔悲痛不已,发表悼念文章《悼朱双云先生》:

朱双云先生可算是毕生尽瘁于戏剧事业的。以戏剧为终身事业的,不是完全没有,不过要说到经历之多,活动范围之广,也许还没有人及得上他。他参加过各种演剧团体,经营过剧场,写过剧本,主办过演员训练,领导到过抗战宣传。三十多年来沪汉演剧的变迁,交织在他的生活史里。他虽然做过多年剧场经理,却始终不脱离书生本色,他没有置下财产却交了不少朋友。他身后所留下的,除了他的著作之外,便是朋友们的追念。他最后的几年,参加了教育部的剧本整理工作,我在这时候才得认识他,得到他的助益也非常之大,他很健谈,他给我印象最深的地方是像幼童那样好胜,他不容许旁人对他有半点的误解,他很宝贵的经历——这当然更是我们所宝贵的——一直到临死,还躺在床上续写他的《中国之优伶》。他明知道这对他的病是很不利的,是可以减短他的生命的,然而他不惜和他的病奋斗,拼上有限的生命,来延续他无限的生命,终于以身殉之。①

赵太侔简要回顾了与朱双云的交往,痛惜其英年早逝,中肯地评价他:"拼上有限的生命,来延续他无限的生命,终于以身殉之。"

编辑员阎金锷也是一位戏剧家,1944年发表了《初期话剧运动史话——话剧运动四十年(1899—1937)》,出版有《汉剧》和《川剧序论》。

编辑员舒蔚青是戏剧学家、藏书家。1938年任中华全国戏剧界抗敌协会征集组长。致力于现代戏剧图书收藏,长达二三十年。收藏有2000多种现代戏剧文献。1932年间由湖北省银行总行加以援助,开辟一小型图书馆,定名为"汉口现代戏剧图书馆",与宋春舫收藏西洋戏剧的褐木庐图书

---

① 赵太侔:《悼朱双云先生》,载《天下文章》1944年第2卷第1期。

馆齐名。1938年，舒蔚青编撰有《现代戏剧图书目录》，收录他所收藏的自1908年至1938年6月底近30年来戏剧书籍刊物总目录。1942年舒蔚青病逝于北碚，其藏书和手稿由国立编译馆收购。①

编辑员徐伯璞是书画家、书画收藏家，1948年任国立南京戏剧专科学校校长。抗战前，曾任济南市正谊中学校长、山东省督学，与赵太侔私交甚笃。赵太侔曾为他的书画作品题字。

编辑员田禽是戏剧理论家，出版有《中国戏剧运动》《战时戏剧演出论》和《苏联的戏剧》等。

编辑员赵清阁是著名女作家、编辑家、画家。著有短篇小说集《华北的秋》，中篇小说《凤》《月上柳梢》，多幕话剧剧本《潇湘淑女》《冷月诗魂》，散文集《沧海泛忆》《行云散记》《浮生若梦》，电影文学剧本《自由天地》《向阳花开》等。

赵太侔、俞珊夫妇与赵清阁相识于重庆，交往甚密，感情笃深。北碚时期，赵太侔、俞珊夫妇一度与赵清阁比邻而居。他们有一双儿女，俞珊十分钟爱。

日军飞机时常空袭重庆，为了躲避空袭，在教科用书编辑委员会附近山坡上，开凿了两个防空洞。每当听到敌机的轰鸣声，编辑委员会的成员们便跑进防空洞避难。只要一听到日军飞机投弹的声音，俞珊便不顾一切地扑在孩子的身上保护。据赵清阁回忆：

> 有一次俞珊连我也拉进她的怀里，约莫有一刻钟之久，敌机过后，我才透了口气说："没炸死，快给你闷死了。"赵太侔一旁慢吞吞地笑道："她自以为是铁韦驮，能够保护你们。"她白了丈夫一眼说："可就是不保护你！"回头又骂了赵清阁一声："不知好歹！"②

---

① 宫立：《舒蔚青：不应被遗忘的现代戏剧收藏家、目录学家》，载《现代中文学刊》2013年第5期。

② 徐行：《俞珊：一个女剧员的生活》，载《新金融观察报》2013年4月8日。

赵清阁认为俞珊为人热情豪爽,处世却有些任性,"稍一不顺她的心意,就会闹别扭耍小姐脾气"。

赵太侔与赵清阁在北碚期间结下了深厚的友情。抗战胜利后,赵太侔复任山东大学校长。1947年赵清阁为编《无题集——现代中国女作家专集》,来到青岛向冯沅君约稿,住在赵太侔的绥远路(今包头路)家中。

二、续缘北碚，共度时艰

北碚，原四川东部的一个小镇，远没有附近的北温泉、缙云山、东阳镇等出名。抗战时期，国民政府迁都重庆后，北碚作为战时陪都重庆的重要迁建区，一时成为中国政治文化中心。北碚被人们称之为"陪都之陪都""小陪都"，成为大后方重要的文化区。

⊙北碚镇全景

为了躲避战乱，有近两百个国民党中央机关、企事业单位迁建于北碚。复旦大学、体育专科学校、戏剧专科学校、重庆师范学院、江苏省立医学院、兼善中学和勉仁中学等都聚集北碚，一些机关单位也随之迁来，包括编译馆、礼乐馆、中工所、水利局、中山文化教育馆、儿童福利所、江苏医院、教育电影制片厂。这么多的学校机关，让这座小镇一下繁荣起来，旅舍、饭馆、浴室、银行、公园、体育馆、戏院……一应俱全，俨然成了一座小城。一时间北碚热闹非凡，要员常来常往，名人云集。

缙云山是北碚一处游览胜地，山间白云缭绕，似雾非雾，似烟非烟，磅礴郁积，气象万千。抗战期间，众多名人纷至沓来。

1940年初夏，时任汉口国民政府军事委员会政治部第三厅艺术处处长的剧作家田汉由汉口来到重庆。6月16日，赵太侔夫妇和陈子展、朱双云等人陪同田汉一行，游览了缙云山。山上有一座缙云寺，由太虚法师主持，十分有名,赵太侔曾几次莅临,并为该寺题写"法轮常转"。

此时,恰好太虚法师率中国佛教国际访问团赴安南、缅甸、印度及南洋群岛访问归来,布置了一间陈列室展出各国政府、团体和佛教信众赠送的珍品、宝物。田汉、赵太侔一行作为第一批观众,太虚法师亲自为他们介绍。

当赵太侔、田汉一行在陈列室兴致正浓的观赏时,北碚突然发布空袭警报,大批日军飞机掠过缙云山,轰炸重庆。

田汉有感于此,当即挥毫题七绝一首:"太虚浮海自南洋,带得如来着武装。今世更无清静地,九天飞锡护真光。"诗歌巧妙表达对日军轰炸重庆的愤慨以及对平静生活的向往。在诗后,田汉题写有跋,记下了日寇的残暴罪行。跋文内容为:

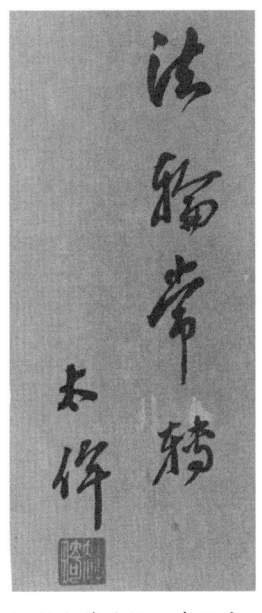
⊙赵太侔为缙云寺题字:法轮常转

偕太侔、子展、双云诸兄及珊姊、维中等,登缙云山瞻仰太虚法师携归宝物,适遇警报,云敌机百五十架又来肆其残暴。今日为光明与黑暗之战,我僧伽同志在太虚法师领导下必能成为文化抗战之生力军也。①

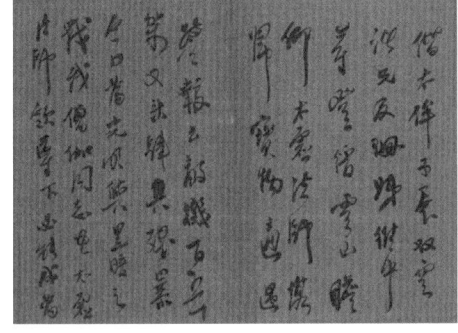
⊙田汉题诗跋文

赵太侔与老舍相识于济南,当时老舍任齐鲁大学教授。1934年10月,

---

① 吴娟、史宗伟:《北碚发现田汉郭沫若墨宝　先后题词见证重庆大轰炸》载《重庆晚报》2013年12月17日。

国立山东大学校长赵太侔聘请老舍为该校中文系教授，两人在青岛期间结下了深厚的友谊。老舍来到北碚后，赵太侔与他常有往来。在赵太侔档案里，我们看到赵太侔亲笔填写的履历：1941年7月至1942年6月，任四川北碚国立编译馆编纂，继续整理剧本。证明人：老舍。可见两人感情非同一般。

1938年7月，在九江沦陷武汉无险可守情况下，老舍随中华全国文艺界抗敌协会迁往重庆，暂时住在公园路青年会里，至1940年8月房屋被炸毁才离开。1943年11月，胡絜青携子女来到北碚，与老舍团聚，一家定居在蔡锷路24号。老舍先后在这里寓居3年，完成了超过100万字的作品，其中包括《四世同堂》的前两部分。

在来北碚定居前，老舍往来于重庆市区与北碚之间，与赵太侔见面不是很容易。定居北碚后，二人有了更多把酒问盏的机会。

1940年8月26日，老舍在北碚主持召开中华全国文艺界抗敌协会分会会员会议，并拜访了赵太侔、胡风、陈子展、马宗融、赵清阁。据老舍1940年9月9日《致南泉文协诸友》记载：8月26日，主持"文协"分会会议，从下午2点开到5点，讨论了文艺讲习班、会刊、改选和应征小说等问题。会后，老舍想第二天早晨渡江离开北碚，胡风极力挽留，愿陪他一起过江。这样老舍在北碚又滞留一天。临行前，老舍想见到赵太侔。老舍在文中写道：

决定次晨离碚，可是缙云寺僧人约去参观汉藏教理院，而且来碚数日还没见到赵太侔先生啊。又变了卦，决定上山。走到半路，遇到太侔先生，约他一同上山。他已不怕走路，由他的住处到北碚有八里多山路，他天天要走个来回，抗战使多少人学会了走路，而走路又是最好的运动。他笑着说，以前最不喜吃粥，现在每天早晨吃两碗还不够！

山上很美，庙里有许多花草，太虚大师住在一片竹林外的静室里。法尊法师请我们吃了素菜，还送了两包锅粑；我比僧人还穷，只好对学生们讲了几句话，否则真不好意思走出庙门。

下午下山，绕几步道去看俞珊女士。本想拉她到市里吃饭，可是她舍不得放下她的小女孩，我就只把太侔先生扯走了。上下山共走了四十里，

我的鞋大,一步一用力,遂将脚掌磨破,可是,有太侔先生来陪着我走,而且我知道市里会有些酒吃,也就忘了脚痛。①

赵太侔比老舍大10岁,老舍信中始终称他为"太侔先生",可见对这位年长的戏剧家和教育家甚为尊敬。而从这信中透露出的消息看,老舍与"太侔先生"并非君子之交淡如水,亦是豪士之交浓如酒——两人乃是交情匪浅的"酒友"。

---

① 老舍:《致南泉文协诸友》,载《老舍全集》第15卷,人民文学出版社2013年版,第567页。

三、整理与征集剧本

抗战时期国民政府实施了一系列的戏剧改革措施，主要有推行戏剧教育、整理征集剧本以及审查制度改革三项。推行戏剧教育与整理征集剧本对戏剧事业发展起到了一定的作用；审查制度改革，一方面改变了以往戏剧审查混乱局面，另一方面也是国民政府舆论钳制的体现。

剧本整理组主要工作职责是审选话剧、平剧及其他地方戏优良剧本，对其进行整理并编撰剧情、本事，同时兼审社会教育司送来的各巡回戏剧教育队、国立戏剧学校各剧团及个人送审的新编剧本。其具体工作包括征集、审选、编撰本事及整理。

赵太侔领导的戏剧整理组肩负着这个重任。其中，在剧本整理、征集和编辑方面的成绩，相对于抗战时期的戏剧教育推行而言，显得尤其突出。

（一）剧本整理、成绩斐然

剧本整理组在戏曲剧本整理方面的成绩，主要表现在平剧的剧本整理方面。1940年出版了《平剧选第一辑提要》及《平剧本事》；1942年出版了四册《平剧旧事》。这项工作既是平剧剧本的一次大整理，也是一次全面审查。在《平剧选第一辑提要》的《说明》特别指出："平剧为旧时代产物，不少教忠劝孝，激浊扬清之作；但往往杂以果报鬼神之见解，若竟摈而不选，所失甚大。唯有择其迷信较轻者选之，以待整理。"经审定，《长坂坡》《桑园子》《罗通扫北》等剧中之鬼神情节不占剧本之重要成分，经整理后保留。《清风亭》《六月雪》《乌盆记》等剧目因涉鬼神过多被列为禁演剧目。经过整理后呈报教育部，1940年国民党中宣部向各省公布禁演《铁公

鸡》《买胭脂》《杀子报》等29个剧目。①

除了整理剧本外，剧本整理组也负责向社会公开征集剧本。抗战时期，抗敌宣传工作需要大量的剧本。为此，教育部发文向社会公开征集有关抗战的剧本。所征集到的剧本由剧本整理组负责审定。对于优秀剧本则由教育部给予嘉奖，并公开出版。

1941年12月是剧本整理组成立3周年。教育部资料室整理了《教育部教科用书编委会剧本整理组工作报告》，对剧本整理组3年的工作，从征集工作、审查工作、编撰本事、整理工作、征选历史剧本、辅导工作、研究工作等方面进行了全面总结。

在剧本征集方面，将话剧、平剧及其他各种地方剧之剧本、戏剧史料、参考用书均列入征集范围，征集到话剧本油印本57种、排印本617种；平剧本1120种；汉剧抄本304种；川剧本抄本134种、印本152种；楚剧本抄本26种、印本21种；其他戏剧团书872种（戏剧杂志、期刊在内，参考书未计入）。

审查工作，包括旧剧、话剧和选审剧本。其中话剧一项，"原定选辑百种，因佳作过少，仅拟定五十种编制提要呈奉，核定四十四种，嗣以抗战剧本需要较为迫切，乃先就七七以后有关抗战剧本提前审选，以应各剧团队之需求。第一辑二十种已呈奉。核定十七种，继选八十三种，抗战剧选一百种已编制提要即呈请。核定除长篇剧本，几全有单行本印行，因版权关系，不便复印，仅可公布选目提要外，独幕剧已选定五十种，可分十集出版，以救各处剧本饥荒。"②

从这份报告中，我们可以看到赵太侔领导的剧本整理组的工作实绩。

(二) 计划筹建戏剧文物馆

剧本整理组成立一年来，在赵太侔的领导下，征集了大量的戏剧资料，包括话剧、平剧、汉剧、川剧，各种剧本不算少了，还需要做元人杂

---

① 任荣：《抗战时期国民政府戏剧改革》，载《温州大学学报（社会科学版）》第27卷第3卷，2013年第5期。

② 中国第二历史档案馆，全宗号：五；案卷号：1205。

剧选提要、平剧神话剧提要、平剧总目提要、汉剧总目提要、川剧总目提要、川剧抄本目、抗战期间戏剧期刊总目、抗战期间话剧出版总目，编制历年出版话剧统计表、全国地方戏剧分布图、全国戏剧团队分布图。此外，还征集了谱表服装、乐器、道具等。

随着所征集戏剧资料和实物的日益增多，赵太侔便有了筹建戏剧文物馆的想法，以便于统一存放，集中展示。他曾向张道藩提出过，并希望得到他的支持。

1939年的一天，张道藩召集教科用书编辑委员会各部门负责人及编辑开会。会上，赵太侔再次提出筹建戏剧文物馆。张道藩虽然表示支持，但因经费拮据，建议从长计议。此后，因为张道藩不再分管教科用书编辑委员会和经费拮据，筹建戏剧文物馆之事被搁置起来了。

1941年7月，剧本整理组并入国立编译馆，主要职责是编写民众读物和剧本。赵太侔任国立编译馆编纂，继续整理剧本，直到1942年6月离开。

(三) 担任剧协北碚分会负责人

在北碚的抗日救亡运动中，作为戏剧家的赵太侔以一颗火热的心，参与领导了北碚的戏剧活动。

中华全国戏剧界抗敌协会（简称剧协）成立后，在全国建立了很多分会。1938年6月4日，重庆分会成立。1941年10月10日，北碚分会在重庆师范学院礼堂成立，负责人是赵太侔与吴漱予、傅心一、徐世霖。北碚分会的成立，是中华全国戏剧界抗敌协会逐步深入局部地区的一个重要成果。

北碚分会成立不久，恰逢第4届戏剧节开幕。为了庆祝第4届戏剧节，赵太侔为剧协北碚分会请来了著名导演张速生，并由中央实验剧团和复旦青年剧团共同合作，在北碚新营房共同演出了曹禺的名剧《日出》。

1942年4月，时任国民政府军事委员会政治部第三厅厅长郭沫若创作的话剧《屈原》，在重庆在抗建堂上演，轰动了山城，却遭到国民党特务的刁难和破坏，被迫停演。4月底，北碚实验区区长卢子英邀请中华剧艺社到北碚公演《屈原》和《天国春秋》。6月4日，中央试验剧团和复旦剧社以主人的身份邀请剧组和戏剧界著名人士百余人在北温泉聚会，到会的有赵太佡、阳翰笙、金山、白杨、舒绣文等戏剧界知名人士，郭沫若和卢子英也从合川专程赶来赴会。这可以说是一场抗战戏剧群英会。大家畅所欲言，尽欢而散。《屈原》和《天国春秋》的成功演出，把北碚抗战戏剧活动推向高潮。

在赵太侔领导的剧协北碚分会影响下，北碚各种剧团、剧社或戏剧研究社，如雨后春笋般涌现，先后成立了青年剧社、中国礼乐社、北碚国剧研究社等。1943年国立歌剧学校迁来北碚，与由四川江安迁来的歌剧学校合并成国立戏剧专科学校（简称国立剧专）。

⊙1942年话剧《屈原》剧照

受国立剧专成立的影响，更多的戏剧社团来到北碚，为北碚的抗战事业增添了雄厚的实力。大批剧作家、名导演和艺术家，有的定居北碚，有的时常来北碚，创作了大量的戏剧作品。

抗战期间，重庆演出了很多抗战进步剧，如火如荼。从1941年到1944年的四年间，重庆的连续4届的"雾季公演"轰动一时。演出需要剧本，国民政府向文艺界征集剧本，并举办了剧本评选活动，赵太侔以戏剧家和剧本整理组主任的双重身份应邀参加这项活动。1938年12月教育部制定《征求抗战剧本办法》，旋即组成评委会，赵太侔与余上沅、曹禺、黄佐临、洪深、阳翰笙、王平陵、王泊生、朱双云、老舍、卢冀野（后4人为歌剧评委）担任评委会委员，张道藩担任终选委员。本次评奖共收到应征剧本162种（含话剧142种），有21种通过复审。经过国立剧专的试演，话剧最后征用沈蔚德《新烈女传》（第一名）、左明《上海之夜》等15种，并分别予以奖励。①

---

① 马俊山：《论国民党话剧政策的两歧性及其危害》，载《近代史研究》2002年第4期。

1940年1月，国立剧专呈请教育部成立中国话剧运动史编纂委员会，正式启动中国话剧运动史料的征集编纂，并登报征集话剧史料。《中国话剧运动史》由舒蔚青任总编纂，张道藩、赵太侔与顾一樵、梁实秋、余上沅、黄佐临、曹禺、阎哲吾、舒蔚青等为编纂委员会委员。

四、编写教材,高校复员

1942年7月,赵太侔离开了国立编译馆,担任国民党中央训练委员会第三处处长,编审地方干部培训教材;1944年12月又回到了教育部,先后任高教司司长、参事,负责高校复员工作。期间,他当选第三届国民参政会参政员和第二届学术审议委员会委员。

(一)编审干部培训教材

国民党中央训练委员会成立于1938年5月,隶属于国民党中央执行委员。其地位与国民党的各部、会相等,承担国民党各级干部及全国政治、军事、经济、教育机关公务员及学校教职员的思想训练事宜,为国民党"抗战建国"培养各级各类干部。蒋介石兼任中央训练委员会委员长,陈诚、段锡朋先后任主任委员,负责处理该会全部会务。

中央训练委员会下设4个处,分掌总务、指导、设计和训练等职能。1942年7月至1944年12月,赵太侔任第三处处长,任务是编审各级干部培训教材,供给各省训练机关训练地方行政干部之用。

没有资料显示赵太侔在担任第三处处长期间,主持编写了多少教材。我们从1945年10月训练委员会编的《七年来之训练工作》中得知:中央训练委员会为配合训练工作的督导,增进训练机关的教学效率,先后编印县级训练教材45种,乡镇级训练教材9种,一般性训练教材丛书33种,训练导刊10种。此外编印训练通讯1种,共印82期。总计出版各种书刊98种、428050册、1600余万。这在一定意义上体现了赵太侔的工作。

(二)当选第三届国民参政会参政员

参政会是抗日战争时期国民政府设立的地方性代议机构。1942年5月18

日,国民党山东省临时参政会第一届第一次大会在临朐县召开。在这次会议上,赵太侔当选为第三届国民参政会参政员。

1942年7月27日,国民政府公布《第三届国民参政会参政员姓名录》,赵太侔与傅斯年、范予遂、刘次箫、孔令灿、李汉鸣、丁基实、靳鹤声等山东省籍知名人士被选为参政员。

自赵太侔当选为参政员后,共参加过3次会议,分别是1942年10月召开的第一次会议,1943年9月召开的第二次会议和1944年9月召开的第三次会议。在第三次会议上,赵太侔提交了《请检察院切实负责纠劾官吏贪污失职案》和《迅即确定农业政策推行农业合作案》两个议案。

(三)补选为第二届学术审议委员会委员

教育部学术审议委员会与中央研究院评议会是国民政府的两个主要学术评估机构。早在1935年6月,赵太侔以国立山东大学校长的身份,参加了蔡元培主导的中央研究院首届评议员选定聘任工作。由于赵太侔在学界的声望和影响,1944年秋,他被补选为第二届学术审议委员会委员。

成立教育部学术审议委员会,是为了适应抗战建国的需要,改革高等教育,促进学术研究的重要举措,以学者来指导教育行政的工作。

1940年5月11日,教育部学术审议委员会在重庆举行首次会议,正式宣告该会成立。第一届学术审议委员会由29人组成,包括当然委员陈立夫、顾毓琇、余井塘、吴俊升;聘任委员包括吴稚晖、张君劢、朱家骅、陈大齐、郭任远、陈布雷、蒋梦麟、王世杰、竺可桢、胡庶华、程天放、罗家伦、张道藩、周鲠生、颜福庆、曾养甫、茅以升、傅斯年、冯友兰、马寅初、邹树文、吴有训、赵兰坪、马约翰、滕固。

1943年4月,第一届委员到期改选。5月,产生了第二届学术审议委员会。此届委员大多是蝉联,只有七八人更动。1944年秋,当然委员陈立夫、顾毓琇、余井塘、吴俊升等出缺,改由赵太侔与朱家骅、朱经农、杭立武等人继任。1945年2月,第二届委员会任期已满,后经奉准延至1946年12月第三届委员会产生为止。

从战时两届学术审议委员会委员群体的构成来看,这是继战前成立的国防设计委员会后又一个大量吸收专家学者参政的政府行政机构，也是战时国民政府教育行政体制中，拥有专家最多、地位最高的专门委员会。①

（四）办理高校复员工作

1944年12月，赵太侔又回到了教育部，接任吴俊升的高教司司长，后又转任参事，主要任务是办理高校复员工作。

1945年8月15日，日本帝国主义宣布无条件投降，历时8年的全面抗战以中华民族的胜利而告终。在抗战中做出重要贡献的各级各类教育机构，此时面临着重大转折。学校的复员与发展成为教育部首要的任务。

早在日本投降的前夕，即8月13日，教育部长朱家骅主持召开教育复员计划筹备会议，讨论当前急需的教育复员准备工作。在会上，他首先报告了前方战事即将结束的消息，要求所有一切工作务必加紧进行，当前急需解决的是大学复员计划制订与收复区如何接收这两大问题。

随后成立了由赵太侔负责的教育部高教司复员小组。8月19日，赵太侔主持高教司复员小组第一次会议，主要讨论了如何准备接收收复区各专科以上学校的调查处理。会议决定向各区特派员提供收复区战前学校校名、校址、负责人姓名以及抗战期间与教育部取得联系的教育人员名单信息，以便为各区特派员到达收复区后与他们取得密切联系。

为了商讨胜利后教育发展规划，教育部向行政院提出召开全国教育善后复员会议，并进行了筹备，成立了由23人组成筹备委员会。该委员会由教育部长、次长、各司司长以及聘请部外专家13人组成。赵太侔以高教司司长的身份，成为该委员会的委员。筹备委员会的职责是审查并通过全国教育善后复员会议各项章程，审查教育部和各委员提出的议案以及向全国教育善后复员会议提出议案。

对收复区高等教育资源的管理，是摆在教育部面前的最为迫切的问题，在9月1日召开的教育部高教司复员小组第二次会议上，高教司司长赵太侔向与会代表报告了全国教育善后复员会议筹备委员会的筹备情形。会

---

① 张瑾：《抗战时期教育部学术审议委员会述论》，载《近代史研究》1998年第2期。

上，高教司鉴于社会各界人士要求迅速调查收复区内各专科以上学校学生与教职员及课程设置情形，据此确定了接收原则与办法；会议还讨论了各区补习班办理应如何准备问题，如何限制学生转学及专科以上学校分布问题，并重点讨论向即将召开的全国教育善后复员会议提出议案的相关准备工作，计划于9月12日以前，分学校、学术、教职员及学术研究机关4类编出所有提案。

赵太侔以教育部高教司司长的身份参加了于9月20日至26日在重庆召开的全国教育善后复员会。①

（五）为老舍办理出国手续②

1946年初春，经汉学家费正清介绍，老舍和曹禺获邀参加美国国务院组织的美中文化合作项目，赴美国访问讲学。老舍与曹禺，一个是享誉海内外的小说家、中国文艺界抗日统一战线的盟主，一个是中国现代戏剧界的翘楚。老舍要到美国，自然先要到外交部办护照，因为是中美"教育和文化交流"，有些手续还要在教育部办理。老舍把办手续的事宜委托给梅林。

梅林本名张梅林，是老舍在中华全国文艺界抗敌协会的同事，老舍在抗敌协会担任总务部主任，对内主持日常会务，对外代表"文协"，并全面负责总会的领导工作，梅林是抗敌协会专职秘书，文协的许多具体事务性工作，老舍都交由梅林去办。两人私交很好。

1945年10月中旬的一天，赵太侔在教育部参赞办公室里，见到了梅林。梅林告诉他正在为老舍办理赴美国的出国手续，在外交部碰了一鼻子灰。外交部工作人员告诉他，需要先办妥教育部的手续，再回外交部去办理。赵太侔闻听，很快为老舍办好了在教育部的手续。

赵太侔为老舍办理出国手续的事，可以从老舍给他的信中窥知其中的过程。老舍的信全文如下：

---

① 本部分参考贺金林：《抗战胜利后国民政府教育复员研究》，社会科学文献出版社2010版，第30-31页。

② 本部分参考李耀曦：《老舍致赵太侔佚信揭示鲜为人知秘闻》，载《齐鲁晚报》2010年1月19日。

太侔先生：

　　美政府约舍赴美一年讲中国现代文艺。此行对舍身体都裨益匪浅，务祈帮忙，请部中按出国讲学条例，从速批准，以便去请护照。磕头磕头！二月一日即可动身，故须从速办理。下月中即当入城，面肃一切。匆匆祝吉！

弟
舍躬
十六①

从信中可以看出，一是老舍欣然接受访美邀请；二是老舍出国的心情非常急迫。

在赵太侔的帮助下，梅林很快办好了老舍出国的手续。1946年1月初，老舍收到美国国务院的邀请函。2月15日，老舍与曹禺离开陪都重庆。2月间，老舍、曹禺来到上海，2月28日，中华全国文艺协会上海分会举行会员大会，上海分会的会员，以及从重庆、厦门等赶赴上海的会员齐聚一堂，为老舍、曹禺举行欢送仪式。赵太侔专程从重庆赶赴上海，为他们送行。

---

① 史宁：《老舍致梅林佚信再发现》，载《中华读书报》2015年7月29日。原件存济南聚雅斋美术馆。写信时间是1945年10月16日。

第九章

倾力艺术，艺教探索

赵太侔在艺术教育领域亦有建树。他是当时中国美术界最高管理机构中华美术会的发起人之一；参与创办六合工艺社，是薪火相传的四川省立艺术专科学校与四川美术学院、四川音乐学院奠基人之一；在北平艺专的办学实践中，对艺术教育进行探索，向教育部建言献策，提交推进和改进实用艺术教育的提案，阐明自己关于艺术教育的思想。

赵太侔在担任北平艺专校长两年时间里，以校长的身份，参与了中国美术教育事业的建设，并对中国的艺术教育进行了系统的研究，逐步形成了自己的艺术教育思想。

一、参加发起中华全国美术会

赵太侔于1936年担任国立北平艺术专科学校校长后，开始与艺术结缘。1937年1月31日，北平成立全国美展征集委员会，赵太侔以校长的身份担任委员，成为美展的鉴评者与组织者，躬身美术界。

国民政府教育部共举办了3次"全国美展"，赵太侔参加了其中的2次，从此成为中国美术界组织管理和艺术鉴评的重要一员。

1937年4月1日至4月23日，第2届全国美术展览会在南京举办，教育部长王世杰任会长，林森任名誉会长，蒋介石、蔡元培任名誉副会长，张道藩为筹委会主任。赵太侔任全国美展筹备委员、工艺美术组审查委员和编辑委员会委员。

这次展览，展品分6室展出，有国画、刻印、美术工艺、建筑图案及模型、雕塑、西画、现代书画、古代书画、摄影等，总计2084件。展览的门票收入及为展览助兴的戏剧演出收入，作为战争捐款，全部捐献给前线。

1942年12月25日至1943年1月10日，由教育部组织的第3届全国美术展览会在重庆举办，共展出作品1445件，展出的门票收入用于慰劳前线抗日战士。林森为名誉会长，孔祥熙、戴季陶为名誉副会长，陈立夫为会长。这次展览集中全国的优秀美术作品，以抗战作品为主。为了举办好这次展览，教育部成立第3届全国美展筹备委员会，赵太侔与王世杰、陈树人等为筹备委员。为了确保展出作品的质量，教育部组织了专门审查委员会，张道藩任主任审查委员，陈树人任副主任审查委员，赵太侔与陈树人、潘公展、林风眠等为审查委员。专门审查委员会下设书法、绘画、西画、雕刻、摄影、建筑和工艺美术等组。赵太侔与陈志佛、李有行、唐义精、王献唐、卫聚贤、马衡、郑颖荪为工艺美术组审查委员。

赵太侔不仅以深厚的艺术学养，参加了两次美展作品的组织和鉴评工作，还是当时中国美术界最高管理机构中华全国美术会的发起人之一。

在1937年第2届全国美术展览会期间，赵太侔与张道藩、林风眠等人借全国美术工作者聚集南京之机，发起成立中华全国美术会，加入发起者还有吕百斯、吴作人、张大千、张善子、许士骐、潘玉良等60多人。4月19日，中华全国美术会成立，张道藩任临时主席，赵太侔当选临时理事。1944年3月和1945年3月他又先后当选为候补监事、监事。

中华全国美术会聚集了当时一流的学者和美术家，赵太侔成为这支精英队伍的重要一员。

二、与画家交往的点滴

赵太侔青年时就喜欢艺术,虽非美术名家,但也写一手好字。抗战之前,他在山东任职期间,时常与山东教育、艺术名流何思源、王献唐、徐伯璞、关友声、关竹坪、李苦禅等聚会,谈诗论画,交流艺术。

赵太侔于1936年担任北平艺专校长后,与许多画家结下了深厚的友情。因为资料所限,无法完整呈现他与画家交往的细节,仅能提供其中交往的点滴。

(一)为李苦禅谋职

在担任国立山东大学校长期间,赵太侔与曾任济南正谊中学校长、山东省教育厅督学的山东籍画家徐伯璞私交甚笃,时常聚会、谈论诗画、交流艺术。1934年暑假,李苦禅以教授身份屡次支持、掩护爱国学生们的革命活动,被校方停聘,生活陷入困顿,无奈中向在济南的老友徐伯璞求助:"请在北平艺院谋一主任或低为教授职为荷,杭校现在尚未发聘书,且兄处之亦感不安之至。"徐伯璞接此信后即致函赵太侔,请其帮李苦禅谋职,赵太侔推荐李苦禅到北平北华美专任教。

(二)破格录取郜雪鸿

郜雪鸿自幼酷爱字画艺术,少年时曾拜济南名家杨几甫、吴天墀等山东著名画家为师,研习字画。1935年,年仅18岁的郜雪鸿在济南水榭亭组织绘画展览,赵太侔看到他的绘画后,对其赞赏有加,并当即以书画相酬。

1936年,赵太侔任北平艺专校长后,破格录取郜雪鸿来校就读。郜雪鸿后成为著名书画家。

(三)诚邀黄宾虹任北平艺专教授

1936年5月至8月,黄宾虹赴北平鉴定留存故宫博物院的部分书画。北平艺专校长赵太侔、古物陈列所所长钱桐、北平中国画研究会会长周肇祥十分钦佩黄宾虹的道德文章,恳切地挽留他在北平讲学。

1937年4月,黄宾虹应赵太侔和钱桐的邀请北上,任北平艺专教授和古物陈列所附设国画研究室导师。6月11日,他参加赵太侔主持的北平艺专学生毕业典礼。黄宾虹在北平期间的讲学笔录后结集为《黄宾虹讲学集录》。

(四)"我们逼老潘画幅山水"

抗战爆发后,赵太侔和徐伯璞同在教育部工作,过往甚密,结下深厚的友谊。

1944年初冬的一天,赵太侔偕画家、时任国立艺专校长潘天寿到重庆青木关去看望徐伯璞。徐伯璞盛情款待。酒足饭饱之后,赵太侔对徐伯璞说:"我们逼老潘画幅山水。"潘天寿见老友盛邀,沉思了一会儿,提笔顷刻间就完成了画作《江城怀古图》。《江城怀古图》取材于江边依山而建的古城,描绘了江城雄强而幽远的景色,是潘天寿的代表作之一。

⊙潘天寿画作《江城怀古图》

(五)支持庞薰创办工艺美术学校

1936年9月,在上海的庞薰琹生活拮据,赵太侔聘任他为北平艺专图案系教授。1938年他随赵太侔南迁至湖南沅陵,是"沅陵"风潮中赵太侔的有力支持者。

1946年2月,赵太侔在成都见到庞薰琹,此时庞薰琹计划创办一所工艺美术学校,并撰写了《建立工艺美校的理想》,得到赵太侔的支持,并与他畅谈建立工艺美术学校详尽规划。1956年11月,庞薰琹在周恩来总理的关怀下,创办了中央工艺美术学院并任第一副院长。

(六）邀请吕斯百、秦宣夫来青，留下艺术精品

1948年7月，国立山东大学校长赵太侔对学校的学科建设谋篇布局，有意将艺术学科纳入学校的学科体系，于是邀请好友、画家吕斯百、秦宣夫来青岛度假。吕斯百、秦宣夫在青岛的两个月里，创作了一批绘画作品。吕斯百在绘画上重顾塞尚之路，创作了多幅精彩的作品，包括《晚潮》《青岛汇泉浴场》《青岛夏日》等；秦宣夫创作了一批油画、水彩画，计有20幅左右，其中《青岛红房顶》《小青岛》是代表作。

三、创办六合工艺社

1938年10月至12月间,赵太侔在成都,为了发展中国的工艺美术事业,也为了自身的日常生计,与五位从湖南沅陵"撤退"下来的国立艺专教授李友行、雷圭元、庞薰琹、王曼硕、沈福文,每人出资500大洋作为基金,创办了一个工艺社,取名为"六合工艺社",即为六人齐心协力、共同创办的意思,后来为了表达振兴中华之意,更名为"中华工艺社"。社址是在成都红照壁租赁的一个私人四合院,共有10多间平房。他们创办工艺社的初衷是要像作坊的手工艺人一样,把艺术奉献给大众。

1939年12月,在中华工艺社基础上,成立了四川省立高级工艺职业学校;1940年初更名为四川省立技艺专科学校,同年秋与四川省立戏剧学校合并,再次更名为四川省立艺术专科学校,由此成为综合性艺术院校。这所学校是一所具有职业教育性质的多科系工艺设计专业学校,培养与人民生活直接相关的实用艺术人才。四川省立艺术专科学校的系列建树,为20世纪50年代初分建为四川美术学院、四川音乐学院奠定了基础。

赵太侔不仅在戏剧、教育领域成绩卓著,在美术教育领域亦有贡献,是薪火相传的中华工艺社、四川省立技艺专科学校、四川省立艺术专科学校与四川美术学院、四川音乐学院奠基人之一。

四、改进美术院校,构建艺教模式[①]

赵太侔于1939年3月1日至9日参加了第3次全国教育会议,提交了《推进实用艺术教育以利建设案》《改进艺术教育案》,阐述了自己关于艺术教育的思想。

第3次全国教育会议在重庆召开,下设教育行政组、初等教育组、中等教育组、

⊙第三次全国教育会议会场一角

高等教育组、社会教育组、边疆侨民教育组、训育组和体育军训组。赵太侔与李燕、李济、吴稚晖、吴景超、吴泽霖、余庆棠、唐学咏、袁同礼、庄泽宜、陈果夫、陈天鸥、晏阳初、蒋复璁、宋美龄、滕固等同在社会教育组。

为了改变艺术教育学科发展滞后的现状,赵太侔和滕固提交《推进实用艺术教育以利建设案》,和唐学咏、滕固提交了《改进艺术教育案》。提案主要围绕改进美术院校的学制、结构和办学方针,同时完善各类实用美术教育形式等方面,对当时的艺术教育现状提出了自己有针对性的见解和切实可行的解决方案,希望以此构建一种完善的艺术教育模式。

① 本节内容,引用河北大学崔凯硕士论文《滕固艺术教育思想研究》部分文字,并做修改。

赵太侔、滕固在《推进实用艺术教育以利建设案》[①]中，认为"我国兴办艺术教育，亦既二十年，而成效甚微"。并在"推进案"中，分析了"成效甚微"的主要原因在于艺术课程脱离了中国社会、政治和经济实际，缺乏可操作性。这种弊端扎根于整个普通教育领域中。

议案针对国内艺术教育收效甚微，课程偏枯，训练不切实际，雕塑、建筑这些典型的手工艺制造本应与艺术是紧密相连的，但现在全部是与艺术毫无关联，如缥缈神仙，不能与日常生活相接处的现状，从经济、文化、教育几个方面深刻阐释了我国艺术教育应加强实用性的理由，并明确提出："唯有参酌各国艺术教育，彻底改进，使与工商各业发生密切联系，然后工商业因艺术之助，而益促其发展；艺术得附丽于工商业，亦益臻于恢宏；其于国家经济、文化、教育各方面裨益实多。"[②]其具体改进计划包括以下内容。

首先在国立艺术专科学校基础上，设立改组中央艺术学院；充实课程内容："除绘画、雕刻外，应迅添设建筑系及实用艺术系，实用艺术系设陶瓷、染织、印刷、木工、金工、漆工等组。并设备工厂，以备学生实习；设置工艺陈列室，以供学生观摩。此项毕业生，一部分应为供给下列各种高级职业学校师资之需求。一俟此类职业学校建设完成，其毕业学生之欲求深造者，得升入艺术学院，学生之来源增广，程度推高，则中央艺术学院，可渐进而达英国Royal College of Art及法国École Nationale des Arts Decoratifs之地位，乃专以提高艺术设计为其主要任务，而以工艺技术训练，委之于各职业学校负其责任。"

其次，由各地方政府分设之某科高级职业学校，注重基本艺术及专门技术训练，但"必须与中央艺术学院保持密切联系，借以维持其艺术标

[①] 赵太侔、滕固：《推进实用艺术教育以利建设案》，收入《第三次全国教育会议报告》，国民政府1939年编印。原注："赵太侔滕固原案，审查会请部参考，大会请部采择实行。"现载滕固：《中国美术小史·唐宋绘画史》，吉林出版集团有限责任公司2010年出版，第551—555页。

[②] 赵太侔、滕固：《推进实用艺术教育以利建设案》，载滕固：《中国美术小史·唐宋绘画史》，吉林出版集团有限责任公司2010年出版，第551页。

准,而促其前进"①。

再次,由于当时教育部的规定,我国中小学的艺术课程一减再减,遏制了青少年儿童的艺术审美性灵发展,所以应有意识地增加中小学的艺术课程,而现实的情况也对我国的工艺美术教育造成了重重阻碍,这与我国是以长于工艺之民族相违背,故我国中小学美术课程均应每周增加课时,并制定程序,严加训练。赵太侔、滕固针对我国工艺美术落后的情况,提出了自己的建议,具有明确的实用性,从根本上避免了工艺教育教学中常犯的只注重理论教育而轻视实践教学的错误,具备了扎实的实用基础。

赵太侔在与唐学咏、滕固联合提交的《改进艺术教育案》②中,提出了审美力的培养。赵太侔、唐学咏、滕固他们当时所处的环境正是中国历史上的黑暗年代,社会秩序混乱。究其原因,赵太侔、唐学咏、滕固认为在于当时国民普遍缺少心灵的修养,国民心灵近乎达到颓废、残疾的状态,以致人们无任何高尚的理想和追求。赵太侔、唐学咏、滕固指出"艺术是人类精神粮食中的最重要的一种,故欲人心净化,必先使人生美化"③。

艺术教育功能分为审美和非审美功能,其中审美能力的培养,是审美功能的直接体现。就审美能力和艺术教育而言,他们应该是相互联系、相互制约的关系。首先审美能力与艺术教育二者相辅相成,缺一不可,前者的发展离不开后者;其次审美能力的提高也是艺术教育的最直接体现,同时艺术教育也为审美能力的实现提供了基本保障。艺术教育还可以使人们在审美经验的基础上,把与感性相关的一些情绪表达归纳到审美形式当中去,进一步接受理性的规范指导,从而引导人们走向更好的审美境界,完

---

① 赵太侔、滕固:《推进实用艺术教育以利建设案》,载滕固:《中国美术小史·唐宋绘画史》,吉林出版集团有限责任公司2010年出版,第554页。

② 唐学咏、赵太侔、滕固:《改进艺术教育案》,收入《第三次全国教育会议报告》,国民政府1939年编印。原注:"唐学咏、赵畸、滕固原案,审查意见送部参考,大会决议原则通过请部采择实行"。现载滕固:《中国美术小史·唐宋绘画史》,吉林出版集团有限责任公司2010年出版,第541-548页。

③ 唐学咏、赵太侔、滕固:《改进艺术教育案》,载滕固:《中国美术小史·唐宋绘画史》,吉林出版集团有限责任公司2010年出版,第543页。

成自觉的自我审美能力的提升。正如赵太侔、唐学咏、滕固所言:"所谓'人要有出世的精神,可以做入世的事业'。要养成出世的精神,就需要有艺术的教养。艺术教育原是培养精神的教育,学校中的艺术课程,其目的当然不是在养成艺术专家,亦不是专为技术的练习,其最大的目的,就在乎审美力,即精神的培养,使青年成为真善美平均发展的完人。"①故指出中国的教育,不论是学校教育,还是社会教育,都必须注意于艺术,大力发展艺术教育,借此提高人们的艺术素养,挽救人心,使人们的精神向上,挽救国家,振兴中华。所以说,赵太侔、唐学咏、滕固将"精神的培养"这一基础性概念纳入自己的艺术体系中,并指出艺术教育在功能上,实质是一种精神的教育,着重突出了艺术教育的意义和价值,为艺术教育做出了明显的界定。

赵太侔、唐学咏、滕固将艺术教育的功能定位于"精神的培养"。继而在该建议案中,他们又从国家和民族的高度去理解和阐释民族精神的培养。纵观古今中外,任何一个强大的国家和民族,其物质文明日益进步的同时,他们特有的民族精神与艺术也在不断地扩大与发展,反之,所有衰弱或灭亡的国家、民族,无一例外都是先从其文化、艺术方面低落的。由此可见,民族精神之与艺术的重要性不言而喻,民族精神的培养更不可或缺。他们认为:"艺术是文化中最含有民族性、地方色彩的;要提高全国人民的精神与民族意识,不能不发展艺术。所谓艺术,就是创造;创造者,是出于自己心裁的一种发现真理,表现热情的工作。一位真正的创造家,必须是一个能自信,能苦干,有个性,有坚强意志的人。艺术工作虽不必是人人能做,但此种独立自主,肯苦干的精神,爱真理的习惯,是每个人都应该有的。待全国人具备了这种精神,民族意识是必定会充分的发达。民族意识丰富的国家,是决不会灭亡的,非但不灭亡,而且因为有了创造精神的基础,一切建设必更见其蒸蒸日上。为发展民族意识,要注重艺

---

① 唐学咏、赵太侔、滕固:《改进艺术教育案》,载滕固:《中国美术小史·唐宋绘画史》,吉林出版集团有限责任公司2010年出版,第543页。

术，为国家的经济建设，工商业之发展，也要提倡艺术"①。而要注重艺术，提倡艺术，唤醒人们的民族意识，培养人们的民族精神，则应大力发展国家艺术事业，除此别无他法。

在阐明艺术教育的重要性的基础上，赵太侔、唐学咏、滕固提出了改进艺术教育的具体方案，包括：设立由美术专家组成的美术委员会，"以研究及整理全国美术教育行政，推行全国美术运动及与世界各国美术机关、美术团体取得联络为其任务"②。建立完善的美术教育系统，包括初级美术教育（中小学艺术教育）、中级美术教育、高级美术教育和普及社会艺术教育。他们强调美术教育的系统性、完整性和一惯性，"全国设立各级美术学校，虽各有特殊之性质与程度之差别，但其中不可无系统，盖自初级以至中级高级次序上，务必具有一贯性，庶行政上可收统一之效，而学者亦得认清目标，有所指归"③。

赵太侔先后担任过国立山东大学和北平艺术专科学校校长。国立山东大学为综合大学，北平艺术专科学校为艺术专科学校，二者在办学宗旨和人才培养目标上迥然不同。赵太侔在办学实践中，对如何办好综合大学和艺术专科学校进行了探索和思考。对于国立山东大学，他主张在综合的基础上，办出特色；对于北平艺术专科学校，他任校长时，正处于改制后的关键时期，他根据艺术教育的规律，完善办学体制，确定办学和人才培养目标，同时借鉴欧美艺术教育的成功经验，对中国的艺术教育模式进行大胆的探索，呈文国民政府，阐述当时艺术教育存在的弊端和以后如何建设的思路，难能可贵。

1939年1月，赵太侔被任命为教育部社会教育司戏剧组组长，继续他为之倾心的艺术教育事业。

---

① 唐学咏、赵太侔、滕固：《改进艺术教育案》，载滕固：《中国美术小史·唐宋绘画史》，吉林出版集团有限责任公司2010年出版，第542页。

② 唐学咏、赵太侔、滕固：《改进艺术教育案》，载滕固：《中国美术小史·唐宋绘画史》，吉林出版集团有限责任公司2010年出版，第544页。

③ 唐学咏、赵太侔、滕固：《改进艺术教育案》，载滕固：《中国美术小史·唐宋绘画史》，吉林出版集团有限责任公司2010年出版，第544—545页。

第十章

再掌山大，续写辉煌

　　抗战胜利后，国立山东大学在青岛复校，百废待兴。赵太侔在极端艰苦的条件下，带领全体师生员工，发扬国立山东大学勤俭办学的优良传统，利用3年半的时间，几经努力，克服了重重困难，把国立山东大学建设成为一所系科齐全、师资力量强、教学设施完善、校风优良的综合性大学，在国内同类大学中名列前茅，为山东大学的后续发展奠定了学科和人才基础。

"七七事变"后,国立山东大学被迫南迁至四川万县,1938年2月停办。4月,成立了国立山东大学校产保管处,保管停办后的学校校产。国立山东大学校友不忍母校被迫停办,在停办后就开始了复校的筹备工作。1940年1月,国立山东大学同学会三台分会在四川三台成立,其宗旨在于联络感情,促进互相合作,并协助同学会谋母校复兴与学术之发扬。3月,三台校友会向国立山东大学校产保管处发函,要求母校复校。

1945年8月,抗日战争胜利,全国各行各业百废待兴。就教育界而言,复员教育是振兴华夏的当务之急。当时散处各地的以汤腾汉为代表的山东大学校友,自动组成"国立山东大学校友会",奔走呼号,并请前任校长杨振声、赵太侔及社会名流联名向国民政府致电,请求国民政府迅速恢复山东大学建制。

国立山东大学校友会复校促进委员会常务委员陈富春、吕少恒、宋默庵联名上书国民政府教育部《为呈请任命校长明令恢复国立山东大学以宏教育事》并附有复校《计划书》,为国立山东大学长期停办痛心疾首:"巍然学府骤遭遣散,不独十载经营付诸东流,而数百青年顿失凭依,含泪道别,各自奔投,流离失所,比比皆是,厥状之惨,不忍卒述。溯山东大学自成立以来,首、次两任校长锐意精进,不遗余力,惨淡经营,规模粗具。虽经费有限,举凡图书、仪器、实习工厂莫不应有尽有,不数年间成绩可观。"①

国立山东大学成都校友上书教育部长朱家骅《为呈请恢复国立山东大学敬献意见以备采择由》,提出了复校的四点建议,其中之一:"山大前校长杨振声、赵畸两先生艰难缔造,校誉昭隆。为恢宏山大以往之精神计,请即设置复校委员会,仍由杨、赵两先生负责领导。"②

山东青年协会也于9月12日上书教育部长朱家骅,呈请迅速恢复山东大学:"自抗战开始,国立山东大学随即停办,现倭寇受降,建国需才,山东

---

① 中国第二历史档案馆档案:全宗号,5,案卷号,5343。
② 中国历史档案馆档案:全宗号,5,案卷号,5343。

青年未能来至后方者，为数甚多，至祈钧长体念青年失学之苦，迅予恢复国立山东大学，造福青年，裨益国家，实为德便。"①

同年秋，国立山东大学青岛校友会电请驻渝鲁籍参政员杨振声、赵太侔两位前校长及党政名流，向国民政府及教育部请求早日复校。

---

① 中国历史档案馆档案：全宗号：5，案卷号：5343。

一、百废待兴，艰难复校

在国立山东大学校友的不懈努力和社会各界名流的吁请下，国民政府于1946年1月恢复了停办8年之久的国立山东大学（后称山大）。1月29日，赵太侔被国民政府行政院任命为校长，负责复校事宜。他不忘初衷，誓把山大建成全国最好的大学。他深爱自己亲手建设起来的山大，把自己的生命与学校的命运紧紧连在一起。

（一）众望所归，赵太侔再掌山大

闻讯赵太侔复任山大校长，留在重庆的校友欣喜若狂："为了纪念八九年来所遭受的苦楚，为了庆祝簧宇的重光，更为了欢迎重任校长的赵先生，我们在陪都青年馆举行了一次盛大的宴会，参加的人们都带了一副和悦的面庞和两条轻快的腿，至于各人的心情，也可以由那两种符号说明了，这次集会是这出戏的分水岭，以后应该是喜剧的排演了。"①

山大复校备受学界，尤其是山东人民的关心。在赵太侔从重庆动身回青岛前，《山东青年》记者刘斌带着希望与担忧赴重庆国府路山大住渝办事处，采访了赵太侔校长，赵太侔对于山大复校的计划，了然于心，一一作答。②

关于人事问题，赵太侔谈道："人事在任何一个部门里都是占重要地位的，人事若不适当，会妨碍整个部门的发展，所以对于人事的配备，非常慎重，正计划着将从前老的教职员尽量地设法请回来，作为复校的基础，

---

① 《抗战期间校友的复校运动》，载《国立山东大学校刊》，山东档案馆：J110-01-933。
② 刘斌：《关心山东大学的复校——赵太侔校长访问记》，载《山东青年》1946年创刊号卷，15-17页。

另外聘请国内外具有真才实学的学者充任教授,因为本校以往的作风,着重研究,现在依然承袭过往的研究精神而努力。"

山大校舍被美军占用,成为复校的最大障碍。人们对这一问题比较关切,赵太侔对此信心满满:"因着学校的规模比从前扩大了,原有的校舍是不够应用的,现在已将鱼山路、日本设立的东亚医科学院及东亚医学院附属医院(即日本的同仁医院)三个地方,由教育部拨予作为本校校舍。"

在院系设置方面,赵太侔有庞大的计划。院系规模比从前扩大了,计划筹建6个学院26个系及两个专科学校和一个职校:文学院设中国文学系、外国文学系、历史系、哲学教育系等4个系;法学院设法律系、经济系、政治系等3个系;理学院设数学系、物理系、化学系、动物系、植物系、地质矿物系、地理系、海洋系等8个系;农学院设农艺系、园艺系、森林系、水产系等4个系;工学院设机械系、电机系、土木系、矿冶系、造船系、化工系、建筑系等7个系;

⊙《赵太侔校长访问记》

医学院不设系,附设牙医专科学校、药学专科学校、护士职业学校、附属医院。同时设立海洋研究所(隶属于理学院)、设实习工厂(隶属于工学院)、实验农场(隶属于农学院)和先修班。

赵太侔特别强调:"以上为本校的编制计划,因着等等的问题,以上之各院系今年不能完全成立,仅能逐渐设施,法学院暂缓办;文学院的历史系、哲学教育系;理学院的地理系、海洋系;农学院的森林系;工学院矿冶系、造船系、化工系、建筑系;医学院的两个专科学校,今年不能开班,俟后逐渐添设,本校院系各有偏重,以理学院为本校的基础,法学院偏重于法律系,这全完由于时代的需要才有此决定。"

最后，赵太侔就开学时间、招生、年级及原有图书仪器等问题，回答了记者。记者以"赵太侔校长访问记"为题发表。在文章开头，记者饱含深情地写道："赵太侔先生受命长校，赵先生是国内外知名的学者，也是一位和蔼可亲的长辈，具有丰富的教育经验，以之而担当起复校的重任，山大的前途，必因此而更光明了。"

山大青岛校友会闻讯赵太侔复任校长后，当即致电欢迎，并请赵太侔早日来青岛主持复校工作。赵太侔于6月初抵达青岛。在青岛的山大校友30余人，于6月20日在青岛咖啡店举行欢迎会，欢迎赵太侔校长莅青，"极尽一时之欢"。

赵太侔复任山大校长，可谓众望所归，是大家的共同期盼。

（二）百废待兴，抓4项主要任务

抗战胜利后，各内迁高校纷纷在原校址复校。对于山大而言，复校意味着重新建。此时的山大可谓"三无大学"：没有校舍——校舍被美军占用；没有师资——因为学校停办，教师四散；没有学生——山东大学南迁后，学生转入中央大学和其他大学；图书、设备、仪器极少——图书、仪器设备在停办期间，移交国立中央图书馆、中央大学及中央职业学校保管使用。抗战期间，山大青岛保管处保管的校产，被日军破坏殆尽。迁回青岛的只有停办后校产保管处所保管的那部分校产。

赵太侔工作作风比较务实，富有教育工作经验，又担任过国民政府教育部高教司司长，在高教界有一定的影响和优势。复校初期，各项工作任务都很艰巨，要办的事情很多，可谓千头万绪，百废待兴，赵太侔却独具创见地抓住了延聘师资、收复校舍、设置院系、筹划招生等几项主要任务来开展工作，从而使复校工作有条不紊地顺利完成。

1. 知人善用，收回校舍

国立山东大学奉命内迁后，原校舍被日军占领辟为兵营，抗战胜利后又被美军接收作为兵营。收回校舍是复校中最急迫和最关键的一步，而且是一项艰巨复杂的工作。为此，赵太侔立即电招曾在美国学习和工作达8年之久，时任岭南大学教授周钟岐到重庆，聘为总务长兼复校委员会主任，先期到青岛办理收回校舍事宜。

1946年4月,周钟岐临时觅定胶州路伪东亚医科学院旧址为复校办公处。秋季开学在即,校舍问题迟迟没有解决。

6月初,赵太侔回到青岛。对于迟迟没有解决的校舍问题,赵太侔和周钟岐十分着急,复校委员会成员分头打听接洽。为了收回青岛的原有校舍,周钟岐不辞艰辛,据理力争。他先是与美军司令部交涉,询问他们何时能将校舍腾出来让国立山东大学开学,"第一次交涉,结果是很空洞,美军也不知何时能将校舍交还我们,同时胶东的战事又很紧张,眼看着开学是一件渺茫的事了"①。

赵太侔积极为收回校舍奔走,他亲自找到美军驻青司令交涉。在交涉过程中,美军以救世主自居,态度蛮横,竟把占住的山东大学校舍说成他们从日军手中得来的"兵营",声称"万难让出"。

7月中旬,赵太侔和周钟岐经过调查,发现欧阳路(今合江路)有一所美军空下来的大房子,一连有五幢,足够教职员五六十家住宿、办公之用。他们积极向美军军需处交涉,把它要过来,连夜派人到这里住宿守夜,第二天便将全体同人(当时不过10位)都搬到欧阳路办公并开始修理。复校委员会也从胶州路迁入欧阳路办公。

教职工住的问题解决了,赵太侔立即发信,催促受聘山大的教职员工赶赴青岛。但是教室和学生宿舍仍无着落,国民政府教育部指定给山大使用的原日本中学和日本第一、第三寻常小学仍然被美军占据着。

在几经与美军交涉无果的情况下,赵太侔和周钟岐想出奇招,他们知道"舆论对美国人是很有效用的",就商请青岛《民言报》英文版编辑(兼美国合众社的驻青访员)用合众社访员的名义发了一篇新闻稿,告诉大众:山东大学因校舍无着,未能在秋间如期开课,原有的校舍被美军占用了,专俟美军让出校舍即能上课。新闻发生了作用,美军迫于公众舆论的压力,怕受到世界舆论的谴责。数日后,美军司令约赵太侔校长到军部

---

① 《本校开学典礼周总务长报告》,载《国立山东大学校刊》,山东档案馆:J110-01-933。

面谈,答应在一月之内腾出原日本中学及日本第一、第三寻常小学给山大作临时开学之用,并与山大订立合约,借用原来的校舍作美军军营,以此作为交换条件。签订合约之后的60天之内,山大便将鱼山路、登州路、武定路三处的房舍接收过来,积极筹备开学。虽然这3处地方散处青岛,相距较远,学生上课和学校办公有所不便,但总算解决了校舍问题,勉强可以开学。

8月初,山大又与美军在青岛敌伪产业处理局签订协议书,言明美军一撤离,就将大学路原校舍交回。

至9月,除了广西路原日本第二寻常小学未腾让,黄台路7号被强占仍在交涉外,山大先后接管了鱼山路5号,武定路29号、泰山路4至9号、德平路5号、40号、42号,绥远路18号,大学路3号。

⊙青岛日本中学校全景

收回上述校舍后,山大将位于鱼山路5号的原日本中学校园、校舍作为校本部及文、理学院院址;以泰山路上的原日本第三寻常小学作为工学院、农学院两院的院址;以武定路原日本第一寻常小学作为先修班及医学院院址;以江苏路原日本同仁会医院作为附属医院;以大学路3号及欧阳路作为教职员工宿舍。同时购置辽宁路工厂3处,作为实习工厂。这些校舍仅勉敷应用。

1946年12月28日,总务长周钟岐在复校纪念大会上,报告了收回校舍的情况,并动情地说道:

各位同学若是到塔顶上,向东北角一望便能领略山大校地的形势。在校舍的西南是安定山(今八关山),像一个屏风,左右分开两翼环抱着山大的全部。现在的工学院是在校本部的右臂,沿着大学路直达东镇边沿的高岗上展开来，面对烟突林立的工厂区。山大的工学院是和工业中心打成一片，血脉相通的，在技术上与工业界的联络合作更方便了。医学院的附属医院是在江苏路的中段，向为市民医药服务的中心，它的位置与校本部很近，好像山大的胸怀，时时给疾病痛苦的市民一些温暖和安慰。

在校本部的左臂，伸的很长，包括鱼山路的日本中学，湖南路的第二小学，武定路的第一小学及城阳的农场，这是我们文理学院、农学院、法学院的重心，深入市内，与青岛的文化金融商业交织起来，将我们全体山大同人学生的生活，思想习惯和市民合而为一，使青岛成为一个雄厚力量的文化中心。这是我们的理想发展，现在都实现了。——我希望在四年时间，安定山下的斜坡上，由日本中学至科学馆的一带空地，都建筑了我们山大雄伟的校舍，配合起青岛的美丽天然环境，要比武汉大学的东湖上建筑还要伟大雄壮。①

赵太侔和广大师生一直为收回学校的校园校舍而坚持不懈地努力着。赵太侔以扩大招生为理由，继续催促美军归还仍在占用的大学路校舍，遭到拒绝。美军并去南京活动，企图通过美国大使馆向国民政府施压，制止山大收回校舍的行动。山大师生为收回校舍与美军作坚决的斗争。

1947年3月，美军士兵在广西路刺死人力车夫的"苏明诚案"发生后，引起了全国的公愤。美国驻华大使司徒雷登不得不于4月29日来青岛安抚处理。5月1日，司徒雷登到山大发表演讲，本想以学者的身份，劝导学生对时局不要悲观、失望。然而，当他刚刚结束自己的演讲，学生自治会主席石勃瑜抢上讲台，当场宣读了《致大使书》，揭露美军侵华罪行，要求美军交还强占的校舍，严惩美军残杀中国人民的肇事凶手，赔偿损失等。

反对美军暴行和收回校舍斗争一浪高过一浪，影响遍及全国。美军迫于形势而改变态度。不久，美国大使馆派出官员到山大商谈承租校舍事宜，当时山大急需一笔外汇向国外定购仪器设备，赵太侔审时度势，为学

---

① 《本校开学典礼周总务长报告》，载《国立山东大学校刊》，山东档案馆：J110-01-933。

校发展计,主持召开校务会议,权衡利弊,同意签订租约。1947年5月,山大与美军签订租约,租期一年。赵太侔利用这笔外汇,定购了一批仪器设备,改善了学校的实验条件。

1948年5月,租约到期。美军提出续租,期限是"九十九年",这一蛮横的要求引起全校师生的愤慨,在校内游行后去美军兵营前示威和张贴反美传单。赵太侔委派总务长周钟岐继续与美军交涉。周钟岐因回国多年,英语不熟练,让植物系主任曾呈奎陪同前去。据曾呈奎回忆:

> 我同他一起去美军司令部交涉退换房屋事,几次交涉都没有结果。有一次美军讽刺我们,提到狗咬主人的比喻,影射我们是狗,他们是主人,我和周总务长都很气愤,立即停止谈判。这件事被美国领事知道了,来到学校表示歉意,同时要求继续谈判,因为知道我们有学生做后盾,怕事情闹大了不好办。最后学校以一个月六千美元的代价把房屋租给了美军,要求他们在短时间内把房屋退换给学校。①

由于赵太侔代表校方在谈判中的坚定态度和学生的强大声势,美军不得不有所收敛,将占用的国立山东大学校舍的期限改为1950年归还。

仅仅过了半年,美军就在中国人民解放军节节胜利的威力震慑下仓皇撤离。1949年2月2日,美军陆战队司令致函山大:停租国立山东大学旧校舍,美军守卫将于5日下午撤退。闻讯,赵太侔立即召开临时校务会议,提出接收校舍的6项措施、原则,并决定由杨肇燫、杨向奎、沈福彭、丁西林、刘次箫具体负责接收工作。

1949年2月5日,全校师生在赵太侔校长的带领下,佩戴特别通行证,庄严地前往大学路,点验并收回被美军强占4年之久的大学路校舍。

在收回校舍的曲折过程中,校长赵太侔运筹帷幄,知人善用,总务长周

---

① 曾呈奎:《往事忆旧》,载中共青岛市委党史资料征委会办公室:《青岛党史资料(第4辑)》,第526—527页。

钟岐等巧妙地利用社会舆论的力量，抓住时机，不卑不亢，有理有据，与美军反复交涉，终于收回山大校园、校舍，为复校及后续发展奠定了基础。

2. 求贤若渴，广揽人才

在师资聘任方面，赵太侔崇尚教育家蔡元培的兼收并蓄的办学思想，所以学校颇有学术自由的宽松氛围，不拘一格招揽人才。他以健全高素质的师资队伍作为办学的第一要义，深知有高水平的教师，才有高水平的大学。一个大学，在其奠基阶段，能否谋得一个较强的师资阵容，是这个大学以后能否振兴的关键。赵太侔把引进人才、建立高水平的师资力量放在最重要的位置。

抗战胜利不久，教育事业处于全面恢复阶段，各个高校均在争聘专家、学者到校任教。但是那个年代，整个中国的师资力量十分匮乏，各高校为了聘请到高水平的师资，各有招数。

赵太侔主张"学术无地方性，不应受地域的限制。——我们必须从全国乃至国际间延聘专家学者"到校任教①。基于这种思想，赵太侔以其社会地位和学术交往的影响力，广延名师，礼贤纳士，除了聘请原在山大工作的教师外，还着力聘请全国各地的知名学者，其中不乏刚从欧美留学回国的专家。为了聘到一流的学者，赵太侔采用的办法是"召回旧部"和早发聘书。

（1）"召回旧部"，复校之基

"召回旧部"，是针对战前曾在山大工作过的专家、学者。他们对母校有深厚的感情。赵太侔尽量设法把他们请回来，作为复校的基础。

上任伊始，赵太侔立即向曾经在山大任教的教师发出邀请，希望他们尽快返校。战前曾在学校任教的老舍、游国恩、黄公渚、丁山、萧涤非、童第周、曾呈奎、王普、郭贻诚、王恒守、李先正、郑成坤、周钟岐、徐中玉、刘本钊、宋君复等都收到赵太侔发来的聘书。赵太侔所聘旧部，除

---

① 《本校校庆典礼校长致词补志》，载《国立山东大学校刊》，山东省档案馆档案：J110-01-933。

了游国恩因为已被他校聘去，老舍虽应聘但因赴美讲学未能到校外，其余的均于1946年至1947年陆续到校。

对文学院院长人选，赵太侔十分审慎，他中意的人选是老舍。老舍是文学名家，抗战前任国立山东大学中文系教授；抗战期间，二人往来密切，感情较深。复校之初，赵太侔向远在纽约的老舍发出聘任他为文学院院长的聘书。1947年9月5日，老舍在纽约致函赵太侔，委婉地说：

太侔校长：

谢谢信！

莘田每于周末来此，俟再来时，当代达遵旨。唯他之北大职务并未辞去，关系所在，恐一时不易离职他就。

关于英文教师，当为莘田随时留意，代为介绍。

弟明春能否回国，尚未可知。拙著《四世同堂》若有被选译可能，则须再留一年；此书甚长，非短期间可能译毕者。即使来春可以回国，家小尚在北碚，弟亦不知如何处理。全家赴沪转青，路费大有可观，必感困难；独身赴青，家小仍留北碚，亦欠妥善。

来春若能回国，且能全家赴青，弟至多只愿教课数小时；文学院长责任过重，非弟所敢担任。聘书璧还，一切俟见面妥为商议。院务不便久弛，祈及早于故人中选聘，为祷！

闻仲纯兄亦在青，请代问好！

敬祝时祺！

弟舒舍予[①]

老舍收到赵太侔聘书，再度唤醒了他重回青岛的怀想。可当时因作品翻译诸事无法立即回国，重归青岛的想法只得暂时放下。他给赵太侔回了这封信，透露再续前缘的心思，可一切等归国后再行商议。

———
① 李耀曦：《老舍致赵太侔佚信揭示鲜为人知秘闻》，载《齐鲁晚报》2010年1月19日。

因老舍不愿担任文学院院长，赵太侔收到信后备注"改中文系教授，两年后来待□□太侔□□"。（因为字迹辨认不清，以"□"代原字。）

从老舍给赵太侔的回信，可以透露出几个信息：一是赵太侔想聘请老舍担任文学院院长，老舍未就，"只愿教课数小时"。二是想聘请罗常培（字莘田）为中文系教授，但罗"不易离职他就"。1944年，时任西南联大中文系主任的罗常培去美国访问。联大复员后，罗常培仍是北大的教授。赵太侔之所以能通过老舍联系上罗常培，是因为老舍和罗常培是"发小"、同学、莫逆之交。三是通过学界名人罗常培，为国立山东大学推荐高水平的英语教师，可谓"一石三鸟"。

虽然赵太侔给远在美国的老舍寄去了聘书，老舍回信也应允可任中文系教授。然而，由于种种原因，老舍最终未能再任教国立山东大学。

老舍在这封信中透出，赵太侔为了聘请名师，可谓殚精竭虑，用心良苦。重友情、重人才的赵太侔一直为老舍保留着文学院院长的职位，企盼着老舍能回到学校上任。在1948年5月公布的62名教授中，赵太侔仍将老舍置于文学院的首位。

（2）早发聘书，礼贤纳士

赵太侔深刻认识到优秀人才对于学校发展的重要性。因为山大复校异于其他学校的复校。复校等于重建，所需的师资很多。赵太侔在"召回旧部"的同时，还向其他著名教授、学者发出邀请。在赵太侔积极而诚心的邀请之下，当时应聘的著名教授、学者有几十人，如朱光潜、朱东润、王统照、陆侃如、冯沅君、赵纪彬、杨向奎、丁西林、刘椽、刘遵宪、朱树屏、杨宗翰、李士伟、沈福彭、陈瑞泰、何作霖、丁履德、盛诚桂、许继曾、王清和、穆端五、阎效复、王仲荦等，这些教师除朱光潜因病、朱东润中途辞

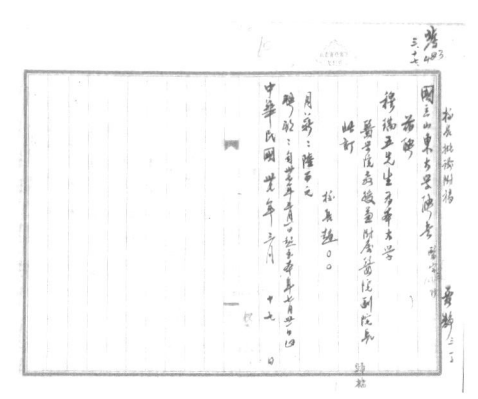

⊙赵太侔发给穆端五的聘书

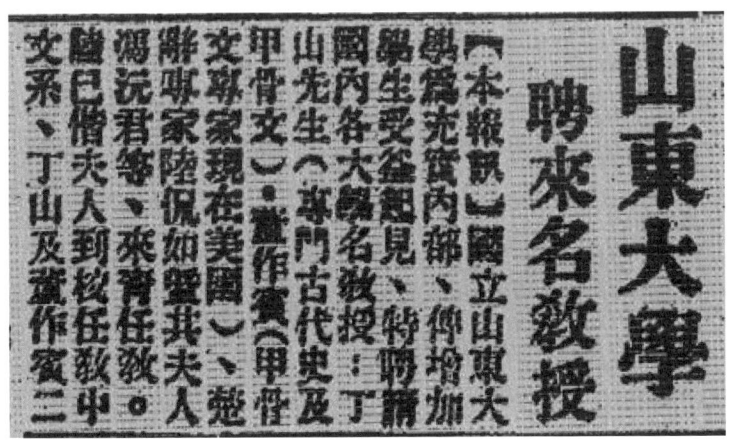

⊙山东大学聘来名教授

聘之外，均到校。组成这样高水平的教师阵容，赵太侔确实费尽了苦心。如此高水平的师资队伍，在全国各高校中名列前茅，这为20世纪50年代山东大学的辉煌，奠定了坚实的人才基础。

面对各高校争聘人才的局面，赵太侔除了"召回旧部"和早发聘书外，并能礼贤纳士，登门聘请。1947年夏，赵太侔闻讯中央大学中文系朱东润、吴组缃、蒋礼鸿以及王仲荦等多名教员被解聘，立即赶赴南京，延揽诸贤。王仲荦遂应聘至山大。次年，被聘为教授。

赵太侔想聘朱东润为中文系教授兼系主任，朱东润没有受聘。赵太侔认为尚有商量余地，于是请北京大学老同学伍叔傥帮其说项。伍叔傥与朱东润同在中央大学任教，有同事之谊。有了伍叔傥帮助，赵太侔便有了底气，坚持聘朱东润。朱东润虽然觉得应付复杂的人事关系非己所长，"但是对于中文系的前途，不是没有一些理想的，何况山东大学有一定的学术基础，还是事有可为的"。于是，同意受聘国立山东大学。不久，赵太侔给朱东润发去聘书和路费。朱东润约李雁晴、徐中玉同去，又约了中大中文系的一位毕业生作为助教。

就在朱东润准备赴任之际，因为生病等原因，他又决定不去山大了，并把聘书、路费一起退还。赵太侔认为朱东润人才难得，坚持聘请，并把系主任的聘书寄回，作为纪念。后来，山大还给朱东润保留了中文系主任职位，但朱东润始终没有去。从赵太侔坚持聘请朱东润，足见其惜才心切。

赵太侔为了聘请到更多的人才，广发英雄帖。有的学者即便因为种种原因未能受聘山大，对于赵太侔的真诚，还是心怀感恩，俞大缜是其中一例。俞大缜长期从事英语语言文学教学工作，山大急需这样的人才。赵太侔亲赴重庆，登门聘请俞大缜。俞大缜向赵太侔说明不能去的原委。但是赵太侔坚持聘他为外文系教授，并列入教员名册中。

已受聘为北京大学西语系教授的俞大缜，对未能接受赵太侔的聘请，心中忐忑不安，于是找到同在北京大学任教的杨振声，请他给赵太侔写信，以求原谅。不久，俞大缜亲自致信赵太侔，表达愧疚之情：

太侔：我已经到北大来了。刚到即去找了杨金甫先生，经前只闻名而未见过面的，我告诉他，我不到山大去，太侔也许会怪我，他毫不犹豫地说：一定会怪你的！我说我希望他能原谅我，他又很坦白地说恐怕很难！我听了非常难过。幸而在重庆时我曾经向你说过有不来的可能，否则我的良心更要责备我了"①

罗念生是我国著名的学者、教授，是享有世界声誉的古希腊文学翻译家，曾与宋君复同在四川大学任教，感情笃深。1948年2月，在一次校务会上，宋君复向赵太侔举荐了罗念生。当时外文系急需引进知名学者，建立高水平的师资力量来提高教学质量。1948年春，赵太侔给罗念生发去聘书。1948年4月，罗念生一家四口由上海来到青岛，赵太侔安排其住在合江路第二教授公舍一号。

（3）"五岳"仰之，坚持原则

20世纪50年代，山大在华岗校长的领导下，迎来了历史上的第二个黄金时期。其中有冯沅君、陆侃如、高亨、萧涤非、黄公渚等五位国学名师在中文系任教，人们尊称他们为"五岳"。"五岳"来校任教，有先有后，是

---

① 张洪刚：《俞大缜写给赵太侔的信》，载《齐鲁晚报》2014年11月13日。

这个时期"文史见长"的中坚力量。"五岳"加盟山东大学,与赵太侔有直接或间接关系。①

1933年,萧涤非于清华大学研究生毕业,其恩师黄节教授向赵太侔力荐萧涤非。赵太侔亲自审查了萧涤非的毕业论文《汉魏六朝乐府文学史》后,决定聘他为中文系讲师。来校后,萧涤非以此论文为基础改编为上课讲义,赵太侔有时还亲临听课,对于这位只有27岁的青年讲师的讲授十分满意。黄公渚是著名古文献学家、版本目录学家,并享有诗、书、画"三绝"之誉。赵太侔久闻黄公渚大名,1934年聘请了他来山大任教授。因为有此前缘,1946年山大复校后,赵太侔继续聘请萧涤非和黄公渚为山大教授。

在赵太侔所聘请的几位著名学者中,有多位来自东北大学。原东北大学教授杨向奎、赵纪彬受聘山大后,向赵太侔举荐了东北大学中文系教授陆侃如、冯沅君夫妇。赵太侔久闻冯、陆之名,但无缘识荆,得悉此情之后当即表示欢迎,于是委托前校长杨振声代为聘请。1947年暑假,陆侃如、冯沅君夫妇收到了杨振声的信,问他们是否愿意去山大任教,并说已在山大任教的杨向奎、赵纪彬这两位东北大大学的同仁欢迎他们到山大任教。随后,赵太侔给他们寄出了聘书和情深意切的信函,陆侃如、冯沅君

⊙陆侃如教授

⊙冯沅君教授

① 参见郭同文:《山大"五岳"与两任校长赵太侔》,载《齐鲁晚报》2014年12月4日。

夫妇接到聘书后，便辞去了东北大学的教授职务，来到了山东大学。

"五岳"中任教山大最晚的是高亨。1953年，经陆侃如、冯沅君引荐，华岗校长聘请高亨教授来校任教。高亨接到聘书后辞去了吉林师范专科学校教授职务，欣喜地来到青岛。高亨因能来山大工作，心存感恩，他在一次座谈会上说："我到来山大，应感谢陆（侃如）、冯（沅君）先生的引荐和华岗校长的信任，还要感谢前任校长赵太侔，是他先聘请了陆、冯先生，才有现在的引荐。"

"五岳"之外，在中文系任教的还有著名作家王统照、经学家兼史学家杨向奎、哲学家兼史学家赵纪彬和汉语文学家殷焕先、考古学家兼美术史家丁山等，身为校长的赵太侔也在中文系兼任戏剧课。中文系师资阵容可见一斑。

国立山东大学复校后设置了农学院。农学院下设的农艺系、园艺系，两系师资极为匮乏，为解决师资问题，赵太侔委派陈瑞泰教授到南京等地延揽人才。陈瑞泰凭借自己的声望，很快聘请到李文庵、潘咏珂、方国玺、王清和、薛廷耀等12名教授、副教授。这些学者的陆续到校，不但解了当时办学的燃眉之急，而且成为以后学校发展的中坚。

赵太侔向来主张大学思想自由，但对于聘任师资坚持自己的原则和底线：教学严谨、学术至上。复校后，王统照被聘为教授，不久离开学校。关于王统照离开山大的原因，约定俗成的表达是，王统照因为支持山大"六二"学运，愤而辞职。而在赵太侔晚年的《自传》里，却有另一个说法：教课不负责任。赵太侔说：

我对教员乃至学生的政治思想，从来无意干涉。因为我一向是主张思想自由的。王统照先生之停聘，绝不是思想问题，而是因为他教课不负责任。在解放之前，学年将终时，杨拱辰（即杨向奎）先生问我："赵纪彬、陆侃如有人怀疑他们思想不稳，学校下学年是否会续聘他们？"我的回答是："思想问题我不考虑，当然续聘！"①

---

① 中国海洋大学：赵太侔档案，档号：246。

王统照离开山大是事实，至于因何离开，有待史料佐证。赵太侔除了因为学校事宜，不得不与国民党官僚交往外，极少因为私人情谊与国民党政府高级官员往来，因为他厌恶官场的做派。对于通过国民党高级官员请托来学校工作，自然十分反感，拒聘美国史研究专家黄绍湘来山大工作，是其中一例。赵太侔在《自传》中写道："还有黄绍湘先生，在解放前几次托人介绍，要到学校教课，我迟迟未聘。解放后有人传说我因为黄先生是共产党，所以不聘。其实不然，黄先生是不是共产党我无从知道，相反的，其主要原因是她所找的介绍人全是南京部长以上的大官僚，这让我很怀疑她的作风，和她的实学。"①

3. 系科设置，科学布局

抗战前山东大学设有文理、工、农三个学院共8个系。赵太侔对于学科发展，有自己的灼见。他认为大学一方面肩负着为国家培养专门人才的重任，又要立足于地方的实际，为地方服务，这一切都要根据学校的现实，渐次进行。这个思想充分体现在山大复校后的学科建设和院系设置上。

赵太侔从一所大学的完整性与特殊性出发，结合复校之初百废待举的实际，审慎而科学地进行学科建设与院系布局。他认为山大是一个"完全大学，依照地区形势看，北至平津，南至京沪，西迄汴洛，在广大的区域范围内，众多的学生绝对需要一个完备的大学"②。完备的大学需要完备的学科，这是赵太侔学科建设思想的基石。

赵太侔特别强调一个大学，固然有一般的完整性，同时要注意它的特殊性。对于特殊性，赵太侔从青岛的地理、气候优势出发，阐明了自己的观点："山大实在有它可以特殊发展的地方。在环境方面，直接受山东半岛之特殊物产及青岛工业特别发展的影响，有值得进行特殊研究工作之处。所以在我们工学院方面，计划设立造船工程及矿冶工程两系；在农学院方面，我们已设立水产学系。其次便是青岛天然环境，与海洋有密切关系，

---

① 中国海洋大学：赵太侔档案，档号：246。
② 《赵太侔在1946年开学典礼上的讲话》，载《国立山东大学校刊》，山东省档案馆档案：J110-01-933。

所以我们计划设立海洋研究所。关于海洋的物理、气象、生物、地质都是我们研究的对象。这些都是地域上特殊条件，足以供我们研究的地方。"①

涉海学科建设和研究，山大在战前已开展海边生物学的教学与研究，并且有了很好的基础。复校后，赵太侔开始考虑海洋学科的整体布局，并就学校现有的力量，渐次开展，体现出赵太侔既放眼全局，又从实际出发的务实作风。

1946年8月，赵太侔向国民政府教育部上报了山大院系设置方案并得到批准。这个方案较之战前的院系设置有很大不同，主要对系科设置进行了较大的调整与拓展。从抗战前的文理、工、农3个学院8个系，拓展到5个学院14个系，办学规模有所扩大。赵太侔认为，复校后因为实力所限，应量力而行，1946年度只能成立5院14系，并且只能招收一年级新生，是一件很遗憾的事。赵太侔的目标是"我们正准备一个五年计划，从五个学院扩充为六院，十四个系增加至三十个系"②。

5院14系：文学院，下设中国文学系、外国文学系；理学院下设数学系、物理系、化学系、动物学系、植物学系、地质地矿系，附设仪器修理厂；农学院下设水产学系、农艺学系、园艺学系，附设城阳农场；工学院下设土木工程学系、机械工程学系、电机工程学系，附设实习工厂；医学院下设医学本科、附属医院、高级护士职业学校。其中医学院和水产、地质地矿、农艺、园艺、电机工程等5个系属于新建立的。学校还设有大学先修班、海洋研究所、水产研究所。赵太侔计划设立造船工程及矿冶工程两系，因条件所限，暂缓。

"5院14系"的设置，体现了赵太侔为国家培养人才和注重地方特殊性的思想。

文学院、理学院战前山大已设立，复校后复设二院。赵太侔认为：

---

① 《本校校庆庆典校长致词补志》，载《国立山东大学校刊》，山东省档案馆档案：J110-01-933。
② 《赵太侔在1946年开学典礼上的讲话》，载《国立山东大学校刊》，山东省档案馆档案：J110-01-933。

文、理两学院是大学的基础,就学生本身来说,"无论志在学习什么,都应该先奠文理之基;在学校建设的程序上也是先成立文理学院,其他院系才有所凭籍。因为在大学读书,不只学技能,而是要受'全人教育'"①。战后复设的理学院,最大的变化就是将生物系分成动物学系和植物学系,增添了地质矿物学系。

战前国立山东大学设立的生物系,是教学、科研并举。研究工作主要集中在海洋生物、昆虫生物与寄生虫两个方面。复校后,将生物系分为动物学与植物学两个系,"良以动物之于植物,其关系犹物理之于数学,为学术之发展计,自以分门为当也。然两系合作之处甚多,仍须保持密切之联系"。该二系的研究目标是"唯过去研究之问题,多以分类及形态为主,此虽仍为中国目前切要之工作,然欧美各国,数十年来,对实验生物进展,大有一日千里之势,吾等为补救我国科学落伍起见,故拟一方面,从事采集调查之整理工作,另一方面,则急起直追,作实验方面之研究"②。

⊙1947年山大中国文学系师生合影

---

① 《赵太侔在1946年开学典礼上的讲话》,载《国立山东大学校刊》,山东省档案馆档案:J110-01-933。

② 《动物学系植物学系及海洋研究所概况》,载《国立山东大学校刊》,山东省档案馆档案:J110-01-933。

战前设有化学系，复校后复设。培养目标："以理论与应用并重，以造就理论与实用兼备人才。"从三年级开始，化学系学生分为普通化学与工业化学两组，学生"以性之所近而选择"。重视社会实践，利用暑假时间，三四年级学生到相关工厂实习，以期学以致用，学生毕业论文，"必须为自己研究之结果，缮具报告，而经各教授认可者，方得毕业"[1]。

战前设有物理系，复校后复设。第二次世界大战期间，"物理学之应用日趋广博，如原子能在军事方面之应用，雷达之发展及在军事与气象方面之应用，以及宇宙光线能量之研究等，结果新奇骇人听闻"[2]。由此，物理系把原子能研究、宇宙光线研究和无线电研究列为重点研究项目。

地质矿物学系是复校后新增设的系。该系课程设置分为两类性质的学科，一是地层古生物学科，二是经济地质类学科。设立本系的目的，既立足于国家的需要，更注重于山东矿产资源丰富的实际情况。"山东的矿产是相当丰富而重要，例如淄博之煤，金岭之铁，招远之金，其他如博山之轻金、火泥，沿海一带之萤石、重晶石等，都是工业的资源，有亟须勘察研究的必要。中央虽有地质调查所，但是山东本省地下资源的调查，省政府不能不负起责任。现在山大有了地质矿物学系，因为近水楼台之故，一定要以山东各处为其实习场所，毕业之后再去作山东地质调查必然驾轻就熟，事半功倍。那么地矿系的学生，志愿研究者，学校可以尽量容纳，愿做实地调查工作者，在山东地质调查所可以施展他们的技能。"[3]

战前设置了工学院，下设土木工程系和机械工程系。复校后复设工学院，除了前两系，增加了电机工程学系。工学院的教学方针是"是想补救这个阻碍中国工业进步的缺点，宁愿多留同学一年，而设法使同学在校中，就能取得和学识相配合的工作经验，便同学在离校时，就敢面对技术，能担负起社会所付托的工作，因而有兴趣，有勇气，去继续在学识技

---

[1]《化学系之过去及将来》，载《国立山东大学校刊》，山东省档案馆档案：J110-01-933。
[2]《物理系研究计划》，载《国立山东大学校刊》，山东省档案馆档案：J110-01-933。
[3]《山东大学地质矿物学系概况及展望》，载《国立山东大学校刊》，山东省档案馆档案：J110-01-933。

术上作探讨，互相进步，而终于成为能动脑，能动手的，嗜好技术的真正工程师"①。为了培养学生的实践能力，学校用一亿七千万元（旧币）先后向经济部购买了失永、原田、福利和梅泽四个已倒闭的工厂，经过修整后作为工学院学生的实习基地。

战前山大设有农学院，下设研究、推广两部，未招生。复校后，学校重设农学院，下设农艺、园艺和水产3个系，并招生。复建的农学院，已从战前的农学院专事研究，进入了教学、研究和推广并重的阶段。山东是农业大省，物产丰富，除了"普通的农作物如小麦、小米、高粱、棉花等外，而白菜、葡萄、甘薯、花生推为特产，胶济路沿线的菸草，为农民的重要经济作物，本省所产的柞蚕丝，则早已驰名全国至于莱阳梨、肥城桃、更脍炙人口，这些优良作物品种的保持和改进，实在需要在此区建立一个农学院，来负领导之责，再则以山东为中心，北迄平津，南达京沪，西抵汴郑，在此广大区域中，也需要一个农学院，来收纳大批有志农学的青年，训练之指导之，以谋本区农业的改进，因为农业的区域性，较工业更为显著，只有在一定的区域中，去发现问题那才是真问题，去解决问题，那才是真正解决了问题，那才能让农民真蒙其利，那才是真正在改良农业上有了贡献"②。这是赵太侔设农学院的初衷和目的。

医学院是山大复校后，以日本东亚医科学院为基础而新成立的学院，不设系，只设一个医疗专业，附设医院和高级护士学校，学生修业年限为六年，实行学分制和必修制、选修制。附设医院历史悠久，原为德占时期的野战医院，第一次日占时期的日本青岛病院，第二次日占时期的日本同仁会青岛医院诊疗班。1946年1月，国民政府教育部和社会部卫生署商定，将接收的诊疗班移交山东大学，成为山东大学医学院的附属医院。

赵太侔对于院系负责人的选聘十分审慎。他所聘任的院长、系主任都是

---

① 《工学院计划大要及筹备经过》，载《国立山东大学校刊》，山东省档案馆档案：J110-01-933。

② 《农学院农艺系的现状及展望》，载《国立山东大学校刊》，山东省档案馆档案：J110-01-933。

学有专长、富有经验的专家学者，学术研究造诣很深，有很高的知名度。

文学院院长，赵太侔属意的人选是老舍，因老舍在美国讲学不能到任，由赵太侔自己兼任。

理学院院长一度空缺，1947年由丁西林担任。丁西林是著名的物理学家和戏剧家。1913年毕业于上海交通部工业专门学校（上海交通大学前身）；1914年，入英国伯明翰大学攻读物理学和数学。1920年归国，历任北京大学物理系教授、中央研究院物理研究所所长。

工学院院长为杨肇燫。杨肇燫是物理学家、教育家、编译家。曾协助丁西林创建中央研究院物理研究所，最早开展我国物理计量标准工作，翻译编著过不少物理学教材和丛书。

农学院院长陈瑞泰是农学家、植物病理学家、著名烟草专家。

附属医院院长初为伊克伦，1947年2月，附属医院改组，赵太侔聘李士伟兼任医院院长，同时聘綦建锰、冯雁忱、杨枫、邵式銮、曲天民为医院院委员会委员。李士伟于1932年任国立中央医院妇产科主任，1941年任国民党陆军总医院妇产科主任，是国内著名的妇科专家。

14个系的负责人的情况如下。

中文系主任杨向奎教授——著名的中国思想史研究专家，他对中国古代史和中国思想史的研究做出了重大的贡献；外文系主任郑成坤教授——著名学者，英语教学造诣很深。

数学系主任李先正教授——数学家，对数学理论有深入探索，专长三角级数；物理系主任王普教授（后赴美由郭贻诚教授兼代）。王普是核物理学家、物理教育家，早年留学于德国柏林大学。郭贻诚是物理学家、物理教育家，我国磁学和磁性材料教学和研究工作的奠基人之一，早年留学于美国加州理工学院。

化学系主任刘遵宪教授——化学家，曾任齐鲁大学理学院院长兼化学系主任，他在理论化学、胶体化学，特别是在电化学方面有独特的成就——以计算原子电负性的"刘遵宪公式"，著称世界，为当时中国三大理论化学权威之一。

动物系主任童第周教授——曾留学比利时比京大学（今布鲁塞尔大学），是著名的生物学家、中国实验胚胎学的主要创始人，1948年当选中央研究院院士。植物系主任曾呈奎教授——曾留学美国，是生物学家。

地质矿物学系主任何作霖教授——矿物学家、岩石学家。1938—1940年在奥地利茵斯布鲁克大学当研究生，获理学博士学位，后在德国莱比锡大学任研究员。

机械工程学系主任丁履德教授——著名内燃机专家，1934年留学意大利都灵大学航空研究院，1945年3月赴美国耶鲁大学机械研究院学习，后至美国纽沃克工学院任教。

电机系主任樊翕教授——机电工程专家，曾留学比利时。土木工程学系主任许继曾教授——工程力学专家，长期从事教育事业，在工程力学方面有较深的造诣。

农艺系主任王清和教授——毕业于金陵大学农学院，曾在清华大学任教，是植物病理学家、农业教育家。园艺系主任盛桂诚教授——1936年金陵大学农学院园艺系毕业，1945—1946年在美国康乃尔大学、马里兰大学园艺系学习，是园艺学家、植物引种专家，中国近代植物园事业的奠基人之一。

水产学系主任朱树屏教授——世界著名海洋生态学家，世界浮游植物实验生态学领域的先驱。1938年9月留学于英国伦敦大学，后转入剑桥大学，于1941年获剑桥大学哲学博士学位。1946年5月至12月，任美国伍兹霍尔海洋研究所高级研究员。

4. 打破地域、全国招生

经过半年的筹备，各项工作基本就绪后，山东大学开始招生。1946年9月，山东大学公布招生简章。赵太侔主持制定的招生简章，充分考虑当时的各种因素，为让更多的学生报考山东大学提供了可能。

招生简章规定：学生须是公立或已立案之私立高级中学毕业者，或后期师范学校毕业后服务满三年者，抑或具有上列相当资格，在教育部特设临时大学先修班和补习班结业者，公立或已立案之高级职业学校毕业者，得依其科别报考相关院系。同等学力,即在抗战期间,因战事关系失学达一年以上,并于失学前修满高中二年级课程,或因地方失陷,不愿入日伪学校就学,在家自修,经家长及授课教师说明其自修成绩具有高中毕业程度者亦可报考,但录取名额以百分之十为限。

10月15日,山大本年度在7个考试区招生。为了招生工作的顺利进行,在北平、南京、上海、西安、成都、重庆、济南、青岛等8个城市设立招生办事处。各地高中应届毕业生及失学青年,听说山大招生,踊跃报名。据统计,报考的学生共5871人,经过初试和复试,录取818人,占报考总人数的14%。此外,国民政府教育部拨来先修班及复员青年学生军245名;尚有南京委托中央大学代办录取学生85名;各指定中学送审成绩经查及格录取者61人。总计收录学生1209名。

复校后第一次招生,从报考人数与录取人数的比例来看,国立山东大学坚持严格要求、注重质量的优良传统,并做到优中选优。赵太侔对招生工作再三强调:在同一标准之下,考试公平竞争,录取以成绩为唯一标准。并且认为:"虽然大学与地方有密切关系,大学本身,却不能因此变成地方性的。"招生应不受地域限制,一个大学"若仅能容纳一个地域的学生,学生胸襟不会开展而无偏见。一个大学应该收容各方面的学生,使他们彼此了解各地方各种不同的生活方式,来源愈广,收获愈丰富,愈能陶冶优秀的人才"。① 这种办学观点,是颇有见地的。

招生工作结束后,国立山东大学于10月25日举行复校后的第一次开学典礼。500多名

⊙山东大学开学典礼新闻报道

---

① 《本校校庆庆典校长致词补志》,载《国立山东大学校刊》,山东省档案馆档案:J110-01-933。

师生齐集大礼堂，参加典礼仪式。主席赵太侔校长，司仪是吴同伦。会上赵太侔校长致辞，介绍学校的历史沿革，他认为国立山东大学作为一个完全大学，具有自己的特质，特质之一就是学生的传统精神。由此，赵太侔阐述了国立山大学生朴实苦干的作风，并对学生提出了殷切的希望：

  学生精神方面，在过去已经养成了一贯的朴实校风，虽是同居海口，却不像别的商港的学生，那样浮华，因为本校大多数的学生，都来自乡间，一直保有朴实苦干的作风，所以在求学上比较肯实地用功，作事时比较肯负责任，这种精神有毕业校友在社会上充分的表现可证。这是自然的发展，也是先生的因势利导所造成的，现在同学们进了我们学校，希望能把我们固有的优良校风延续下去。同学们须要知道，学校是作学术研究的地方，同时也是同学们要迈进社会的准备阶段，值此适当的年龄，应该好好利用现有的求学机会，如果拿学校当作旅馆，随意住上几年，不但辜负了学校，尤其是耽误了自己。别看轻这四五年的大学过程，这几年的学校生活可以决定你一生的前途，在已出学校的同学，恐怕都该有这种感想，所以要把握住这四五年的时光，尽力充实自己。

  另外还有一点，同学们要认识清楚：大学是以先生为主体，教书并不是他们的主要任务。同学们听起来或者以为奇怪，其实并不希奇，因为大学是以学术研究为中心，先生们只要作研究工作，就已经尽了他们的责任，其所以教导学生的目的，不过是为使他们的研究工作有人继续而已，因此在求学方面，要发挥自动精神，要尊师重道诚意去求，才能有所成就。①

随后，周钟岐总务长报告复校筹备经过；最后由教师代表王普教授致辞，王普教授在致辞中，用"悲喜交集"形容此时的心情："所悲者即当时

---

① 《赵太侔在1946年开学典礼上的讲话》，载《国立山东大学校刊》，山东省档案馆档案：J110-01-933。

国土大部沦陷,学校三迁终至停顿,同仁校友星散流离。所喜者今日国土重光,学校恢复,大部同仁校友陆续归来",他勉励同学们并表示"在赵校长的领导下,重建此齐鲁最高学府,这机会是如何难得,使命是如何重大,我们务须完成这项使命,千万不要辜负这个机会"①。

5. 恢复校刊,报道动态

为了及时报道学校的工作动态,赵太侔决定恢复《国立山东大学校刊》。1946年10月21日,赵太侔主持召开校务会议,讨论议决:定于10月25日复刊,推举刘本钊、牛星垣、邵式銮、高哲生、郭宣霖组成编辑委员会,由刘本钊任主席,牛星垣负责集稿并为编辑人。

《国立山东大学校刊》于10月25日正式复刊。

赵太侔为《国立山东大学校刊》题写刊名。校刊复刊后,报道了学校的工作动态,交流了教学、科研等方面的经验,记载了复校工作的情况,成为社会了解山大的一个窗口,这既是校刊编辑委员会同仁共同努力的结果,也和赵太侔重视舆论工作分不开。

⊙《国立山东大学校刊》复刊号

---

①《王贯三教授讲演词》,载《国立山东大学校刊》,山东省档案馆档案:J110-01-933。

二、学府重光,复校盛典

赵太侔带领广大师生经过半年的筹备,国立山东大学终于复校了。1946年12月28日九时,山大举行复校庆祝纪念大会。青岛市长李先良、秘书长徐人众、国民党青岛市党部委员刘金钰、青岛警备司令部政治主任林祥光等各机关团体负责人30余人及山大教职员学生千余人出席。

《国立山东大学校刊》以"本校校庆记盛"为题,报道了这次大会的盛况:

是日瑞雪缤纷,寒风刺骨,但来宾冒寒参加者甚为踊跃,来宾及本校全体师生约千余人,齐聚大礼堂,举行典礼,行礼如仪后,首由赵校长致开会词,对本校复校筹备经过及今后计划,阐述颇详。次由李市长致辞,就山大与青岛之关系上提供两项希望:(一)山大应负起充实青岛内容之使命,提高青岛之文化水准,并扶助本市工商业之发展,(二)希望山大之研究工作与地方各部门之推广工作配合一致,密切联系……再有本校教职员代表童主任第周,及刘训导长(刘次箫)致辞,希望本校完成造就人才研究学术之使命,社会对于从事教育者应予以鼓励,尤希望新同学发扬过去优良的校风并广大之,出语幽默,然极沉痛,博得掌声不少……[①]

下午和晚上还进行了篮球友谊比赛、放映电影等庆祝活动。

赵太侔校长在致辞中,对复校的经过和意义,特别是办学理念、大学

---

① 《本校校庆记盛》,载《国立山东大学校刊》,山东省档案馆档案:J110-01-933。

的基本任务,如何办出学校特色,大学与地方的关系等方面,做了全面的阐述,成为山大复校后的办学指导思想。

关于大学的任务,赵太侔认为:"广泛地说,一个大学的任务,非常重大,一方是做学术研究,一方是造就专门人才,在学术研究方面无论是人文科学,自然科学,以及应用科学都包括在内。一个大学包括门类很多。在组织方面应包括各种学科,因为各种学科,具有他们的相关性,在训练人才方面,大学与专科学校不同,大学是训练通材,而专门学校,则是造就技术人才。山大在教育部的计划,预备设立六个学院三十个学系,两个专科学校和一个高级职业学校。本年先成立五个学院,十五科系,一个高级护士职业学校,并附设先修班,希望逐年推进以期完成最初的计划。"①

赵太侔强调要立足山东省和青岛市的实际,科学设置学科,以期达到为地方服务之目的。他说:"……山大实在有他可以特殊发展的地方。在环境方面,直接受山东半岛之特殊物产及青岛工业特别发展的影响,有值得进行特殊研究工作之处。所以在我们工学院方面,计划设立造船工程及矿冶工程两系,在农学院方面,我们已设立水产学系。其次便是青岛天然环境,与海洋有密切关系,所以我们计划设立海洋研究所。关于海洋的物理、气象、生物、地质都是我们研究的对象。这些都是地域上特殊条件,足以供我们研究的地方。"②

从赵太侔第一次主政国立山东大学时倡导发展海洋生物学并付诸实践,到提出建设海洋学科,他的海洋学科发展的思想不断丰富完善。他关于海洋学科的建设有着准确的定位,就是要立足于学校依山傍海的地理优势和青岛工业基础较为发达的经济优势,在完备的综合学科基础上,致力于海洋、水产特色学科建设,为地方服务。他制定的海洋学科的建设路径也十分清晰:因为毗邻山东半岛的黄、渤海渔业资源丰富,设置了水产

---

① 《本校校庆典礼校长致词补志》,载《国立山东大学校刊》,山东省档案馆档案:J110-01-933。
② 《本校校庆典礼校长致词补志》,载《国立山东大学校刊》,山东省档案馆档案:J110-01-933。

系；整合学校的海洋研究力量，筹建了海洋研究所，以此为基础，对海洋的物理、气象、生物、地质进行研究，同时计划筹建造船工程系。薪火相传的山东海洋学院以及更名后的青岛海洋大学、中国海洋大学，基本上按照赵太侔的这个学科建设思想来实践的。

赵太侔就大学与地方的关系做了高度概括，大学与地方良性互动的模式是地方支持大学，大学反哺地方，且大学的学术不能被禁锢于地方，学术是没有限制的。赵太侔说："大学与地方有密切关系，大学本身，却不能因此变成地方性的。学术无地方性，不应受地域的限制。有时有人要提出，山大应该多聘山东人教课，应该多多容纳山东籍的学生。这意见我们认为有解释的必要。我们知道中国学术落后，人才又多么寥落，再要限定在一地取材，那是事实上做不到的事。我们必须从全国乃至国际间延聘专家学者，即便聘用本省人到校任课，那是因为他们在学术上的地位，并非因他是本省人的关系。至于学生，当地的青年自然占了许多便利，但不能希望有特殊的办法，因为在同一标准之下，考试应该公开竞争，此时只有以成绩来做我们客观的标准。如果对地方青年降低了标准，毕业时程度必定不够，将来在社会上，不会有好的表现。同时学校若仅能容纳一个地域的学生，学生胸襟不会开展而无偏见。一个大学应该收容各方面的学生，使他们彼此了解各地方各种不同的生活方式，来源愈广，收获愈丰富，愈能陶冶优秀的人才，这一点也须要认识清楚。"①

在回顾国立山东大学复校过程时，赵太侔感触良多："山东大学是因抗战而停办，又因抗战胜利而恢复，在半年的筹备期间，经同人的努力，及地方各界的赞助，现在能够开学上课了。回想在八九年长期抗战学校停办期间，真不知何日才可恢复，所以在今天的举行大会，觉得值得庆幸，同时在庆幸中，可说百感交集。"②

---

① 《本校校庆典礼校长致词补志》，载《国立山东大学校刊》，山东省档案馆档案：J110-01-933。

② 《本校校庆典礼校长致词补志》，载《国立山东大学校刊》，山东省档案馆档案：J110-01-933。

国立山东大学历尽磨难，终于复校，赵太侔怀着感恩之心，向山大师生和社会各界致谢："现在虽然经过半年的筹备，在半年期间，本很短促，我知道过去青岛大学是经过两年的筹备，中间虽然经过'五三惨案'，进行上受到阻碍，算起来仍在一年以上。现在无论经济交通一切条件，都远不及当日，举一个浅例，即

⊙国立山东大学部分学生在校门前合影

如向国外买一件仪器，当日一月的时期即可买到，现在即须经过三四道手续，过半年也未必能买得到。现在能够开学，可说全由同人的努力，及地方长官、社会人士的赞助。今天藉此机会敬向各位致谢。"①

---

① 《本校校庆典礼校长致词补志》，载《国立山东大学校刊》，山东省档案馆档案：J110-01-933；第二节参见青岛大学荆文婷硕士论文《山东大学与青岛城市的互动研究（1930—1958）》。

三、艰苦创业，全面发展

1946年春，国立山东大学在青岛复校，说是复校，实际上等同于重新创办。复校伊始的山东大学，除了校名、校长以及微乎其微的仪器设备外，没有校舍、没有师资、没有学生、没有院系，此时学校已成空架，一切须从零开始。赵太侔领导的山大，就是在这种极端艰苦的条件下，开始了复校工作。

经过半年的筹备，国立山东大学于1946年秋正式开课，复校工作告一段落。赵太侔以其丰富的办学经验和为国家培养人才的担当精神，把"研究高深学问、养成专门人才、陶融健全品格"作为教育目标。围绕这一目标，赵太侔倡导全校师生发扬勤俭办学、从严治学和崇尚学术的优良传统，励精图治，经过3年多的努力，把山大建设成学科齐全、师资力量强大、教学设施完善的综合性大学，在国内同类大学中名列前茅。为20世纪50年代中国海洋大学历史上第二个黄金时期的形成，提供了人才保障和学科基础。

（一）重视教学设备建设

1937年11月，因战事波及山东，学校被迫由青岛迁至安庆，不久又迁至四川万县。图书、案卷、仪器设备等分批运出。第一批物资装火车西运，辗转运到湖南兰田，奉命交给兰田师范学院接收。第二批由水陆运至浦口，因南京失陷，全部丢失。只有第三批物资安全运抵四川万县。1938年2月，山大停办，学生转入中央大学，在校教职工造册送部，另行分配工作；图书、案卷、仪器设备等分别移交到国立中央图书馆、中央大学及中央工业职业学校保管使用。据统计：中央大学借用国立山东大学的图书、仪器、药品、机件等项120箱，中央工业职业学校54箱，国立中央图书馆76

箱,国立师范学校186箱,国立西北工学院23箱。当时国立山东大学有图书30万册,内迁过程中损失极为惨重,所剩无几。

1938年6月,国立山东大学成立了校产保管处,保管剩余的校产。未能运出的财产,在1938年1月日军占领青岛后,将全部校舍作为海军司令部,除占用的家具外,其余图书、仪器、家具等物品,全部被焚毁。

国立山东大学就是在这种情况下开始复校的。总务长周钟岐感叹:"在这八年内,除了少部分的图书仪器存留在后方的,这次经过长远艰苦的路程,再运回青岛外,其他的仪器设备荡然无存,连校舍虽然未被敌人破坏,一时也不能收回使用,因为美军借作他们的军营。①"

⊙1938年山东大学停办后,部分校产移交给国立师范学院

图书仪器是办学的重要条件。赵太侔在收回校舍、聘请师资和院系建设的同时,开始了图书、仪器设备等基础设施建设。他首先组织人员将借用给中央大学的图书、仪器,抓紧运回青岛,又因交通阻滞、运输困难等因素,至1946年10月底始运回青岛。就图书而言,运回青岛的有90余箱,不到9000册,计有西文书3398册,线装书5166册。难能可贵的是交给中央大学保管的《牛津大辞典》归还了山大,这是迄今为止世界上最大的一部英语词典;仪器方面,运回青岛的仪器有60余箱,且多半已残损,无法使用。这就是国立山东大学复校后的全部教学设备。

复校之初的山东大学,以"穷"闻名,当时《燕京新闻》曾以《山东大学一片穷象》报道学校窘境:国立山东大学是青岛最高学府,现在除了几个有名的教授外,似乎再没有别的东西了。图书馆里只有几份报纸杂志和十七八世纪书籍,找不到一本现在需要的新书。

面对着学校图书、仪器设备极度匮乏的现状,赵太侔积极向教育部申

---

① 《本校开学典礼周总务长报告》,载《国立山东大学校刊》,山东档案馆:J110-01-933。

请和谋求社会赞助。在图书建设方面，学校通过青岛市敌产处理局，接管德日书籍6674册，代管中国工程学会日本书籍5349册，又有私人赠书2000册，复购到中西文图书8321册。同时订购了大批西文书籍，尤以文学书籍居多，"以后精神之食粮，可望无匮乏之虞"。

复员经费是筹备复校过程中最困难的问题。复校时，不仅校舍、实验工厂等需要修建，而一切设备均需重新添置，仅修建、添置设备两项费用，至少需要法币32亿7000万（折合美金97万3000元）方可敷用。教育部原定拨给山东大学的修建费仅7亿元，当时物价飞涨，原材料较前增加多倍，以原定的金额，不仅难以恢复旧观，且无法按时开课。为此赵太侔多次致电教育部力争，再三陈述困难，才追加经费1亿5000万元。经费寥寥，不敷应用，为了保证复校工作顺利进行，学校财务部门精打细算，一再压缩开支。如1947年度学校经费由2400万缩减到1590万元，校本部和5个学院的经费也只有5567万元。把节省下来的钱，全部用在添置教学设备上。

赵太侔多次主持召开校务委员会会议，研究学校的图书、仪器设备的建设问题。如：1946年11月9日，赵太侔主持校务委员会会议，推举童第周、刘遵宪等5人组成委员会，负责编制各系图书、仪器计划。

由于教育经费严重不足，而币值又狂跌不止，学校左支右绌，挹注无从，极度艰难。赵太侔在寻求政府和社会援助的同时，倡导山大师生员工发扬自力更生、艰苦创业的优良传统，发动教职工自己动手建立仪器修理厂，自行试制各种急需的仪器，共度时艰。在赵太侔的倡导下，工学院、农学院及理学院物理系、化学系和生物系师生自己动手办工厂、农场，自制仪器、教具。教师们就是利用自制的仪器设备，在艰苦的条件下，进行教学和多种项目的科学研究，并取得了一些成果。

工学院和理学院为了筹建实验和实习所需的实验室和实习工厂，采取了自己动手建设和向相关单位接收或购买的办法。工学院以法币1亿7000万余元，购买了泰山路9号修理工厂、长春路25号锻铸工厂、辽宁路71号机械厂和工学院楼下的木工厂等4个虽破乱不堪，但还合用的工厂。经过整修，因陋就简，筹建了可容纳120多个学生的实习工厂，初步解决了学生的实验、实习场地问题；同时还自制一部分仪器和模型，为教学提供了必要的条件。理学院院长丁西林倡议建设了仪器修造厂，并自兼厂长，认真规划和指导仪器的生产，以解决理科各系教学中的急需。

化学系在抗战期间，原有设备、仪器和药品借用给中央大学使用。复员后，因种种原因，中央大学归还的仅有天平数架、矿石标本十余箱，其他大学借用的设备均未归还。赵太侔与青岛敌产处理局洽商，化学系接收了日军遗留的青岛工业化验所的全部图书、仪器和药品，计图书800余箱，药品数百种，天平数架，仪器及玻璃用品数千件，蒸发皿、电极等16件。

物理系主要是通过加强仪器修造工作，解决教学实验中的困难。当时物理系实验器材紧缺，大部分需要进口，且进口面临着资金短缺和运输困难等诸多问题。因此，物理系决定扩大原有仪器修造厂，结合教学和科研实际，师生自己动手试制和修制各类仪器。到后来不但满足本系需要，而且还能向外供应，师生的动脑和动手能力也得到提升。

复校后，新增设的医学院几乎是白手起家，唯一的财产是接收原日本东亚医科学院的24架旧显微镜以及少量标本和3000册图书。其中一本《解剖学图谱》被学生视为"宝贝"，争相阅读。最早到医学院执教的沈福彭教授等，还改建了简陋的实验室。

赵太侔深知教学设备对于办学的重要性，在节省开支的同时，开拓增加学校收入的途径。1947年5月，赵太侔委派周钟岐和曾呈奎同美军多次交涉，交涉的结果是美军将无偿占用的山大校舍改为租用，临时每月给山大1万美元作为租金。为了学校长远发展，赵太侔将全部租金用在向国外定购教学仪器设备上，不久陆续运到学校，改善了办学条件。

水产系首届学生李春序在谈到这件往事，由衷地感叹："第二次世界大战之后，美军太平洋舰队司令部驻防青岛市，营地是租用山大校本部大半的宿舍，月付租金1万美元。这是山大的一笔私房钱，很少人注意到这件事。那时候大局不安，币值不稳定。教育部拨款跟不上物价飞涨，每个国立大学，都感到经济拮据。在万般困难下，赵校长坚决不动全年12万美金中的一文钱，全部用于向美国订购图书仪器。到了1948年后，大批硬、软

件的教学设备源源不断而来。提高山大教学研究的效果,是百分之百值得肯定的。"①

(二)确保教育品质

抗战胜利后,失学青年非常多。山东大学录取新生名额设有底限,有些冷门系,例如动物、植物、地矿三系人数,总加起来,也不过20多人。当时植物系一年级2人,二年级从缺,三年级1人。每逢举办系际球类比赛时,三系合一,全体参加,仍无法凑足男女各一队的人数。水产系学生李春序曾向赵太侔建议,稍微放宽尺度,多收一些学生,给予更多失学青年接受高等教育的机会。赵太侔以坚定的语气说:"大学老师以研究高深学术为天职,教学则是次要的工作。学生不多,正可专心研究,这有什么不好?况且办教育应当以宁缺毋滥为原则。"②

赵太侔认为教育是神圣的,确保大学的教育品质,是作为校长义不容辞的神圣职责。他这种确保教育品质的理念,体现在山大的教学、科研、管理等各个方面。

国立山东大学复校后,在赵太侔主导下,建立了精简高效的行政机构,主要行政机构为教务、总务、训导。教务处下设注册、出版两组和图书馆;总务处下设文书、庶务、出纳;训导处下设生活管理、课外活动、体育卫生。三处之外,有校长室、会计室两单位。校长室从校长到工友共5人,设秘书、助理秘书、助理员各一人。会计室是独立的,主任为刘康甫,主办全校预算及会计业务。以上是山大的全部行政机构。

赵太侔校长综理校务,校长之下设秘书主任、教务长、总务长、训导长,协助校长分管行政、教学、总务和训导工作。在人员选用方面,赵太侔要求严格,重视学识和才智,强调效率和质量,做到知人善任,致力于把学校办好,为学校的发展提供了组织保障。在人事安排上,聘请杨肇燫

---

① 李春序:《访山东谈山大》,载《我心目中的山东大学》,山东大学出版社2005年版,第195页。

② 李春序:《访山东谈山大》,载《我心目中的山东大学》,山东大学出版社2005年版,第195页。

教授为教务长,周钟岐教授为总务长,刘康甫、李希章先后为秘书主任,刘次箫教授为训导长。

除了行政机构,学校还设有校务会议、行政会议、教务会议、院务会议、系务会议等。校务会议是全校的全校最高权力机构,它由校长、教务长、总务长及各院院长、各系主任、教授代表及会计室主任组成,讨论决定学校的重要决策和规章制度、教师晋升、学位授予、学校预算等事宜。

训导处是复校后新设的行政单位,当时国民党为了控制学生,在各校均设有训导处。训导处下辖的课外活动组主任由徐中玉兼任。据徐中玉回忆:"原来(赵太侔)只聘我来教书,临时因训导处缺个'课外活动组'主任,大概因为我是喜欢文艺创作与评论的,以为不妨权充一下,赵校长三番五次先是托人后又亲自要我答应权兼一下,说山大训导处不搞一般那种管卡压办法,这是学术性工作。"① 在赵太侔盛情邀请下,徐中玉担任了课外活动组主任,足见赵太侔在用人方面的严格与执着。

在教学方面,赵太侔要求学生对人文科学、自然科学和应用科学三方面都具有广泛的综合了解,既掌握渊博的知识,又有实际的能力。在实践中,学校规定,各学院学生修业年限为4年,其中工学院5年、医学院6年。各学院除医学院科目另有规定外,其他院系科目均按学分计算。每学期每周授课1小时为1学分,实验及无须课外自习的科目以2至3小时为1学分。各学院学生除了第一年外,每学期所修科目以不超过21学分为原则。考试分为临时试验、学期试验、前期试验、毕业试验4种。学生成绩分为甲、乙、丙、丁4

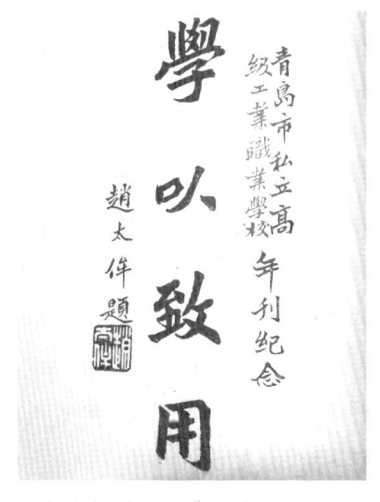

⊙赵太侔题字:学以致用

---

① 徐中玉:《两次在山大的回忆》,载《我心目中的山东大学》,山东大学出版社2005年版,第49页。

个等级。凡某科目考试成绩列丁等者为不及格，不给学分，如是必修课必须重修。修业期满和测验及格者，依学位条例授予学士学位。

在实行学分制的过程中，学校注意把学生的积极性、主动性和教师的指导作用有机地结合起来。与学分制并行的是必修制和选修制。学校规定，三民主义、中文、英文、体育为各院系学生共同必修课。文科生还要必修生物课及其他一门自然科学。除了共同必修课外，各系按照各自的教学要求，规定了自己的必修与选修课目表。学生在每年开学时，参照选修课目表自行选定课程，中途还可以增选或退选，但必须经系主任签字批准，目的是为了控制选课，使之不至于过滥。

必修课与选修课相结合的教学安排，既保证人才的培养方向和国家的需要，同时兼顾了学生的个人志趣，使学生能够按照个人的爱好与特长，自学其他专业相关的知识，锻炼学生独立思考和解决实际问题的能力。

教材是教师的教与学生的学的主要依据，因而教材之于教学是非常重要的。国立山东大学复校后，由于系科增加很多，面临着教材匮乏的问题。赵太侔鼓励各院系教授自己编写教材或翻译教材，不断提高教学质量；各院系所编写的教材，要有针对性和实用性。物理系的专业课和基础课均由教授承担，在教学中为了培养学生的创造能力，教材多需修订充实，系里对此非常关注，曾组织翻译了席尔思的《大学物理学》，由中华书局出版后，被学术界认为是优秀教材，广泛采用。

（三）重视体育教学与学生身心健康

重视体育是山大的一个优良传统。赵太侔十分重视体育，他认为体育从小处，关乎每位同学身心健康，从大处关乎民族强弱，要求学生重视体育课学习，与其他各课并重。为此，赵太侔把体育作为一项重要的工作来抓。引进体育名师，扩大体育教师队伍，建立相关规章制度，对学生严格要求。学校规定：学校每周必修体育课2个小时，每日至少1小时的课外活动，体育课以球类、田径、国术、游泳为主，并制定了各年级标准测验项目，按期测试，以及格为准，学生达到16种不同运动项目的标准才能毕业。学生每学年进行一次健康体检，对有疾病及缺陷者，则分别进行治疗、矫正，此项工作纳入学校体育实施的参考。

赵太侔深知体育教学离不开专家的培育，他力聘战前曾在学校任教的体育教授宋君复，并委以重任。在宋君复的指导下，山大的体育教学和群众性体育运动也保持了较高的水平。

为了培养学生的运动兴趣，提高体育竞技水平，学校每年春秋两季举办体育运动会。每次运动会赵太侔亲任会长和总裁判，副会长和裁判员多由各院系负责人担任。在运动会上，通过各类项目的竞赛，形成一种顽强拼搏、奋勇争先的精神，也密切了各院系师生之间的关系。

1947年5月30日，山大在鱼山路运动场举办第7届运动会，这是复校后的第一次运动会。赵太侔在致辞中强调：运动会不是目的，而是一个手段，借此提高兴趣，养成竞争进取之精神，在教育方面，我们应智、德、体并重，就个人言，无健全体格，即一切无成就。就民族言，人民衰弱，则民族亦无前途。

1948年4月，国立山东大学第8届春季运动会在鱼山路运动场举行，这是一次承前启后的盛会。两天的运动会完成了39个田径项目（包括团体、教职工组）的比赛，其中多项成绩超过校纪录。大会会长、总裁判长由校长赵太侔担任，体育专家、体育卫生组主任宋君复教授任总干事、副总裁判长。当台湾教育参观团在校长赵太侔、教务长杨肇爝、总务长周钟歧等引导下，来到运动场时，整个赛场掌声雷动，目睹50年后重返祖国的台湾同胞，全场掀起了一个热潮。山东大学第8届运动会受到了青岛各界的广泛关注与支持。为运动会捐助奖品的有政府部门、银行、企业、学校、医院等52个单位，其中青岛市市长李先良以个人名义捐了一面锦旗。

（四）崇尚学术与科学研究

崇尚学术与科学研究，是赵太侔的重要办学理念之一。抗战前，赵太侔利用每周一的总理纪念周，聘请校内外著名学者做学术讲演。山大复校后，赵太侔传承这一优良传统，并发扬光大。据统计，从1946年至1947年底，在山大发表学术讲演的学者有原山大生物系教授、美国康奈尔大学生物系教授林绍文博士之《漫谈科学》；物理系教授丁西林之《苏联的科学》

《原子能与原子弹》；物理系教授李先正之《英国的科学》；物理系教授杨肇燫之《中国科学发展的途径》《量纲略说》；物理系教授郭贻诚《宇宙射线研究近况》；会计专家皮达吾之《会计常识》等。众多学者发表演讲，学校的学术空气更加浓厚。

赵太侔对于学者发表讲演格外重视，如有时间必亲自陪同，向听众介绍。丁西林在做《原子能与原子弹》讲演时，赵太侔全程陪同。丁西林是著名的物理学家，又是知名的戏剧家，听众甚多，有教职员工及全体学生800余人，还有校外听众若干人。据校刊报道，丁西林的讲演"深入浅出，娓娓道来，故听众极感兴趣"①。

赵太侔主张"学校是作学术研究的地方，同时也是同学们要迈进社会的准备阶段……大学是以先生为主体，教书并不是他们主要的任务。……因为大学是以学术研究为中心，先生们只要作研究工作，就已经尽了他们的责任，其所以教导学生的目的，不过是为使他们的研究工作有人继续而已"②。

赵太侔把科学研究放在了非常重要的位置，以研究带动教学。所以学生所学到的知识不仅仅是课本上，而多是教授的最新研究成果。在赵太侔的倡导和推动下，学校的教学、科研工作，学术空气十分活跃，各院系都制订了本单位的学术研究计划和展望。

由于第二次世界大战原子弹的出现，促进了物理科学飞速发展，很多新的领域亟待探索。物理系将当时属于前沿科学的原子能研究、宇宙光线研究和无线电研究列为攻关的课题，并付诸实施。动物系注重调查，每逢海水退潮，教师们便组织学生到海滨采集标本，以供学术研究之用。农学院农艺系与农林部烟草改进处合作，在烟草研究方面，既改良了烟草品种，推动学术研究，又辅助了教学。园艺系在试验我国史前水杉发芽育苗方面，也取得了很大的成绩，对山东省园艺事业发展做出了贡献。

---

①《丁燮林教授演讲》，载《国立山东大学校刊》，山东省档案馆档案：J110-01-933。
②《赵太侔在1946年开学典礼上的讲话》，载《国立山东大学校刊》，山东省档案馆档案：J110-01-933。

四、留在青岛，迎接解放

从1946年春复校到1949年6月青岛解放，国立山东大学进步学生在中共地下党的领导下，多次开展反美蒋的学生运动，在全国也产生了一定的影响。其中包括三次反美怒潮，"六二"反饥饿、反内战运动，反"特刑庭"斗争，反"南迁"护校斗争等爱国运动，在团结、教育和促使广大学生逐步觉醒，在促进旧中国灭亡和新中国诞生的斗争中，做出了一定的贡献。

在山大学生的爱国运动中，赵太侔逐步看清了国民党反动统治的本质，选择和进步师生站在一起，以校长的身份，尽最大努力来保护进步师生。他保护、营救在"六二"学运和反"特刑庭"斗争中被捕的学生和进步教师徐中玉。

1948年冬，人民解放军所向披靡，国民党军土崩瓦解。在不可逆转的形势下，国民党控制的青岛，刮起一股达官贵人南逃、工厂企业南迁之风。

在国立山东大学，反动势力依然猖獗。他们密切配合反动当局，一方面盗卖学校财产，筹集资金准备南逃，一方面策划把整个学校南迁到台湾的阴谋。在这紧要关头，中共青岛地下党组织向山大学运骨干发出指示：当前的中心任务是护校，迎接解放，"要保护山大的一草一木，完整地交给人民"。敌我两种力量，正以公开和隐蔽的两种形式，展开激烈的斗争。

历史处于一个重大的转折关头。身为资深国民党人和国民政府委任的校长赵太侔，再次被形势逼到了历史的十字路口。

赵太侔审时度势，决心和山大师生一起，保护好山大，不被敌人破坏，实行了多种应变措施。1948年11月8日，赵太侔主持校务委员会临时会议，就时局的紧张形势，研究应变对策；11月18日，赵太侔再次主持临时校务会议，中心议题是应对时局变化。会议议决：美军应付的房租改收面粉；呈请国民政府教育部尽早拨付应变经费；必要时集中眷属设法自卫，以策安全；推定专人与教育部及平津各高校作私人联络；关于应变事项的办理由校务会议及行政会议决定。

1949年3月，山大反南迁斗争爆发。学校内顽固势力和特务分子借水产系借读复旦大学之机，煽动、策划将山大南迁。在这关键时刻，中共地下党组织认为：如果水产系南迁，紧接着就是山大的南迁，这就意味着整个山大的毁灭，发出"护校是当前中心任务"指示。

山大学生自治会根据指示立即成立了全校性的"应变技术委员会"。委员会发布通告称："本市官宦富贾及一部分国营公司机关，均纷纷南下，时局已临相当严重阶段，我们不应再粉饰太平，忌疾讳医。"呼吁全体同学对此种情况不应熟视无睹，应做未雨绸缪之准备……要以灯蛾扑火的精神，来保护学校，保障生命。反南迁的斗争形势十分严峻。①

在这历史抉择的关键时候，历经风雨洗礼的赵太侔，顺应形势，接受了历史的考验。赵太侔主持校务会，就南迁事宜进行议决。进步教授赵纪斌、杨向奎、陆侃如等在校委会上陈词，历数南迁将给山大带来绝境，坚决反对南迁。最后，赵太侔决定山大不南迁。

据参加这次会议的中文系主任杨向奎教授回忆："由校长赵太侔主持的这次全体校务会议上，曾有人动议迁校，但遭到丁西林、曾呈奎、童第周和我等多数人的反对，校长赵太侔自己也不想走，故迁校的动议未能通过。"②

3月28日，学校师生就水产系是否南迁进行激烈辩论。早已对此事"胸有成竹"的赵太侔，应邀在大会上表态。他沉稳地走上讲台，语气舒缓却又斩钉截铁地表示"学校不能南迁，这会造成很大损失"。赵太侔的态度澄清了少数希望南迁同学的模糊认识：水产系南下复旦大学借读是无奈之

---

① 张静：《中国海洋大学大事记》，中国海洋大学出版社2014年版，第39页。
② 田广渠：《历史激流中的赵太侔先生》，《中国海洋大学报》第1808期。

举,是为了学生们的前途,与整个学校南迁有性质的区别。赵太侔反对山大南迁的坚定态度,在反南迁斗争中起到了关键作用。

主持会议的学生黄鑫顺势提出就南迁问题进行表决,以压倒多数的表决结果通过了反对南迁的决议。会后,在校园内举行了游行,持续数月的反南迁斗争取得胜利。

1949年4月,中国人民解放军发起渡江战役,胜利在望。青岛形势更加紧张,反动势力做最后垂死的挣扎。面对危局,赵太侔几次召开校务会议,研究对策。首先让校警整理枪支,加强守卫,延长夜班时间,修理校本部的垣墙。教职员工两宿舍——鱼山路第一公舍及合江路第二公舍的住户也自动组织起来,轮流值夜班,以防意外。医农两学院也做了必要的准备。

5月9日,赵太侔集中全校的人力、物力,成立山东大学应变委员会,赵太侔任主席。应变委员会下设了安全、生活、总务3个组,并成立了武装纠察。山大地下党组织经报青岛市委同意,将应变委员会这一合法机构变成在地下党领导下的护校委员会,领导山大的护校工作。

赵太侔为了学校的安全与前途,亲自去警备司令部交涉,要求其不得到学校抓人,并与进步学生合作,拿出美军租借山大校舍的租金,由进步教授曾呈奎与中纺公司协商(公司副经理王新元为地下党员),换回面粉1万袋,足够当时在校人员3个月之用。在市区已戒严的情况下,将面粉抢运回校园,同时储备了充分的水和煤,以备应急之用。在赵太侔支持下,应变委员会又清查了全校户口,在膳食、燃料、交通工具管理和消防、防空、救护、警卫管理与宣传等方面,都做了充分的准备。

5月,人民解放军扫清敌人外围防线,兵临青岛市区,国民党反动势力一面负隅顽抗,一面镇压进步力量,并开始了撤离,形势更趋紧张。青岛即将解放,黎明前的黑暗也笼罩着山大校园。国民党特务要到山大捕人的消息悄悄流传。5月23日,国民党青年军进驻山大。25日,警备司令部又派增一个连的兵力驻守。山大进步学生日夜保持着高度的警惕,巧妙地和敌人周旋,轮流守护校园;护校组织,日夜轮流守护着学校的水电设施和一切财产,在学校形成了一个严密的监督网,使敌人无法进行破坏。

准备撤退的青岛国民党当局,除了要破坏一些要害部门外,还要胁迫一批有影响的知名人士南下。赵太侔接到南京教育部密电,嘱令其随驻青岛海军南下广州,驻青的国民党军政要人一再让他做好撤退准备。

中共地下党对赵太侔的政治态度早已了解,为争取他留下做了许多工作。进步教授杨向奎通过与王新元联系,为赵太侔的儿子在中纺安排了工作,将其长女赵西华安排在中文系担任助教,以免其"后顾之忧"。赵太侔审时度势,决心不再跟行将灭亡的反动势力去逃亡。一次,当有人将一封劝其南下的信交给他时,他拆阅后面带怒容。当时在场的教务长杨肇㵢问他怎么回事,一向不苟言笑的赵太侔"嘿"了一声,说"要我走开,还去过流亡生活",流露出不屑的神情。

国民党海军司令桂永清让山大图书馆馆长刘崇仁找到赵太侔,让赵乘坐他的军舰一道走,被赵太侔推脱掉了;接着国民党第11绥靖区司令官刘安琪逼迫赵太侔与他一起乘军舰去台湾,赵太侔不为所动。

中共地下党和进步力量想方设法保护赵太侔不被反动当局裹挟而去。如果仍住在绥远路(今包头路)18号赵宅,赵太侔肯定会被反动当局找到;如果搬到其他宿舍或亲友家中,也容易泄密。曾呈奎教授主动出面,与山大医院的几位进步医护人员共同商量,在青岛解放的前几天,将赵太侔及其家属安排住进医院东北角一座基本上不对外接纳病人的小楼上。5月底,人民解放军逼近市区,国民党军警开始从海上撤退。刘安琪在逃离前匆匆赶到绥远路18号,进门一看,已人去楼空。刘安琪四处寻觅,也未曾找到赵的踪影,只得悻悻而去。此时的赵太侔,正在山大医院第四病房里平静而激动地迎接解放。关于这段历史,赵太侔晚年在其《自传》里,也有记述:

青岛解放之前,学校展开应变工作。经过校务会议议决,将建设专款的美金两万元移作储粮应变经费。应变工作由于全体同学的参加,进行得很顺利,而且因此更增进了师生的团结。伪绥署决定撤退时,我曾打电报给伪教育部,请示学校员生如何安置。杭立武回电说,"请偕重要教授南来。"我感觉这不像话,我不能丢开全体员生不管,而一走了之,虽然我也没有力量管,但在危难之际,只有和大家抱在一起患难生死与共。在解放前夕,伪绥署及伪市党部三番两次催促我走,我不胜其扰。也正因为旧病慢性肠炎发作,附属医院尹学熙大夫劝我住院(潘作新大夫亦在场),我就乘机避进医院,校务委托杨教务长季璠(杨肇燫)代理,因此避过伪市党部之逼迫。①

1949年6月2日,青岛解放。翌日,校长室助理秘书李希章和外语系教师贺绍兰来到山大医院第四病房,看望赵太侔,共庆青岛解放。

数日后,赵太侔返校,在校长室会见了军管会文教部部长王哲,双方商谈山大移交事宜。赵太侔将相关事宜传达到各单位,最后由校长室汇齐各单位所造表册呈交军管会文教部,同军管会文教部部长王哲办理了交接手续。

赵太侔在历史性的关键时刻,深明大义,凭着一位爱国知识分子的正义良知和与在国立山东大学十几年工作的血脉情缘,同广大爱国师生站到了一起,为维护学校完整、保护学校财产站好了解放前的最后一班岗,把一个完整的学校交到人民手中。

山大的历史翻开了新的一页,赵太侔开始了新的人生。

---

① 中国海洋大学:赵太侔档案,档号:246。

第十一章

全人教育，凸显海洋

山东大学是一所国立大学，赵太侔在学科设置方面，不仅重视其完整性，同时根据青岛临海的特点，提出发展海洋、水产学科的思想，为地方服务。为此，他创办了中国第一个本科水产系和中国高校第一个海洋研究所，成为中国海洋大学特色立校的第二个学科源头，为青岛海洋城奠基。

一、立足地方，发展特色

赵太侔认为山东大学作为一所国立大学和完全大学，应该对国家建设有更多的担当。就学科而言，需要建立完整的学科体系。从学科设立路径，赵太侔认为先成立文理学院，其他院系才有所凭借。因为在大学读书，不只学技能，而是要受"全人教育"。国立山东大学复校后院系设置，体现了赵太侔的大局意识和办学格局。

赵太侔不仅重视院系设置的完整性，而且尤为关注其特殊性。赵太侔认为大学与地方有着密切关系："大学既受到地方的供养，一方面要协助地方解决各种技术上的问题。同时要供给地方所需要的人才，我们所造就的学生，如果不能供应这种需要，那便是我们未能尽到责任。"[①]完整性与特殊性相结合，才能体现出国立山东大学的优势，学校才会有特色。立足于地方，为地方服务，是赵太侔的重要办学思想和院系设置的基石，充分体现了综合与特色的辩证关系，对后续办学产生了深远的影响。

山东省是一个农业大省，物产丰富，除了小麦、小米、高粱、棉花等普通农作物外，还有白菜、葡萄、甘薯、花生等。立足于山东省情，山东大学在农学院里设立了农艺学系和园艺学系；山东省有相当丰富且重要的煤、铁、金、轻金、火泥、萤石、重晶石等工业资源，山东大学在理学院设立了地质矿物学系。

赵太侔根据青岛三面环海，海岸线漫长，气候宜人的地域和气候特

---

① 《本校校庆典礼校长致词补志》，载《国立山东大学校刊》，山东省档案馆档案：J110-01-933。

点,同时又便于同观象台、水族馆合作等因素,致力于海洋、水产学科建设。他认为利用青岛的地域和环境的便利,侧重开展海洋研究是山东大学的特色之一,也是国立山东大学特色发展的定位。

据此,赵太侔设计了海洋学科建设的具体路线:农学院设立水产系,工学院设立造船工程系,理学院设立海洋研究所;将海洋物理、海洋气象、海洋生物、海洋地质纳入研究范围:"关于海洋的物理、气象、生物、地质都是我们研究的对象。这些都是地域上的特殊条件,足以供我们研究的地方。"①

赵太侔关于发展海洋学科的思想,与前校长杨振声的发展海边生物学思想一脉相承并发扬光大。为了凸显海洋学科在学校整个学科布局中的地位,赵太侔根据青岛的环境特点,计划成立单独的海洋学院,下辖海洋、水产两系,同时附设海洋研究所和水产研究所,开展学术研究,造就专门海洋、水产人才,用四年的时间完成,但是由于师资、仪器设备等条件限制,先行设置了海洋研究所、水产系和水产研究所。

赵太侔通过对海洋学科的探索与创建,为中国海洋学科教育积累了丰富的经验,为中国海洋科学的发展打下了良好的基础。

---

① 《本校校庆典礼校长致词补志》,载《国立山东大学校刊》,山东省档案馆档案:J110-01-933。

二、创办海洋研究所

赵太侔十分重视发展海洋学科,早在抗战前夕,大力倡导发展海边生物学,并有筹备海洋研究所的计划,因战争而停顿。

复校后,赵太侔根据拟定的海洋、水产学科建设方案,积极推进,计划先行设立海洋学系,附设海洋研究所。"按照美国之规定,海洋学系之修业年限为六年,课程有动物学、植物学、海洋化学、海洋物理学等。"①

1947年2月5日,国立山东大学电呈国民政府教育部,报送设置海洋学系并附设海洋研究所的计划:校理学院规划设置海洋学系,同时注重物理与生物两方面之教学,附设海洋研究所,以系主任兼所长。此项计划分4年完成,本年度可由教育部酌拨筹备费用。19日,教育部批准国立山东大学规划设置海洋学系并附设海洋研究所。

面对学校仪器设备奇缺和师资严重匮乏的现状,赵太侔担心海洋学系范围过大,四年课程无法安排,在广泛征求意见的基础上,从实际出发,采取循序渐进的办法,先筹建海洋研究所,再筹建海洋学系,并让童第周教授先行筹备。赵太侔认为:按照当时政府所能

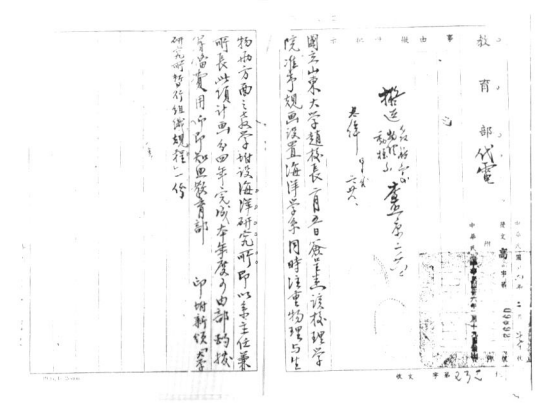

⊙赵太侔签呈的设置海洋系的文件

①《山大设海洋学系,昨接获教部通知》,载《青岛公报》1947年4月11日。

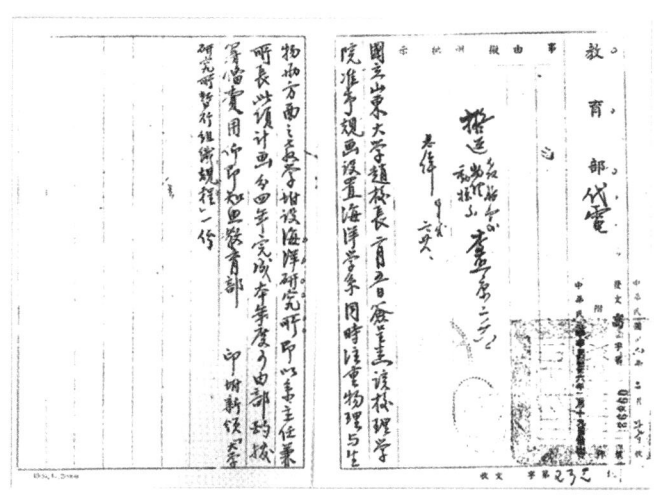

⊙1947年2月，国民政府教育部批准规划设置海洋学系并附设海洋研究所的电文

提供的办学条件，不可能一上来就建立海洋系，应该等待时机。但可以单独成立海洋研究所，作为动物、植物及水产三系研究之所。

山大筹建海洋学系，受到媒体的关注。《教育通讯》报道：

> 国立山东大学，设于青岛。该地滨海，气候宜人，最适于海洋学各学科之研究工作，该校战前即曾注意及此，于民国二十五年与中央研究院、北平研究院、北京大学、中国科学社等九个团体，曾联合筹设青岛海洋研究所，旋因抗战军兴，遂至停顿。现教育文化机构均已次第复员，该校复设动物植物及水产等学系，罗致了不少海洋生物名家，兹为开展研究工作，乃呈请设置海洋研究所，倾悉教育部已核准该校规划设立海洋学系，附设海洋研究所，分四年完成云。①

因为海洋研究所以动物系和植物系为依托，该二系系主任童第周、曾呈奎对创办海洋研究所十分热心，赵太侔于4月24日聘任童第周为海洋研究所所长，曾呈奎为副所长。研究所的研究人员大部分由动、植物系教师兼

① 《山东大学筹设海洋学系》，载《教育通讯（汉口）》1947年4月1日复刊第3卷第3期。

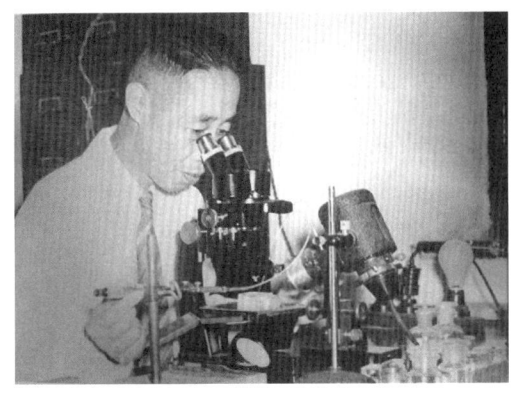
⊙海洋研究所所长童第周

⊙海洋研究所副所长曾呈奎

任,主要从事海洋生物研究。除了本校从事海洋研究的学者,"凡有兴趣于太平洋东岸之海洋学者,均可以此为工作之中心"。

中国高校第一个海洋研究所——国立山东大学海洋研究所由此宣告成立,成为青岛乃至全国海洋研究机构的先驱之一。

赵太侔亲自起草了海洋研究所大纲,对该所研究领域及其方向做出较详细的阐述。

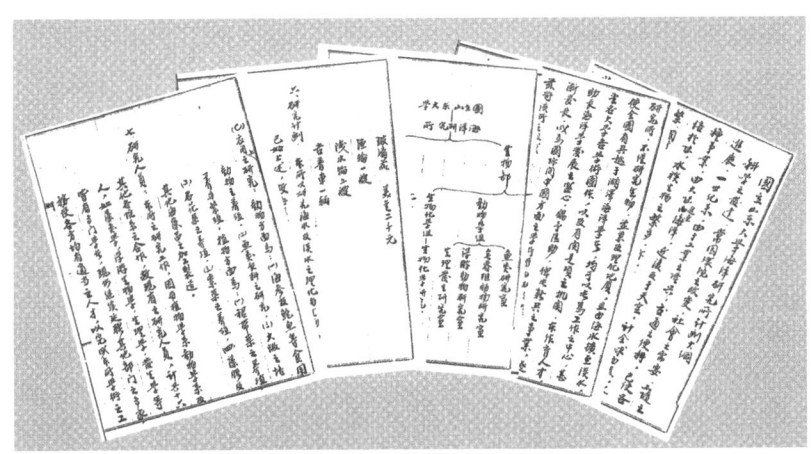
⊙赵太侔拟写的海洋研究所大纲

山大立足于中国海洋研究现状,从青岛的地域特点出发,对海洋研究的发展进行了较为详尽的规划:

我国位于太平洋东岸，海岸线之长，北起鸭绿江，南至东京湾，达一万七千余里，然迄今尚无一正式之海洋研究所，举凡海水之深浅，海底之性质，海流之情形，温度，酸度、碱度之测定，生物之分布，鱼群之迁徙，食用海产生物之习性及繁殖等，均无详细之记录，至培育养育，则更无论矣！青岛地点适中，气候宜人，为太平洋东岸最适于研究海洋之处所。前生物学系，虽有海洋生物研究所之筹划，然范围较小，且无一定所址，足供研究人员之工作，欲各发展，势非另行筹划不可，故拟于湛山附近之海滨，建一较有规模之所址，一如美国之Woods Hole，意大利之Naples，法国之Roscoff等研究所，不仅可供全国生物学及理化学者之研究，凡有兴趣于太平洋东岸之海洋学者，均可以此为工作中心，房屋之建筑，已借得美国La Jolla海洋研究所新所之草图，略为修改，即可动工，美国Woods Hole研究所，慨捐图书杂志三大室，业已起运来华，不久即可抵青，足见友邦人士，对于本所之热忱也。所内组织，拟分理化、生物两部。前者研究海洋方面，有关理化之特征，后者研究海产之动植物，理论与实践并重，同时并拟设一大规模之养殖场，以供培养海藻及其他食用动物之用，并兼作研究及实验之场所，故将来可与农学院之水产系，密切合作。研究人员，现已有藻类学、浮游生物学、生理学、发生繁殖学、鱼类食料等之专门学者数人，并继续延聘其他积学之士，务使各部均有适当人才，以完成一较有规模之组织。唯成立伊始，根基毫无，人力财力，均感不足，甚望各大学，学术团体，以及有关是项之机关，本作育人才，助长海洋学发展之盛心，赐予匡助。禅此呱呱坠地之新组织，逐渐发长，成为一国际间，中国方面之学术研究机关，曷胜厚幸。[①]

这个规划充分体现出赵太侔开展海洋学术研究的思想。在赵太侔与童第周、曾呈奎的共同努力下，海洋研究所的各项工作开展起来。

---

① 《动植物系植物学系及海洋研究所概况》，载《国立山东大学校刊》，山东省档案馆档案：J110-01-933。

三、创办中国第一个本科水产系

我国海域辽阔,有世界著名的渔场和极为丰富的水产资源,但是在20世纪三四十年代,我国水产事业落后,从事水产研究的学者寥寥无几,除了厦门集美学校和天津的河北省立水产专科学校外,再无水产教育的专门机构。当时以侯朝海为代表的老一辈卓有见识的学者们积极建议国民政府在刚刚复校的山东大学内创办水产系。

此时,国民政府从联合国渔业善后救济物资管理处领取了一部分机动渔轮、机械加工和若干船用物资,同时接收了部分水产科技人员,使水产科研与教育的开展有了一定的基础。但要发展我国的水产事业则离不开专业人员,这就必须办一所培养高级水产科技人才的教育机构,而青岛依山傍海,气候宜人、环境优美、交通便利,具有良好的海港、渔场,且具备相当的工业基础;另外山东半岛黄、渤海渔业资源丰富,宜养宜捕,既是水产品生产基地,也是适宜的教学科研基地。

1946年教育部决定在山大增设水产系,其设立时间虽比天津的河北省立水产专科学校晚,但起点较高,是国内第一个本科水产学系,也是山大复校后的重要支柱学科。赵太侔担当起创办中国第一个本科水产系的重任。

水产系下辖渔捞、养殖、加工3组,原先拟定为6年毕业,但为了社会发展的需要,仍同其他院系一样,4年毕业。

水产系在课程设置中,注重对学生理论培养,同时十分看重与生产实际相结合的社会实践活动。"为使学生明瞭本地渔业产销情形及鱼市场组织状况,以增进学生实际学问起见,率领该校水产系学生四十余人,前往菏泽路鱼市场做实际参观,当由鱼市场负责人引导,对该场经纪人之叫卖情形,产鱼种类、产量与销路近况,鱼市场之组织章程指示颇详"①,学生在实地参观中,不仅能够更深刻地理解课堂学习的理论知识,也能够在实践中进一步激发学习的兴趣和灵感。

山大水产系的创办不仅开创了我国培养水产本科生的先河,其教学主张也逐渐发展成为水产学教育的基本模式。

(一)辗转聘任朱树屏

1946年3月,水产系筹建工作启动,并随即开始了聘用系主任和教授的工作。赵太侔主持临时校务会议,对系主任的人选进行了认真的研究。他认为水产系作为中国第一个本科水产系,其系主任人选应在国际海洋、水产科学界享有相当的声望和学术造诣。依据此标准,被推荐的是当时世界上最大的海洋研究机构——美国伍兹霍尔海洋研究所任高级研究员、藻类研究室主任的朱树屏博士。赵太侔决定聘请朱树屏为水产系主任。

赵太侔立即致函在重庆北碚的童第周,告知他经校务会研究,决定聘请朱树屏任水产系主任,并委托他就近代聘。童第周和朱树屏分别是中央研究院心理、生理研究所和动植物研究所的研究员,这两个研究所都在

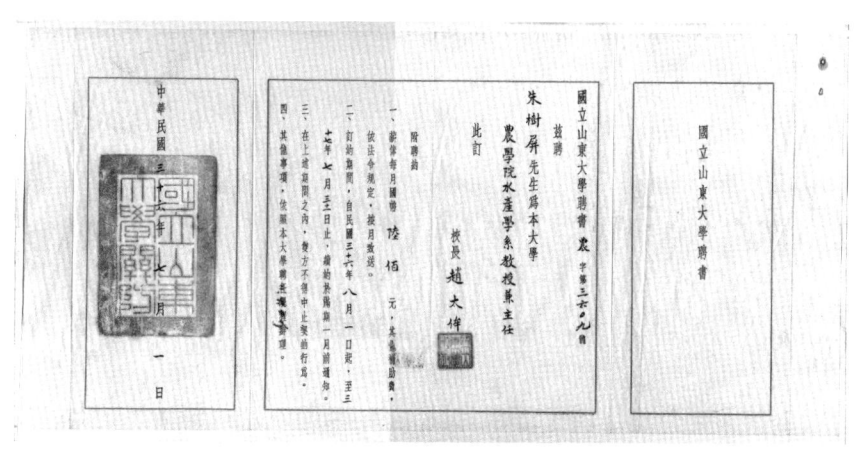

⊙1947年朱树屏聘书

① 《山大水产系学生参观鱼市场》,载《东方渔业》1948年6月第1卷第3期。1948年2月《东方渔业》。

北碚。此时，童第周已接到赵太侔聘请他担任动物系主任的聘书，决定回山大任教。因朱树屏在美国伍兹霍尔海洋研究所工作，无法直接联系，童第周为能尽快完成赵太侔交给他的任务，数次去朱树屏夫人王致平女士住处代为邀请，继而又去拜访朱树屏的老师、动植物研究所所长王家楫，请他出面做工作。童第周在回复赵太侔的信中写道：朱树屏先生，周（童第周）曾与渠夫人及老师商酌数次，周离渝前数日亦晤其夫人谈及此事，渠等均云：曾预领云大薪金，回国后第一年也须去云大服务，第二年再考虑来山大，周已将此意告泽农兄（指曾呈奎），请其就近接洽（朱君现在美国）……"①

朱树屏在美国伍兹霍尔海洋研究所工作期间，已被云南大学生物系聘为教授。同在美国的曾呈奎告知朱树屏：国立山东大学校长赵太侔决定聘请他为该校水产系主任。6月，朱树屏在致曾呈奎信中说："目前，云大生物系有约在先，不能即刻如命……弟未得童第周先生信，中英庚款董事会曾有信为山大海洋学院恳邀，以云大有约在先，亦未能即允，唯对该院之建设，在可能范围内，必期尽力相助。"②

在赵太侔坚持聘请朱树屏为水产系主任的同时，招生工作同步进行。1946年10月，国立山东大学年度招生，水产系首届报考本科生多达462名，第一批招收学生52人，居全校15个院系之第5位。植物系、动物系仅各招4名学生。10月25日，国立山东大学举行开学典礼，12月23日正式上课，开创了我国水产高等教育的新纪元。

1946年12月，朱树屏回国，如约赴云南大学任生物系教授。此时，中央研究院鉴于朱树屏在学术领域的学术声望和地位，决定将其聘回。为此，中央研究院与云南大学进行了多次协商。为了尽快聘请到朱树屏先生，赵太侔与水产系代表亲赴上海，与动植物研究所王家楫所长协商，并将水产系无人主持、教学之困境如实告知。由此出现了动植物研究所、云

---

① 参见《几度死里逃生，谱写海洋奇缘：海洋科学家朱树屏坎坷、非凡的人生经历》，载2017年3月28日《半岛都市报》。
② 日月、朱谨：《朱树屏信札》，海洋出版社2007年版，第199—200页。

南大学、国立山东大学三方争聘朱树屏的局面,在这种情况下,赵太侔采取了"不为我所有,但为我所用"的灵活方式,极力聘请朱树屏。经过不懈努力,三方达成协议:1947年暑假朱树屏应聘回中央研究院动植物研究所任研究员,随即以借聘形式赴山大任水产系主任,借聘期一年。朱树屏在1952年1月7日的日记中对此事有记录:水产系派代表面述困难和危急情形,赵校长亦到沪与王所长接洽。

赵太侔按捺不住心中的喜悦,随后致信朱树屏:"树屏先生大鉴:京中获接清晖,猥承概允来校协助,葛胜感幸。兹聘先生为本校农学院水产学系教授兼主任,聘书附尘,敬希早日命驾来校,无任翘企……"①

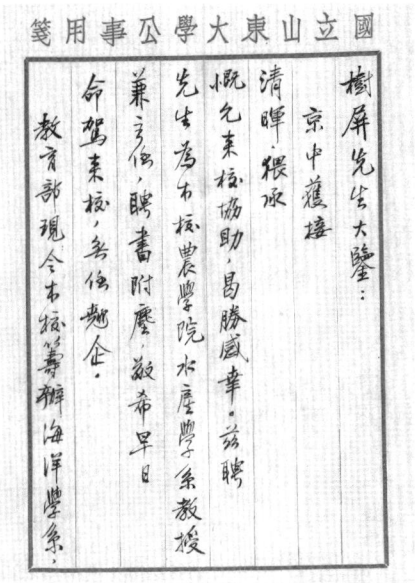

⊙赵太侔致朱树屏函

在朱树屏到任前,水产系系务工作由学校暂为掌管。1947年初,曾呈奎回国,被赵太侔聘为植物系主任。因1946年度,植物系仅招收了4名学生,系务工作不很繁忙,而水产系也需要有人暂为代理系务。赵太侔有意

① 日月、朱谨:《朱树屏信札》,海洋出版社2007年版,233页。

让曾呈奎代理水产系主任,并征求朱树屏意见。朱树屏表示:如需要时,曾呈奎尚可暂时代理他处理系务工作。赵太侔于是决定在朱树屏到任前,由曾呈奎暂代水产系系务工作。

在朱树屏到任之前,曾呈奎与朱树屏通信频繁,在1947年4月3日信中写道:"在兄未到校前,太侔校长令弟暂代。弟虽对于水产研究甚感兴趣,但于水产课程授课则完全无经验,故请兄即草'水产系课程'掷下。目前只有第一年级生,其所修者与农院他系不上下,不外英、汉、算、动、植、化学等,唯第二年级以上则须请兄来示……此外关于系中人员,除现有之一位助教及一位职员外,须请兄物色适当人材。弟只能代兄签字(水产系主修者有四五十人)及买些书籍而已,其他事情请兄时时来赐教为盼……"①

4月7日,曾呈奎再次致信朱树屏:"太侔校长令弟于兄未到校时暂行代理水产系职……尚有些少许什事弟亦可代办,至于二三四年级课程、系务进行,聘任教授助教等,望兄自己负责为盼……敢恳兄于七月初旬到青为盼。"②

此时水产系的学生因为无人管理、无教授、无教材、无实验室、无专业可学,而忧心忡忡,可以从5月4日水产系学生致朱树屏信中可见一斑:"水产系因无专人负责,致一切事务无法进行,近虽由曾呈奎先生暂为代理,唯曾先生掌植物系职务甚忙,实无余力兼顾,而生等课程之增减,本系图书、仪器之设置,皆因无具体计划,茫然无所措之,生等有如大海中之一叶片舟,虽有上进之志,但乏引路之人,终日惶惶无所适从";"本系功课繁重,举凡天文、气象、海洋、物理、化学、生物、机械等皆为将来所必修,如不早分组修习则深恐毕业之日始得窥水产之门径,四年光阴岂不虚掷?生等深感年岁之不再,尤恐学业之不就,于第二年始意请分组上课,以便专攻而利进修,唯分组事有赖专家主持,且须事先缜密计划,始克免于贻误"。信中还表达期盼朱树屏早日上任:"生等之望于先生犹久旱之

---

① 日月、朱谨:《朱树屏信札》,海洋出版社2007年版,234页。
② 日月、朱谨:《朱树屏信札》,海洋出版社2007年版,235页。

望甘霖，殷切翘盼。"①

面对水产系种种困难，赵太侔更是心急如焚，6月8日再次致函朱树屏，就教员薪水、课程设置、师资聘任等，与其交换意见：

树屏吾兄钧鉴：②

飞示均奉悉，近来各地均发生学潮，学校激荡不安，极费应付。奉复稽迟，深以为歉。

水产系二年级课程当以函示编订，所需教员即请计划接洽。三、四年级课程有关师资，尚可从容物色。教员待遇列为第一级，与京沪区同，底薪略仿北大，如左表：③

助教	120～200
研究助教与教员	140～240
讲师	200～360
副教授	320～480
教授	440～600

薪俸加成一千八百倍。基本补助三十四万元。补助到校旅费，并尽可能供备住所。聘用外籍教员，可酌加特别补助。其待遇约达本国教员之二倍。

海洋学系遵嘱暂不停止筹备，唯下学年度亦暂不招生，俟兄来青再作高决。

曾先生④虽可勉请照料系务，待兄之至。唯望兄尽可能提前来青。代至年底确有困难。如兄滇池研究计划亦只三个月，则暑假后必期到校是幸。

农林部在此设渔业管理处，处长王贻观君。二年级水产学如一时无专人担任时，尚可请王君兼课，藉取联系，未知尊意以为如何。王君留日专

---

① 日月、朱谨：《朱树屏信札》，海洋出版社2007年版，243页。
② 日月、朱谨：《朱树屏信札》，海洋出版社2007年版，250-251页。
③ 原信为竖写，故称"左表"。
④ 曾先生即曾呈奎，在朱树屏到任前代理系务。

攻水产，经验丰富，想可胜任。余容另及。匆请

研祺

弟 赵太侔 启

6月8日

不久，赵太侔闻讯朱树屏七月来校，"欣慰无似"，赶忙安排住所，并汇去旅费，以解决其后顾之忧。他在致朱树屏信中这样写道：

树屏吾兄赐鉴：①

前函计达。顷由曾先生转示手翰，藉悉七月间可来青，欣慰无似，已饬赶备眷属住所。

瀛眷到青决无困难，兹由中央银行汇奉旅费贰佰伍拾万元，即希查收，早日命驾是幸。余由呈奎兄经复。匆颂

研安

弟 赵太侔 拜启

〔1947年〕六月

（二）不负众望　水产奠基

1947年9月21日上午10点，朱树屏在赵太侔的极力聘请下，在大家热切的期盼中来到青岛。山大秘书长及曾呈奎和庶务处领导并水产系学生20余人去迎接。下午，赵太侔宴请朱树屏。

为使水产系健全发展，早在5月份，赵太侔委托朱树屏编制了水产和海洋系各专业教学大纲和课程安排。到任后，朱树屏将从英国带回的有关海洋、水产科研教学方面的书籍、资料及一些实验设备15箱送给水产系，包括朱树屏留学英国时设计的一套水质分析仪的图样和说明书，英国领事馆赠送朱树屏的一套英国百科全书等。

---

① 日月、朱谨：《朱树屏信札》，海洋出版社2007年版，254页。

上任伊始，朱树屏结合中国的具体情况，将水产系设置为养殖、渔捞和加工3个专业并立即规划、制定教学大纲及各专业课程。同时，在赵太侔的鼎力支持下，朱树屏夜以继日地编写了《浮游生物学》《应用湖沼学》等多门专业教材。

经朱树屏推荐，赵太侔聘请戴立生、王以康、王贻观、陈修白等多位教授和康迪安、辛学毅等多位讲师到水产系任教。朱树屏亲自为学生教授海洋学、浮游生物学、应用湖沼学，由于他学识渊博，科学实践经验丰富，讲课生动丰富、引人入胜，学生们感到了从没有过的学习乐趣。赵太侔聘任的其他水产系学者讲授渔捞学、鱼类学、无脊椎动物学、养殖学。至此，水产系二年级的专业课在赵太侔和朱树屏的努力下终于开课。

⊙水产系主任朱树屏

同时，朱树屏经常举办有关海洋、水产方面的讲座，亲自带领学生出海采集实习，培养学生的观察和分析能力，深受师生敬仰。

由于经费拮据，难以再为水产系增添任何设施和器材，为了满足学生实验、实习之用，唯一的途径就是争取国民政府给予调配。赵太侔委托朱树屏致函行政院长张群、教育部长朱家骅等人，要求政府调拨。为此，朱树屏奉命赶往上海复兴岛，奔走于善后委员会和渔管会之间，晓之以理，动之以情。几经努力，政府终于同意将一艘用于考察实验的渔轮和鱼肝油机、冰箱等一批物资调给山大。心急如焚的赵太侔不久等到了朱树屏的来函：

太侔校长台鉴：……冰箱事渔管处已早允援配山大水产系……鱼肝油机事，在善后委员会及渔管会及渔业处三机构各部门负责者已同意山大水产系应用鱼肝油机一部，保管会已令渔管处援配……①

---

① 日月、朱谨：《朱树屏信札》，海洋出版社2007年版，第282-283页。

信中字里行间，浸润着赵太侔、朱树屏为水产系建设所付出的心血。

在赵太侔和朱树屏等人的共同努力下，山大于1946年创办了中国第一个水产系，成为山大重要院系之一，为中国水产科学的发展、水产人才的培养以及水产事业的发展做出了重要贡献。

⊙朱树屏（右）和山东大学生物系教授李冠国（左）研究浮游生物

为了办好水产系，朱树屏向赵太侔校长推荐了自己在英国留学时的导师弗里奇教授。弗里奇教授是世界著名的浮游植物学家。赵太侔于1948年2月25日致函弗里奇教授，真诚邀请他此后两年内任何时间都可以来做访问教授，可以待6个月或者更长的时间，来指导山大水产系的研究。如果弗里奇教授愿意的话，还可以在他的研究领域方面开设课程。一旦他的动身时间确定，学校将安排他的行程和旅费。后来因为时局原因，弗里奇教授没有成行。

从聘请弗里奇教授来校做访问教授这件事，可以看出赵太侔、朱树屏的国际视野和办好水产系的决心及努力。

四、创办水产研究所

赵太侔、朱树屏面对中国水产界高级专业师资缺乏的现状，认为这是关系到水产系是否生存、发展和壮大的关键问题。于是，他们提出了一个战略性、前瞻性的设想和规划：建立水产研究所，培养水产研究生以充实师资。

就此事，赵太侔多次主持召开校务会，听取朱树屏等人的意见。朱树屏认为："事实上，不单是水产系的功课很少有人能教，主要功课的教材也没有……实际上关于我国渔业的各种重要工作，任何一方都没有人好好地做过。……为此急切筹备水产研究所，尽早招收研究生，此实一补救之经济办法，否则，若干年后，恐怕还是缺乏水产教材。水产系健全的师资，恐怕只有水产系自己培养，此虽是几年以后的事，怕如不及早着手，恐水产系不知何时始达健全之境。培养高级水产人才——国内日下尚无培养高级水产人才的处所，以致水产系连找个助教也不容易，对自己人说句实在话，恐怕最可靠的师资，也要从这里培养出……"①

对于筹建水产研究所，有的学者还持有反对意见，赵太侔坚持己见，以教育家的胆识，支持朱树屏创办水产研究所。

1948年4月16日，赵太侔主持第9次行政会，决定筹建水产研究所。朱树屏在致农林部渔业司司长刘发煊信中，谈到赵太侔创办水产研究所的意义："本月十六日山大行政会议议决设立水产研究所，加紧水产研究工作。山大能对水产研究如此重视，实一幸事，唯在中国大学中史无前例，

---

① 真言编著：《朱树屏影集》，海洋出版社2017年版，第113页。

此所成立后将为全国大学中唯一之水产研究所，任务重大，工作繁多，所需各方切实协助之处亦甚多，尤需与贵部及贵部各辖与渔业有关机关密切合作，此所之研究工作亦必主以贵部所最感兴趣、最急需解决之问题为对象。"①

随后，赵太侔又主持第23次校务会议，决定将筹设水产研究所方案呈报教育部，请准予下年度成立水产研究所。期间，赵太侔、朱树屏多次致函中央农林部和教育部，阐述开办水产研究所的重要意义。在赵太侔、朱树屏推动下，5月，国民政府终于批准在山大水产系建立水产研究所。

山大水产研究所系国内高校首创，赵太侔和朱树屏十分重视，二人经多方调研，制订了开办水产研究所的计划：研究所内设渔捞组、养殖组、加工组、水产化学组、水产生物组、鱼类学组、水产生理组；计划招收研究生14名；为适应社会需要，将水产系6年学业制，改为4年修业；因水产教师匮乏，且散处各地，计划所有课程利用每年暑假加开讲习班，聘请著名学者来校开课。他们计划聘请渔管处王以康等水产专家开设鱼类生理学、鸟类学、养殖加工等课程；聘请农业部渔业司司长刘发煊讲渔业行政及法规；聘请中央研究院气象研究所所长赵九章讲海洋物理；聘请丹麦人Loke讲网具学。

9月15日，水产研究所招收研究生工作开始，10月15日结束。这是中国海洋大学历史上第一次招收研究生。

---

① 日月、朱谨：《朱树屏信札》，海洋出版社2007年版，第281页。

五、诚恳挽留朱树屏

赵太侔慧眼识才,几经辗转以借聘的形式聘请朱树屏担任水产系主任。朱树屏不负众望,通过努力,为初创时期的水产系奠定了良好的基础。

一年的时间很快过去了。1948年7月,中央研究院向国立山东大学发函催促朱树屏尽快赴动物研究所任职。赵太侔多次与中央研究院商洽,希望留住这位著名学者并发了聘书,但中央研究院坚持将朱树屏调回。

8月1日,朱树屏向赵太侔递交了辞呈,面对朱树屏即将离开学校的境况,赵太侔百感交集,深感惋惜。他抱着最大的诚意,极力留住朱树屏,二天后即致函朱树屏,并再次奉上聘书。

1948年8月3日:赵太侔致函朱树屏:①

锦亭吾兄赐鉴:

水产学系赖兄主任艰难推进,同深敬佩。主任职务因与中研院之了解,不得不勉从,遵嘱暂为解除但仍望留校指导,共图发展,务请以事业为重,打消离意,谨将聘书奉上并烦泽农兄代达微诚,务希□纳,无任企幸。顺祝

弟 太侔 拜启
八月三日

9月底,朱树屏离开青岛返回上海,离青时水产系全体同学到码头挥泪

---

① 日月、朱谨:《朱树屏信札》,海洋出版社2007年版,第287页。

送别。水产系学生李爱杰在回忆朱树屏辞别国立山东大学的情形时说:"我们全系的学生和朱先生的感情非常深,我们怎么留他都不行,许多同学跪下来求他不要走。同学们泣不成声……"

朱树屏离开山大后,赵太侔聘请沈汉祥继任水产系主任。对于朱树屏的离开,赵太侔仍不甘心,时常与朱树屏有信函往来,希望他再次回到学校。1949年1月6日,赵太侔致函朱树屏,恳请他回到山大。在致函朱树屏前,赵太侔曾与沈汉祥有过一次谈话,表示希望朱树屏回到山大。1月7日,沈汉祥在致朱树屏的信中说到二人谈话的情景:"弟向校长曾恳切表示(在上星期)请我兄来校复任系主任,校长谓极欢迎兄来校开课,详情容到申时面谈。校长谓决写信请兄来校开课云。"①1月11日,朱树屏在复沈汉祥信中也谈道:"赵校长函已派到,内容有二点:(1)嘱洽催渔轮。(2)嘱早返校。"②

从朱树屏与水产系教师尹左芬来往函件中,可以窥知赵太侔是多么急切地希望朱树屏再次回到山大。尹左芬2月17日致函朱树屏,谈及赵太侔表示欢迎朱树屏回水产系授课:"自寒假前系务会议通过敦促您老人家速回青主持系务后,我们无时不日夜盼望……您给学生的信上所说,使我们不明白校长先生的态度,不过他老人家向来这样的,不爱多说话,同时我们不能单纯由这一方面去求解答……校长曾向学生表示欢迎您老人家回来,而且请沈(沈汉祥)先生在沪邀请,这足以表示校方的态度。何必一定要校长亲口道出,而且他老人家也不会有成见的。"③

朱树屏于2月19日复信尹左芬:"赵校长是忠厚好人,我非常敬爱,深信他是欢迎我返山大的,曾泽农(曾呈奎)兄约我到山大去还在赵校长亲口约我之前(我倒很乐意在植物系里教课及研究),童尉荪兄(童第周)首先想叫我动物系教课,此外其他各院系同仁亦皆交谊极厚,只要环境允许我

---

① 日月、朱谨:《朱树屏信札》,海洋出版社2007年版,第318页。
② 日月、朱谨:《朱树屏信札》,海洋出版社2007年版,第319页。
③ 日月、朱谨:《朱树屏信札》,海洋出版社2007年版,第327页。

很愿意到青岛去。"①

从赵太侔几经辗转借聘朱树屏和极力挽留朱树屏这件事上，足以看出赵太侔是多么爱惜、珍惜人才。正是赵太侔有爱才之心、惜才之举，才使得山大在复校时能聘请到众多的著名学者加盟，师资队伍阵容可观，为学校后续发展奠定了人才基础。

⊙1949年除夕，国立山东大学农学院水产系全体师生合影

---

① 日月、朱谨：《朱树屏信札》，海洋出版社2007年版，第328—329页。

六、南迁上海，借读复旦

水产系的很多专业课程是聘请在青岛的渔业善后救济物资管理处青岛分处、青岛渔业公司、渔轮修造厂的科技人员兼任的，如王以康、王贻观、温保华等在上述机构工作的科技人员，在朱树屏的举荐下，皆被赵太侔聘为水产系的教授。

1949年春，全国解放战争形势发展迅速，山东除青岛外已全部解放，迫于形势，驻青的国民政府的渔业善后救济物资管理处青岛分处等机构奉命于1949年前后调回上海。在水产系任教的王以康等人，作为政府官员，必须随所在机构南撤，因此出现了水产系师资匮乏，二、三年级的专业课无人讲授的局面，由此引发水产系学生借读的事件。

因为专业教师调往上海，学生们忧心忡忡，十分着急。1948年11月9日上午，水产系主任沈汉祥面见赵太侔，转达学生希望将水产系南迁事宜："因其他学系山大若不能搬出，学生可至其他学校借读或插班，独水产系仅山大一校设立，无其他学校可以借读，故较他系特殊而希望设法南迁也。"①赵太侔表示，"虽然如此，亦难单独将水产系选迁"②。11月28日，沈汉祥在致朱树屏信中谈道："又访校长谈迁系事，理由为：（一）水产系与其他系不同，因水产系仅山大一校开办，倘青岛因时局关系而学校停顿，水产系学生无处借读；（二）水产系在青岛下学期教师无法聘到，开课大成问题，因局势如此，一般人均不愿冒险来青岛也……渔管处青岛分处将迁

---

① 日月、朱谨：《朱树屏信札》，海洋出版社2007年版，第299页。
② 日月、朱谨：《朱树屏信札》，海洋出版社2007年版，第299页。

厦门，已在厦门觅得地址及职员宿舍等，故水产系非但新聘困难，即原有教师亦难均留校继续讲授（该分处来此兼职者除闽生兄外，尚有康迪安及张行志二人）此外尚有水产制造、鱼类寄生虫等功课，在此局势下彼等是否能来青岛，弟并提出将水产系迁往厦门，同时申述迁往厦门较为适合之理由。"①

赵太侔态度很明确：局势虽然如此，亦不能一系单独迁出，至于教师问题，可写信与王以康及朱树屏想办法解决，总之水产系不能单独迁出，仪器设备也不能运往上海。

这时，作为校长的赵太侔压力重重，他既要为水产系学生的前途着想，又要顾全学校的大局，希望在水产系不南迁的情况下，想办法来解决水产系学生的开课问题，再者南迁成本很高。

随着时局的发展，虽几经努力，但水产系学生专业课学习仍无法解决。赵太侔顶住压力，为学生们的前途计，为了不中断学子们的学业，更不愿让他殚精竭虑建立起的水产系毁于一旦，决定援例去外地借读。

当时水产系能选择南迁借读的学校：厦门大学，该校设有海洋系；复旦大学生物系设有海洋组；台湾大学设有海洋研究所，这些学系皆适合水产系专业课学习，除此，再无其他学校设有这类学系了。

1948年12月底，水产系学生代表向学校提出建议到台湾大学借读，赵太侔当即表示可以考虑，并致函台湾大学校长傅斯年，说明借读缘由。由于顾虑"台湾人仇视内地人，恐于社会不安时有不利举动"，没能成行。

1949年春节后，新学期开始，水产系赴外地高校借读事宜迫在眉睫。赵太侔为此十分着急，他让水产系主任沈汉祥与厦门大学海洋系主任唐世风教授联系，询问是否可允许水产系二、三年级学生到该系借读。据尹左芬在3月4日致朱树屏信："前三天文书组传出来的消息说学校当局有意向厦大接洽迁水产系的事，这件事果然成为事实，而且报纸上也披露了这消息。今日上午在校长室知道校长已告沈主任前往厦门接洽办理。我们希望

---

① 日月、朱谨：《朱树屏传记》，海洋出版社2007年版，第308页。

这次能马到成功,而更希望您老也会前往主持系务!"①

水产系借读厦门大学,被对方以"无法安排住宿"为由婉拒。赵太侔急电在上海的王以康速与复旦大学联系水产系二、三年级学生借读事宜。王以康接到电报后,立即与复旦大学生物系海洋组联系,海洋组表示同意并提交教务会讨论决定。联系中,王以康因患急性脑充血住院,遂请朱树屏代为继续联系。此时,朱树屏正率助手杨光圻、吴颐元、林福申、钱燕文乘载运调查设备卡车去码头准备出海,进行舟山渔场调查。在上船前,朱树屏急忙抽身来到复旦大学找到生物系主任胡寄南后,得知复旦大学已同意山东大学水产系二、三年级借读事,朱树屏随即拟稿,请胡寄南以王以康名义代发电报告赵太侔:复旦大学生物系同意借读。

赵太侔获悉后,一方面命令水产系准备赴上海借读各项事务,另一方面电告朱树屏就近与复旦大学校长章益(字友三)接洽落实借读学生宿舍。3月18日,朱树屏致函章益:

友三校长大鉴:

倾连得山大赵太侔校长及水产系全体学生电,谓山大已决令一年级同二年级全体学生一齐迁往贵校,近正接洽船上及箱件。

请校长鼎力设法为水产系全体同学准备住处,无任感激之至,烦授费神一切,心实难其事非得已只有恳校长协助一切,尚祈鉴谅。生物系胡寄南主任处均此不另。敬颂均祺并致谢忱。

晚 朱树屏 敬上
3月18日②

水产系到复旦大学借读尘埃落定后,赵太侔让水产系制定迁往上海的方案。3月上旬,水产系系务会议通过迁沪方案并呈送给校长赵太侔。主要

---

① 日月、朱谨:《朱树屏信札》,海洋出版社2007年版,第331页。
② 日月、朱谨:《朱树屏信札》,海洋出版社2007年版,第333—334页。

内容包括：本学期教学与考试安排，教职工迁沪后待遇，眷属生活安排等事项。3月18日，赵太侔主持临时校务会议研究，基本上同意了水产系系务会议的决议，并要求立即着手迁沪的各项准备工作。3月31日，赵太侔再次主持召开临时校务会议，主要研究学生自治会反对水产系借读复旦大学，要求收回成命。经过讨论决定：维持水产系二、三年级学生暂行就读复旦大学决定，责令学生自治会限期交回扣押的水产系物品。

4月1日，在沈汉祥的带领下，山大水产系教职员15人、二、三年级学生80人乘中兴轮船公司崇兴轮自青岛启程赴上海，这批学生中有后来成为新中国首批水产学教授和高级研究员的郭玉洁、李爱杰、马绍先等。

4月18日，水产系借读生正式在复旦大学注册上课，受聘为学生上课的有朱树屏以及王贻观、陈修白、吴善长、闵菊初等水产专业知名学者。

到复旦大学借读不久，解放军逼近上海。5月27日，上海解放。部分学生在上海解放前返回青岛。6月2日，青岛解放，学校派人将滞留在上海的学生接回了青岛，并为此召开了欢迎大会迎接"游子"回家。

青岛解放，青岛市军管会派军管小组进驻学校，赵太侔亦面临着人生的重大抉择。他顾全大局，将山大和水产系完整地交给政府，交给人民。山大获得了新生，水产系开启了新的篇章。

七、奠定基础，影响深远

赵太侔在任国立山东大学校长期间，大力发展海洋、水产学科。他创办的海洋研究所，为创办山大海洋系和中科院海洋研究所以及在海洋系和水产系的基础上创建的山东海洋学院，奠定了学科和人才基础。

为了加强海洋学科建设，1949年春，赵太侔聘任美国加州理工学院博士，曾在美国斯克里普斯海洋研究所随世界著名海洋学家H·U·斯韦尔德鲁普（H.U.Sverdrup）研究物理海洋学的著名学者赫崇本为教授。赫崇本于1951年被山大校长华岗被任命为海洋研究所所长，从此肩负起学校海洋学科建设的重任。

⊙赫崇本聘书

海洋研究所建立后，在海洋研究与教学方面起到了重要作用。据1951年6月《山东大学介绍》记载：海洋研究所由物理系、动物系、植物系及水产系的教师参与组成，并与中国科学院青岛海洋生物研究室合作研究，研究领域涉及海洋动物、海洋植物、浮游生物、海洋环境、海洋化学、海洋物理、海洋地质7个方面，在辅助教学方面，海洋研究所与植物系合作开出了海洋学实验。

山大海洋研究所是中国科学院第一海洋研究所的根基。1950年春，海洋研究所所长童第周、副所长曾呈奎受命参与筹建中科院青岛海洋生物研究室，除了童第周、曾呈奎两位教授外，又从山大调去了3位专业人员，分配过去几名毕业生。年底前，曾在山大任教的张玺、朱树屏教授先后调入，队伍初见充实。初创时期开展研究的一些仪器设备多依托山大。8月1日，中科院水生生物研究所青岛海洋生物研究室成立，童第周、曾呈奎分任正、副主任。1959年1月1日，海洋生物研究室扩建为中科院海洋研究所。

依托山大海洋研究所创办海洋系。1952年，全国高校进行院系调整，遵照华东高校院系调整委员会的决定，9月，厦门大学海洋系理化组唐世凤教授等3名教师和18名学生调入青岛与山大海洋研究所合并，成立了山大海洋学系，设置物理海洋学本科专业，赫崇本任主任。这是我国创

⊙在美国留学期时的赫崇本教授

办的第一个以开展海洋调查为目标的物理海洋专业，为培养我国向海洋科学进军的科技人才奠定了基础。

全国院系调整后，校长华岗根据青岛海洋研究条件和学科优势，确定了"文史见长，发展生物和开拓海洋"的发展目标，凸显了山东大学海洋特色和优势，由此赢得了"海洋学科远东第一""生物学科全国最好"和"文史见长"的三大美誉，而生物学科和海洋学科的基础则是赵太侔打下的。

1958年10月，山大主体迁往济南，以留在青岛的海洋系、水产系为基础，经中共中央批准，于1959年3月成立山东海洋学院。山东海洋学院成为当时中国唯一的一所海洋高等教育学府。1960年被列为全国13所重点综合性大学之一。

赵太侔前后两次任山大校长，共计8年，为山东的高等教育、青岛海洋城形成和历史文化繁荣，以及中国海洋、水产学科的形成与发展做出了历史性的贡献。

1988年1月，山东海洋学院更名为青岛海洋大学，2002年10月再次更

名为中国海洋大学。如今中国海洋大学发展成为一所以海洋和水产学科为特色的，包括理学、工学、农学、医（药）学、经济学、管理学、文学、法学、教育学、历史学、艺术学等学科门类齐全的教育部直属重点综合性大学，是国家"985工程""211工程"和"双一流"重点建设高校。赵太侔发展海边生物学，创办海洋研究所和水产系，为中国海洋大学奠定了学科和人才基础，他的办学思想以及办学中形成的优良传统，是一笔宝贵的财富，泽被后世。

赵太侔是青岛海洋城的奠基者。他以山大为人生舞台，着力发展海边生物学，创建了水产系、海洋研究所，青岛海洋城由此启幕。他聘请的众多海洋、生物、水产方面著名学者来校任教、科研，丰富了青岛这座海洋城的文化内涵。

在赵太侔做的大量奠基性工作的基础上，山东大学成为青岛海洋城的胚胎和孵化器，由此成立的中国海洋大学、中科院海洋研究所、国家海洋局青岛第一海洋研究所与黄海水产研究所等众多教学科研机构，成为青岛这座海洋城的主体力量，共同支撑起了中国海洋事业发展的明天。

抚今追昔，我们不能忘记赵太侔。他为山东大学、中国海洋大学所做出的历史性贡献以及为青岛这座海洋科技城所做的奠基性贡献，将永载史册。①

---

① 本节参见孙厚娟、楼慰文：《山东大学海洋系的诞生》，载刘培平：《山大第一》，山东大学出版社2011年版，第161-165页。

第十二章

老骥伏枥,潜心教研

　　新中国成立后,赵太侔先后任山东大学和山东海洋学院英语教授,老骥伏枥,潜心教研。在学术上,他对草书有深入、系统的研究,是继于右任之后的一位草书符号研究大家。以此为基础,他建议用草书简化、规范汉字,成为文字改革的一家之言。赵太侔作为民革的重要成员,积极参政议政,表现出了一名爱国知识分子的拳拳之心。

一、教学严谨,解疑释惑

1949年6月2日,青岛市解放,山东大学获得了新生。青岛市军管会的军管小组进驻学校,主持学校日常工作。从8月下旬开始,军管小组对山大从组织、思想和教学等方面进行整顿。经过军管整顿,消除国民党的反动影响,由人民自己管理学校,建立了新的办学秩序。

在整顿中,军管小组本着"基本保留学校原貌、原学校工作人员基本留用"的工作原则,赵太侔、杨肇㷍等学校高层领导几乎全部留校任教。赵太侔辞去校长职务,留任外语系教授。起初,赵太侔有点犹豫,中文系教授赵纪彬托系主任杨向奎向他"劝驾":大家对赵先生向来尊重,这是党在向你招手,请勿迟疑。赵太侔从此重返山大,开始了他的外语系教授生活。

⊙山东大学时期的赵太侔

在青岛解放5个月,赵太侔于1949年11月21日填写的一份登记表中写道:"青岛的解放,解除了我的压迫,解脱了我的枷锁,使我得到解救,使我对革命的前途又生出新的希望。"①这段话可以看作他的心声。

1951年3月,华东大学迁至青岛,与山大合并,成立新的山大,华岗任校长兼党委书记,陆侃如、童第周任副校长。赵太侔继续留任外语系教授。

① 中国海洋大学:赵太侔档案,档号:246。

为了适应新的时代，身为外语系教授的赵太侔把全部的精力用在教学、科研上。为提高政治认识，改进教学工作，1951年9月，山大派赵太侔等5位教师，参加了华东人民革命大学政治研究院第4期学习，时间半年。在第4期学员中，赵太侔是年龄最长者，他克服年龄大、记忆力差等困难，与其他学员一起，参加了学习，这对于提高赵太侔的思想觉悟，适应新的形势和环境，是大有裨益的。

赵太侔积极向党组织靠拢，努力接受思想工作，在工作中勤勤恳恳，兢兢业业。

1958年秋，山大主体迁往济南，1959年3月，以留在青岛的海洋系、水产系为基础成立山东海洋学院，赵太侔留在青岛，任山东海洋学院直属教研室外语教研组教授。山东海洋学院党委对他的评价是：工作上勤勤恳恳，教学认真负责，热爱戏剧，致力于科学研究，虽然年迈，仍坚持参加劳动。

赵太侔作为戏剧家载入中国戏剧发展史册，作为教育家对山东省的高等教育做出了卓越的贡献，但他作为一名学者，曾长期致力于教学工作，其业绩并不为人知晓。

赵太侔的教学生涯是从山东省立一中开始的。1918年，他于北京大学毕业后任山东省立第一中学教师，并在省立第一师范学校兼英语课。他教学认真，很受学生尊重；1925年回国，赵太侔应聘为北京艺术专门学校教授，兼戏剧系主任，为戏剧系学生开设"习演""舞台艺术"等课程，同时兼任北京大学讲师，讲授戏剧课；1930年9月，国立青岛大学成立，他被校长杨振声聘为文学院教授；新中国成立后，赵太侔不再担任国立山东大学校长，转任山东大学外语系教授；1959年3月以后，担任山东海洋学院英语教授，直到1968年去世。

在任山东大学教授期间，赵太侔为外语系学生开设了《戏剧选读》《高级戏剧选读》和《小说选读》等课程。他备课认真，很负责任，得到了学校领导和师生的一致好评。学校党委给他的结论是：教学很负责。

赵太侔从1949年至1952年，连续三年为外语系学生开设《戏剧选读》。

在讲授《戏剧选读》时，赵太侔从希腊悲剧开始，依据历史选读不同时期的西方戏剧家的作品。他主张"读戏剧应该有个系统"，但当时莎士比亚等欧美戏剧家的作品，被贴上资产阶级的标签，是禁止阅读的。他认为：读戏剧而不知道索福克里斯，或是莎士比亚，或是莫里哀、易卜生，这该是多么大的缺陷！于是，从1952年上学期，赵太侔又增加了莎士比亚戏剧，目的是让学生对各个时期、不同流派的戏剧有系统的了解。

在讲授《英国诗歌》时，赵太侔也主张系统性。外语系领导指示赵太侔要按照历史年代分期讲授，于是他提出以《金库诗选》作为选材范围，因为"读一种文学要有系统，要认识各时期的风格流变，金库诗选又是欧美资产阶级所公认的选辑最精备，最宜于初学英诗的教本"[①]。赵太侔在讲授《英国诗选》时，为学生讲了伊丽莎白时期的特殊作用，选读了一些爱情诗歌，指出爱情在英国诗歌中是非常突出的题材，并引用小泉八云的诗为证。在谈到诗歌的作用时，赵太侔告诉学生："诗是诉诸情感的，犹之散文是诉诸理性的，散文可以使你了解，诗可以使你鼓舞……"[②]

赵太侔从山东大学时期就承担了提高青年教师英语水平的任务，一直持续到任山东海洋学院教授。20世纪50年代，我国掀起了全面学习苏联的热潮，因此在高校普遍开设了俄语课，学生的英语基础普遍很差。山东大学为了提高海洋系青年教师的英语水平，开设了英语课。鉴于赵太侔英语功底深厚和教学严谨，学校决定由他来完成英语教学的任务，他的英语课深受青年教师的欢迎。

施正铿（原山东大学海洋系学生、青岛海洋大学校长）先生，对此深有体会："1954年山东大学海洋系毕业后，我们的系主任赫崇本很重视培养年轻一代，我们毕业后，一边工作一边让我们回炉去学物理、数学和英语。英语学习，我们就请外语系的赵太侔教授来给我们上课，赵先生是我的老师。他给我们讲一些文学作品选读，读这些作品时，常遇到一些比

---

① 赵太侔：《清算我的资产阶级反动思想》，载《新山大》1952年6月7日。
② 赵太侔：《清算我的资产阶级反动思想》，载《新山大》1952年6月7日。

较难的语法，他就非常耐心地为我们讲解。我记不清楚英语是学了一学期还是一年，物理是学了两年，数学又重学了两年。我们大概是在1955年或1956年，跟赵先生学的英语。那时候没有书，都是刻蜡版印刷的教材，赵先生是很认真的，给我们选了一些作品，包括诗歌在内的文学作品。他刻的蜡版很认真、很工整。"

1959年山东海洋学院成立，赵太侔任外语教研组教授，其年轻同事有赵森（青岛海洋大学退休教授、原外语教研组主任）、初汉平（青岛海洋大学退休教授）、杜曾荫（青岛海洋大学退休教授，原外语系主任）、夏宗伦（青岛海洋大学退休教授，原外语系主任）、张春寿（青岛海洋大学退休教授，原外语系主任）等人。

赵森于1957年山东大学毕业后，成为山东海洋学院的一位教师。他说："我与赵先生一块工作，当时是外语教研组，我负责教研组的工作。当时是向苏联一边倒，英语作为帝国主义者的语言，不让学、不让教。我们这批教师都是俄语科班出身，英语只是个别青年教师进修学习过。后来英语慢慢回升了，我们就向赵先生学习，他就不定时地给我们这些俄语老师讲课。因此，我们英语就有了一定基础，他给我们讲课辅导，有问题及时解决。"

张春寿先生与赵太侔认识较晚。他是1961年北京外国语学院毕业后，来到山东海洋学院外语教研组当教师的，与赵太侔接触不是很多，但是有一件事，给他留下了深刻的印象："我去山东海洋学院任教，我的同学去了海政校当老师。他们遇到了英语方面的问题，感觉很困难，就来找我推荐英语最好的老教授请教一下，我说英语最好的是赵太侔老先生，但我不敢答应赵先生愿不愿意，可以抽空问问赵先生。后来我到赵先生家里去了一次，说我部队的老同学有英语方面的问题想请教。赵先生很谦虚地说道：'我也不一定能给他们解决，不过他们如果愿意，可以来谈谈。'赵先生同意了，我很高兴；帮了我部队老同学的忙，他们也很高兴。我就把赵先生的住处告诉他们，由于我在上课，就没陪他们去。后来我们谈起这件事，他们告诉我：'赵先生了不起，我们认为很难的问题，赵先生很轻松、很愉

快地解决了，我们很服气，赵先生的水平确实是高！"同学还告诉我赵先生非常谦虚，不摆架子，他们很佩服他。赵先生家书很多，很干净。"

那个年代，外语教研组要经常政治学习，对此杜曾荫先生印象深刻："英语专业政治学习时，我和赵先生一个组，赵先生很少讲话，讲话非常有分量，大家都很尊重他。那时赵先生主要是给年轻教师上课。直属教研室就在今直教楼办公，直属教研室中的马列教研组和数学教研组在楼上办公，外语教研组主要是在楼下，赵太侔的办公室，就在一楼的中间位置，和他同在一个办公室的是三四个年轻老师。"

赵太侔具有深厚的英语功底，他人遇到棘手的英语难题，到他那儿会迎刃而解。据曾任山东海洋学院科研处负责人的徐瑜先生介绍："外语教研组的徐维垣先生曾英译过中文诗词，他对我讲：在翻译过程中，因英文的格律和用词与汉语差别很多。既要忠实于汉语诗意，又要符合英语诗的格律，很难，遇到这类事，即请教赵太侔先生，赵先生悉心相助，并受教益。我曾问：'为何要请教赵太侔先生？'徐维垣先生说：'赵先生是新月派的前辈。新月派的人，中、英文根底都十分深厚，我们当学生时就有所了解。'"徐瑜先生说这些翻译的资料都存放在当时科研处办公室里，自己家里也有，可惜"文革"中都被毁了。

赵太侔作为中国著名的戏剧家，虽然长期从事教育工作，但是对于戏剧情有独钟。1962年秋，山东海洋学院工会为活跃群众的文化生活，组织了业余话剧团，先后演出过《雷锋》《年轻一代》《雷雨》等剧。鉴于赵太侔在戏剧方面的造诣，学校让他担任学校业余剧团的指导工作，他非常热心。

在排演《雷雨》的过程中，大家希望能得到戏剧家赵太侔的指导，为此饰演《雷雨》剧中"大少爷"周萍的张春寿先生，受大家的委托去聘请赵太侔当顾问，并观摩学习了上海电影演员剧团在青岛演出的《雷雨》。据张春寿先生回忆：

1962年，学校里让我参加排戏演《雷雨》。因为赵先生是戏剧专家，所以我们请赵先生当顾问，赵先生当时很谦虚，笑了笑，点点头，说你们排《雷雨》很好很好。在我们排演的过程中,上海电影演员剧团在青岛电影院演出《雷雨》,赵丹担任该剧的导演,主要演员有康泰、秦怡等。为了观摩学习,我们就跟《雷雨》剧组联系,说我们是海洋学院的,也在排演《雷雨》,因为买不起票,在你们排戏的时候,我们来看看行不行。他们很高兴,说你们大学生也排《雷雨》呀,就同意了。

他们彩排那天同意我们去看他们演出。赵先生住在龙江路,我去请他也去,他很高兴就同意了。赵先生那时已经70多岁,为安全起见,彩排那天我去接赵先生,那时没有汽车,只有步行,从龙江路走到青岛电影院。结果我没想到赵先生身体很好,比我走得还快。到了青岛电影院,赵先生很谦虚,就坐在我旁边。赵先生对上海电影演员剧团的演员都很熟悉,是他们的前辈,没有说我资格老,这些演员我都认识,要是一般人得摆老师的架子,到后台见见他们,得对我特别照顾,丝毫没有这种想法。赵先生同我坐在一起,与大家看彩排。那时候赵丹脾气很大,动不动就训舞台工作人员。赵先生看了就光笑,没有评价,他看得很专心。看完后我问赵先生您要不要跟他们谈谈,赵先生说不要不要,回去回去。回去路上也还是走得比我快,身体很棒。

在赵太侔的精心指导下,在《雷雨》剧组演职人员的共同努力下,演出大获成功,轰动一时,他们不仅在学校的礼堂里演出,还深入青岛发电厂等单位进行演出。如今老人们提到当年排演《雷雨》的情景,还津津乐道。

⊙1961年至1963年,山东海洋学院师生演出《雷雨》剧照

二、致力于文字研究

赵太侔在英语教学与研究的同时，尤致力于文字研究，撰有《汉字新法打字机拟议》和《关于汉字简化问题》等学术论文，给汉字改革增添了新方案。研究汉字成为赵太侔晚年的一项事业，他想通过汉字研究，破解蕴藏其中的中国传统文化的奥秘。赵太侔的研究

⊙1960年夏赵太侔进行汉字研究

受到国务院高教部、文字改革委员会、工商行政管理等部门重视，批语有"目标扼要，值得鼓励""认识正确，应予协助"等。①

（一）致力于汉字新法打字机研究

从20世纪50年代到"文革"前夕，赵太侔用了10多年的时间，以其深厚的草书研究成果为基础，潜心研制中文打字机，期间几拟文稿，日臻完善，这在当时是十分超前的。1952年9月，赵太侔在填写的《高等学校教师调查表》中，对自己两年来的研究，曾做过一个总结："现研究快速中文打字机，大体成立，正草拟计划，提请组织审核，如何采用，将为其具体实现与推进而努力。"②

---

① 中国海洋大学：赵太侔档案，档号：246。
② 中国海洋大学：赵太侔档案，档号：246。

1959年9月，山东海洋学院开展了群众性科研运动，由于赵太侔表现突出，得到学校党委的肯定，并作为典型写进1960年4月《一年来的统战工作总结》。总结写道："民革成员赵太侔老教授，在群众搞科研运动的推动影响下，还设计了一部汉字排字机，其他工作中，也大大发挥了主动性，还经常参加群众排练文娱节目的活动"。①

在写作中，我们采访了时任山东海洋学院科研处负责人的徐瑜先生。徐瑜先生给我们讲述了就打字机研制，他与赵太侔的交往。据徐瑜先生回忆：

大约是在1963年秋，与赵太侔先生偶然相识，他给我一份文稿，书写十分规整，一字一格，并告诉我他在研究改进的中文打字机，此稿是初步拟定的字体，以草书为基础，让我提出意见。原来赵先生按照打字机的格式，把常用的汉字重新编列了偏旁和笔画，使得原来需要一个个打汉字的输入方式，变成组合汉字的输入方式，类似于现在电脑里的五笔输入法。当时我在科研科工作，也感到了他的设想相当新奇，就接过了文稿。

过了不多久，最多也就两三周，赵先生到了我办公室，两人谈了起来。因为我从未接触过文字改革，感到了按照他的想法，实现这事可能相当困难。记得曾探讨过几个偏旁的组合问题。如草字头作为字首无问题，但组合成字，恐怕有困难。如"菜""蔡"二字，下部难以组合；"庆"字怎么处理？按草书中是"草勾添反庆"，同样"有点方为水""空挑却是言"，都与组成字出现了问题。我们两人也谈到于右任的标准草书。赵先生讲话很少。我表示这项研究是创造性的，如果需要经费支持，我们尚有机动费可供使用，但无法列入年度科研计划。

赵先生取走了文稿后，过了好久，又给我一份带有草图的稿件，是"中文打字机的机型设计"。我看不懂，当即请时任教务长的赫崇本教授看。赫先生翻了一遍，说自己是学海洋的，不懂文字，既然里面涉及机械

---

① 山东海洋学院：1960年统战档案，档号：1960-T2-5。

方面,建议找搞机械设计的同志研究一下。后来,请学校金工厂的宋文洋工程师看。他看后告诉我很难做。因为是滚筒和字盘,手动选字,又是草书组合,很难准确安排,一旦做起来,可能相当笨重,打字更麻烦。

稿件退还我后,我将宋文洋的意见转达给赵先生,以为这事就结束了。没想到过了一段时间,赵先生竟又拿了一份修改的手稿给我。我想送到国家文字改革委员会的赵平生同志处恳求帮助(赵平生先生曾辅导过我社会发展史,有师生之谊)。可惜,很快"四清运动"开始了,接着是"文革",1968年赵先生受迫害致死。此稿就压在海洋学院科研处的仓库里,无从查找。至今想起来十分遗憾。稿件,印象中是用复印纸写的,反面似有蓝印迹,可能是复写本。

非常可惜的是,在"文革"中,赵太侔的文稿《汉字新法打字机拟议》丢失,未竟其志。

(二)文字改革的"另类"方案

1954年中央决定对现行的文字进行改革,并成立文字改革委员会。对于文字改革,可谓见仁见智。赵太侔以其深厚的学养和文字研究的基础,提出了自己的方案,成为众多文字改革方案中的"另类"却不可或缺的存在。

1957年赵太侔在《山东大学学报(人文科学)》第一期上发表学术论文《关于汉字简化问题》,引起了一定的学术反响。随后,身为山东省政协委员的赵太侔,于同年5月在东省政协第一届三次全会上,做了《关于汉字简化问题的意见》的发言,阐述他关于文字改革的方案。

7月,赵太侔这篇发言稿通过山东省人民委员会转呈中国文字改革委员会研究考虑。为了提倡学术争鸣,中国文字改革委员会将赵太侔的《关于汉字简化问题》论文,交由《语文建设》转载,于1958年第8期上正式刊出。

《语文建设》在转载赵太侔的这篇论文时,特意加了编者按:"《汉字简化方案》采用楷书字体,不采用草书字体,这是综合语文学界、教育界与出版界的意见决定的,但是有的学者不同意这个方针,认为应该采用草书字体。中国文字改革委员会先后收到赵太侔、樊景涛先生的论文，不约而同地提出这样的主张，现在交由本刊发表，希望关心这一问题的同志们大家来讨论。赵先生的论文原在《山东大学学报》发表，篇幅较长，这里只是摘要转载。"

赵太侔在《关于汉字简化问题》[①]一文中，从《汉字简化方案》中看到的问题、简体字的缺点、要利用草体字、草体字的简化规律、草体字的基本形体和它的功用、印刷体和手写体、采用草体的具体办法等部分，全面系统地阐述了自己关于文字改革的方案及理由。

⊙在《语文建设》1958年第8期上转载的《关于汉字简化问题》

针对已经公布的《汉字简化方案》，赵太侔认为该方案的第二部分"由于已经通行的简字不够用，因此其中有百分之三十一全是不经见的或新造的简体字。这些新简体字，面貌是陌生的，而且造字的方法也多样化。有些就没有什么规律可言。……同时在书写方面也由于增加了一批新形体，使已经够混乱的书写体愈趋混乱。"他认为出现上述情况的症结所在是"这里就不仅是这个表里的哪些字造得好不好的问题，而是一个基本的问题，就是采用简体字来简化汉字这个方法的问题"。

赵太侔认为已经公布的简体字存在几个缺点。第一个缺点是"通用的字数太少，根本不够用"；第二个缺点是"不成系统，漫无规律"。就新简体字没有一个统一的形成规律的原因，赵太侔分析，"这是受简体字本身历史条件的限制。因为简体字的产生，原来就不是在简化偏旁的基础上形

---

① 赵太侔：《关于汉字简化问题》，载《语文建设》1958年第8期上。下述引文，均出于此。

成的。这就是简体字无法克服的一个缺点"。"简体字由于不成系统,使汉字简化工作将历来一些难于解决的问题,如检字问题,机械工具利用问题等,原封保留下来,长期得不到解决,也是一个遗憾。"这是一个现实的问题,要想解决这个问题,赵太侔主张"采取系统简化的办法"。赵太侔认为简体字第三个大缺点是"不利于书写"。

在总结了简体字存在的缺点后,赵太侔得出了"简体字的路显然是走不通"的结论,进而提出了自己的汉字改革方案:汉字改革"要想向前推进,我以为只有走草体字的路"。

赵太侔认为草书较之简体字,有三大优势。第一,就草书的历史而言,"草书经过两千年的演进,无数人的创造劳动,把汉字的形体有系统有规律地改到简易。在拼音文字普遍实行以前,在简化汉字的现阶段中,没有另外一种字体比得上草书的简便合用"。

第二,就社会基础而言,"草书有悠久的历史,有深厚的社会基础,凡是具有普通文化水平的人都能或多或少认识一些草体字。因此草书的推行,应该最省便,而且定会受到群众的欢迎。这个群众基础是任何新造简字所没有的"。

第三,就草书这种字体本身而言,"草书本身的优点是很多的。首先,如毛主席所说,它打破了汉字的方块体势。它纠正了笔画方向乱的毛病,使得笔势连贯,书写流利。……其次它省简了笔画,它不是像简体字那样生硬地割裂,而是用示意的方法,了了几笔,就把一个繁体字的形貌表现出来,烦琐的笔画一概省去。……最可注意的是草书以上这种种写法无意中为汉字的横行书写造成了极大便利(有人说,汉字草书的笔势向下,只便于直行书写,不便横行书写,这是不符合事实的)。而且把直线笔画变为弧线,断笔改为连笔,又最适于使用现代书写工具。这都是草书比其他字体优越的地方。不过草书的最大特点还不在于此,还在于它形成了一种系统,它有自己的一套规律,这对于汉字的简化才是最有意义的"。

赵太侔从历史和现实两个角度,证明利用草体字进行文字改革的可行性与必要性。他简要地回顾了文字从甲骨文、金文、小篆、隶书、草书的演变的历史过程。通过历史分析，赵太侔得出了结论："偏旁的同化作用，并不是从草书才开始有的。汉字演变的过程，基本上是一个简化的过程。简化的方式很多，而最有意义的一种，是基本形体的同化作用。"

赵太侔主张用草体字的字形偏旁的同化作用简化汉字，源于他多年对草书的潜心研究。他依据《新华字典》中的六七千个通用字，探索草书的形成规律，归纳总结出了206个草体字的基本形体：

⊙206个草体字基本形体

这些草体字的基本形体，既是赵太侔草书研究的成果，也是他用草书进行文字改革的基础。

《汉字简化方案》公布，赵太侔仍然坚持用汉字草体化来进行文字改革，显得有些"另类"。他的文章《关于汉字简化问题》发表后，在学界引起了强烈的反响，"一石激起千层浪"。他虽然不是文字改革委员会的会员，但关于文字改革的方案，成一家之言，有赞同，也有不赞同的。《语文建设》1958年第8期、11期上，先后发表韩志超的《用草书"简化"汉字不符

合当前文字改革的任务——兼论如何继续简化汉字》，李明显《我不赞成汉字草体化——读赵太侔〈关于汉字简化问题〉随笔》和吴竞《谈简化字》等商榷文章。

关于文字改革，见仁见智，至今仍存在不同的观点。赵太侔对文字改革的贡献，一是他建议用草书来规范中国的文字，为文字改革提供了一种方案。另一个是他对文字研究造诣很深，尤其是在草书方面，下了很大的功夫，通过六七千个通用字的草书字形统计出206个"基本形体"，并将草体偏旁分门别类编列体系。赵太侔自己的书法功底深厚，擅长草书和行书，梁实秋曾说："他写得一笔行书，绵密有致。"

草书楷体化作为一种重要的简化方法，无论是汉字改革的前期的探索方案，中期的改进方案，还是后期的反思追问，学者们的讨论一直没有中断过，且十分热烈。在改革初期，毛泽东就明确提出利用草书来简化原有较为复杂的字形；钱玄同、章太炎同样认为草书是值得借鉴的字形。赵太侔主张用草书简化文字，源于他多年的潜心研究。他除了六七千个通用字的草书字形统计出206个"基本形体"外，还特别谈到汉字字形的系统性问题，并开始引起学者的关注。刘常飞在《近几十年简帛中的草书研究综述》一文中谈到"有关草书影响的研究"时特别强调：赵太侔通过六七千个通用字的草书字形统计出206个"基本形体"，可以说开了穷尽性切分草书符号的先河。

三、身兼数职，参政议政

1949年以后，赵太侔全身心投入教学科研中，同时担任校内多种社会职务，积极参政议政，表现出了一位爱国知识分子的拳拳之心。

1957年4月，赵太侔担任山东大学调整后的科学研究委员会委员；1958年秋，山东大学迁至济南，以留在青岛的海洋系、水产系为基础，于1959年3月成立了山东海洋学院，赵太侔留在青岛，任该学院的英语教授。1961年3月10日，赵太侔任山东海洋学院第三届院务委员会委员；1962年3月5日，任第四届院务委员会委员；同年11月6日，赵太侔任新成立的山东海洋学院学报编辑委员会委员。

在担任山东海洋学院院务委员会委员期间，赵太侔除了因为出差或上课外，几乎参加了每一次的院务委员会会议。在1962年6月12日召开的院务委员会上，赵太侔建议在制订学校的5年规划时，为了加强水产系海洋实验室建设，应筹建一艘渔船，该渔船"不仅为了生产，水产系捕捞可以用来实习，应列入（学校）计划"。1963年1月14日，院务委员会讨论专业教育计划和学则。会上赵太侔谈了自己的看法：外语总学时安排与周学时最好能一致；养殖专业修英语只有三四人，单独开班不经济；海洋物理专业视情况，英语学习分成不同类型开班。关于学则，文字不够通顺，一定要严肃等。

除了兼任校内职务，赵太侔还担任了一些社会职务。1950年10月任青岛中苏友好协会委员。1954年参加中国国民党革命委员会（简称"民革"），1955年1月，政协第一届山东省委员会于在济南成立，赵太侔是政协第一届委员会特别邀请的17名知名人士之一，并当选为委员。1956年2月，

当选为民革中央第三届团结委员会委员；1959年5月，当选为政协山东省第二届委员会委员。1960年9月，赵太侔当选为民革中央团结委员会委员。1962年8月22日，民革青岛市委第三次党员代表大会召开，大会选举产生了民革青岛市第三届委员会，陈志藻为主任委员，毕敬承、赵太侔为副主任委员。1963年4月3日至5日，民革山东省第四次党员代表大会在青岛召开。大会选举产生了民革山东省第四届委员会，李澄之当选为主任委员，赵太侔是27名委员之一；同年12月，赵太侔当选为政协山东省委员会第三届委员会常委。

参政议政、民主监督是民主党派的基本职能。赵太侔作为省政协委员和民革的重要成员，针对社会的热点问题和工作中需要改进的地方，精心准备提案，在政协和民革的会议上积极发言，自觉地履行自己的职责。

1957年4月18日至27日，山东省政协第一届三次全体会议在济南举行，赵太侔参加了这次会议。

会议期间，赵太侔建言献策，提交了两个提案并发言。他做了《关于汉字简化问题的意见》的发言。其关于文字改革的意见，作为政协山东省委员会的重要提案，转呈中国文字改革委员会，成为中国文字改革的一个重要的方案，虽没有被采用，但毕竟为中国文字改革尽了一分力量；赵太侔还与徐一贯委员、王桂浑代表（列席）做了《关于改进理论学习的领导和对广大青年群众进行道德教育的两点建议请研究》联合发言。

1958年至1960年，我国高等教育在"大跃进"的狂潮中受到严重的冲击。1961年，中共中央指示教育部总结高等教育3年"教育大革命"的经验教训，着手对高等教育进行整顿。

1961年10月，教育部颁布了《教育部直属高等学校暂行工作条例（草案）》（共有60条，简称《高教六十条》）。这个条例，规定了高等学校的方针、任务和有关政策。指出高等学校的基本任务是贯彻党的教育方针，培养为社会主义建设所需要的各种专门人才。条例规定：高等学校必须以教学为主，努力提高教学质量，对参加社会活动和生产劳动应做适当的安排，但不宜过多；在教学中，必须发挥教师的主导作用；科学研究工作，必须坚持"双百"方针；高等学校实行党委领导下的以校长为首的校务委员会负责制等。

  就高校如何贯彻"高教六十条"，提高教学质量这一高校普遍关心的问题，赵太侔和薛廷耀结合山东海洋学院的实际情况，在1962年12月召开的政协山东省第二届委员会第四次全体会议上，进行了重点发言，从修订教学计划、修订教学大纲、编写教材、教学环节、因材施教、劳逸结合等方面进行了系统的阐述。

四、教子有方，亲情绵长

赵太侔一生有过两次婚姻。原配夫人张淑舲，生于1893年，1951年3月5日去世。他们育有4个子女，分别是长子赵西陆、长女赵西华、次子赵西陵、次女赵西清。4位子女皆大学毕业。

长子赵西陆（1915—1987），生于北京市宣武门外椿树上二条胡同2号。毕业于北京师范大学中文系。先后任教于天津南开中学（因抗战期间学校被毁，未成行）、武昌师范学校、重庆南开中学、西南联合大学、昆明中法大学、北京大学、东北人民大学（后改名吉林大学）。在吉林大学曾任中文系主任兼古典文学教研室主任。吉林省政协委员，九三学社成员。毕生从事古典文学研究，著有《世说新语校释》。该书稿是赵西陆用工整的蝇头小楷对南朝（宋）刘义庆撰《世说新语》所做的校释，它以（清）王先谦思贤讲舍刻本为底本，校以唐写本、日本影印本、袁本、沈校本，参考引用书近80种，凝聚了作者多年的研究成果。1987年于长春病逝。

长女赵西华（1918—1966），生于北京市宣武门外椿树上二条胡同2号。毕业于北京大学哲学院哲学系，中共党员。任教于安徽合肥工业大学马列主义教研室。1966年于安徽病逝。

次子赵西陵（1926—1984），生于北京市宣武门外椿树上二条胡同2号。毕业于北京大学理学院化学系。1947年至1966年任青岛化工厂工程师，负责技术及生产；1966年至1977年，支援山东济南塑料试验厂新厂筹建；1977年以后，曾在青岛东风化工厂任教，后调入青岛化工局设计室工作，任总工程师，负责青岛石油化工厂大型工程项目之灌区设计工作。1984年于青岛病逝。

第十二章·老骥伏枥，潜心教研

⊙赵太侔（右一）与长女赵西华、次子赵西陵在青岛海滨

⊙赵太侔（右一）与长女赵西华、次子赵西陵青岛留影

次女赵西清（1932—1977），生于北京市宣武门外椿树上二条胡同2号。毕业于北京大学医学院药学系，先后在河北省石家庄华北制药厂、四川内江制药厂工作。1977年病逝于宁波。

赵太侔第二位夫人是戏剧名家俞珊。1933年12月结婚，抗战胜利后两人分居。赵太侔和俞珊育有一女赵光中，一子赵光九。

赵太侔自1946年后，一直生活在青岛，先后住在包头路、荣成路、龙江路和登州路。其子女散处各地，聚少离多。只有次子赵西陵一家在青岛生活。赵太侔的孙女赵红女士（赵西陵之女），曾饱含深情地撰文，回忆了她心目中的爷爷。

小时候，爸爸妈妈有时周末会带我和哥哥去爷爷家，进门后，爸妈主动跟爷爷打招呼说，"爸，我们来看您啦。"我们也高兴地叫着"爷爷！"这时，爷爷通常是从写字台前站起来，点点头，然后慈祥地看着我们。记忆中，爷爷的写字台上有些书，右边摆着一个放大镜，左边还有一小碟向日葵瓜子，从爷爷给我二哥赵明的信中得知，他当时患有高血压症，听说葵瓜子有降低血压的作用，希望如此吧。

爷爷屋里东边靠墙的地方，有一台落地式的收音机，里面时常传来悦耳的广播声：嗒嘀嗒，嗒嘀嗒……小喇叭开始广播啦！闻声后，我和哥哥都很好奇，就过去一探究竟。时隔五十多年的今天，每当传来那熟悉的

声音：嗒嘀嗒，嗒嘀嗒……小喇叭开始广播啦！我就会不由得想起儿时的情景：落地收音机、放大镜、爷爷和向日葵瓜子。记忆中的爷爷慈祥、温和、话语不多，当他看到我的牙齿不整齐时，爷爷就对妈妈说，小红应该戴个牙齿矫正器。如今再回忆起儿时的情形时，心中感到非常温暖，感谢您，亲爱的爷爷！您让我的童年有了如此幸福和美好的记忆！

赵太侔十分关心在外地工作的儿女和孙辈的成长与学习，每每有书信往来。由于历史的原因，这些书信大多没有保存下来，然而，非常庆幸的是赵明先生为我们提供了他爷爷赵太侔的四封家书，这对于我们进一步了解晚年的赵太侔，弥足珍贵！从这四封家书[①]中，我们可以了解到，晚年的赵太侔对亲人的牵挂与关心。

明：

四月来信收悉。

我上月接到你二姑一封航空信，信是二月二十二日写的，走了整一个月才到。但在信到以前，我曾写过一信给她，不知她收到没有。我今天发去一电，要她来青岛，并电复。据邮电局说，电报可以发出，但不能保证送到。看来秩序还很不好。同时交通情况那样拥挤，走路也很可担心。

她若有回电，我就告诉你，你们得到什么信息，也望立即通知我。

爷爷

4月11日

明：

信和照片都收到了。我已搬家了，现住登州路十五号。学校因员工宿舍不够分配，重新调整了部分住房，我搬到现在的地址已一年多了，你三奶奶和炎光叔同我住在一起。

---

① 该四封家书由赵太侔孙子赵明先生提供。

我很想看到你，只是担心路上不太安全。你一个人从未出过远门（你哥哥当然不应该随便离开工作），现在交通情况又不太正常，各地武斗现象随时都在发生，济南、青岛也都出现小规模的武斗，总算没有扩大化。再就是各地来青岛串联的人很多，这里的革命组织因为担心串联，听说有的到青岛来探亲的也被挡回去了。这种事真要碰上也是很麻烦的。考虑到这些，我又不敢让你现在就来。等以后局势稳定下来，在假期中，我倒是很盼望你能来住些时，你说好吗？

⊙赵太侔龙江路故居

你二叔现在济南塑料实验厂工作，不常回青岛。他家还留在青岛，你二婶在国棉五厂工作，带着三个孩子住在厂里。工厂区离我住处相当远，所以也不常和他们见面。我身体还算好，就是有高血压症，要经常吃药来维持平稳。我每天上午到学校去，下午就感觉有些支持不下来，多半在家休息。

再来信可写青岛市登州路十五号前楼。愿你愉快成长！

爷爷
1967年8月31日

明：

我前些时感冒，多日不好，后来又引起血压增高，以致许久没有回你们信。事实上我经常头晕，手又发抖，写信有些吃力，所以我虽然很喜欢看到你们的信，但却难以保证及时回信，希望你们谅解。

我的高血压是原发性的，由于年老，动脉硬化所致。药力能降低血

压，但不易保持稳定，不吃药就要回升。拖今灵的高血压速降丸，也有人送我一盒，我准备试试看。

各地文化大革命已进入大联合、复课闹革命的阶段，你们也已回到学校了吧？

爷爷

（1967年）10月23日

小明：

接你上月21日来信，说就要来青岛，但到现在没见到来，我很不放心。也许是你的打算有什么改变吧？其实你现在来，不是好时候，青岛的冬天也满冷，现在已是零下的气候，海风又大，不便出门，没有什么好玩的。

你寄来的毛主席诗词讲解已收到。小实和小玲的来信也早已收到了，由于忙着编选教材，还没有回她们信。

先写这些，希望来信使我放心。

爷爷

12月5日

聊聊数百字的4封信，透着浓浓的亲情。从信的内容看，此时的赵太侔已搬入登州路15号新居，时间是在1966年"文革"之后。赵西陵一家与他相距甚远，见面机会较少。

信中提到的"三奶奶"，是赵太侔的弟妹，小弟赵和生的夫人。赵和生去世后，赵炎光与母亲（即"三奶奶"）和赵太侔生活在一起。

第十三章

公允评价,迟到缅怀

赵太侔作为我国著名的戏剧家、教育家,一位具有民族气节的爱国知识分子,为世人所敬仰。2014年赵太侔雕像在中国海洋大学鱼山校区树立,2015年赵太侔故居挂牌,寄托人们对这位文化名人的缅怀之情。

1966年5月,"文化大革命"开始后,学校的各级党组织和行政机构遭受破坏,部分干部群众受到凌辱与迫害,正常的教学秩序遭到破坏。这场暴风骤雨似的"文化大革命"突然降临,赵太侔面临"革命"的种种现象无法理解,于是他选择了沉默。

时间定格在1968年4月25日。这一天上午,赵太侔被揪斗,在校园游街示众。这一天深夜,不堪忍受迫害之苦的赵太侔,从登州路住所,走向大海,走向他人生的终点。他纵身跳进青岛栈桥前海,一个孤独的身影从世间消失了。第二天,有人在青岛栈桥附近海面发现他的尸体。

粉碎"四人帮"之后,1979年10月,有关部门为赵太侔先生平反昭雪,恢复名誉。山东海洋学院于1980年5月22日为赵太侔举行了追悼会,追悼会由党委副书记王辉主持,党委副书记高云昌致悼词,赞扬其人品道德,肯定其勤劳业绩,对他的一生给予公正的评价。

悼词全文如下:

今天,我们怀着沉痛的心情,深切悼念山东海洋学院原外语教研室赵太侔教授。

赵太侔教授是山东益都人,生于1889年,1949年6月青岛解放后参加革命工作。文化大革命中,由于林彪、"四人帮"极左路线的迫害,于1968年4月25日不幸去世,终年79岁。

青岛解放前夕,赵太侔教授没有听从国民党教育部、青岛绥署司令部、青岛市党部逼迫乘军舰逃离青岛市的指令,坚持留在山东大学,迎接解放。青岛解放后,赵太侔历任山东大学、山东海洋学院外国语教研室教授,山东海洋学院院务委员会委员,政协山东省第三届委员会常务委员,民革中央团结委员,民革山东省委员会委员,民革青岛市副主任委员等职。赵太侔教授努力学习党的方针路线,注意改造世界观。他拥护中国共产党,拥护社会主义,拥护共产党的统一战线政策,热爱祖国,关心国家的统一,为争取台湾省的早日归回祖国作了有益的工作。他忠诚于党的教育事业,在教学工作中积极热情,认真负责,勤勤恳恳,取得了较好的效果。他关心青年教师的成长,为青年教师业务水平的提高付出了辛勤的劳动。赵太侔教授在晚年患有高血压等疾病时,仍坚持工作在教学第一线,受到同志们的尊重。50年代末期,他还对简化汉字工作从理论方面进行过研究。赵太侔教授长期从事教学工作,为党和人民的教育事业做出了可贵的贡献。

赵太侔教授的逝世,对我院教学工作是一个损失。我们悼念赵太侔教授,要化悲痛为力量,更紧密地团结在党中央周围,高举马列主义、毛泽东思想的旗帜,肃清林彪、"四人帮"极"左"路线的流毒和影响,坚决贯彻执行党的十一届三中全会、四中全会、五中全会精神和党的各项方针政策,忠诚党的教育事业,努力搞好教学、科研和各项工作,为把我国建设成为社会主义现代化强国而努力奋斗。

赵太侔教授安息吧!

1980年5月14日[①]

⊙赵太侔教授追悼会

⊙党委副书记高云昌致悼词

鉴于赵太侔对中国戏剧和教育的贡献,赵太侔的同事杜曾荫先生希望能为赵太侔筑一座塑像和挂在他故居上的匾牌。杜曾荫将自己的想法与中国海洋大学部分离退休老教授、老干部施正铿、赵森、张春寿、夏宗伦等人进行沟通交流,引起大家的共鸣,大家一致认为应该竖立雕像或将其曾居住的楼宇予以挂牌,以资纪念。

[①] 中国海洋大学:赵太侔档案,档号:246。

于是，杜曾荫先生与这几位老领导、老教授共同商议，撰写了《关于推荐赵太侔先生列入青岛文化名人之列的建议》初稿。

初稿完成后，杜曾荫先生找到笔者。笔者长期致力于中国海洋大学校史研究，由于研究校史的缘故，近年来对于赵太侔这位被历史遗忘的人物颇为关注。在初稿的基础上，笔者重新改写。报告完成后，杜曾荫先生召集中国海洋大学外语系退休教授和老领导召开了座谈会。座谈会上，大家在缅怀赵太侔的同时，对报告提出了修改意见。笔者听取了老教授和老领导的意见，对报告略做修改后，形成了呈报中国海洋大学和青岛市的正式报告文本。报告从赵太侔先生是中国戏剧运动的先驱、我国著名的教育家、青岛名人文化的重要缔造者和一位具有民族气节的爱国知识分子等四个方面阐述其文化贡献，并建议将龙江路7号辟为赵太侔故居挂牌保护和为赵太侔先生树立雕像。

在社会各界，特别是知识分子中对赵太侔有了全面的评价的基础上，赵太侔雕像的筹建工作在同步进行中。在青岛市和中国海洋大学的共同推动下，于2014年10月，在中国海洋大学90周年校庆之际，在鱼山校区树立赵太侔雕像。2015年1月21日举行雕像揭幕仪式。青岛市委常委、宣传部部长胡绍军和中国海洋大学校长于志刚共同为雕像揭幕。当天，出席雕像揭

⊙2015年1月21日，赵太侔雕像揭幕仪式

幕仪式的还有赵太侔先生的孙女赵红女士，赵太侔当年在外语教研室的老同事代表杜曾荫、张春寿、夏宗伦教授，青岛历史文化研究专家代表田广渠先生等。

赵太侔先生雕像由中国雕塑院院长吴为山教授在到校实地考察调研的基础上，精心设计、制作完成。雕像碑文亦由吴为山教授撰写，上书：

赵太侔先生（1889—1968）著名戏剧家、教育家，山东益都（今青州市）人。一九一八年毕业于北京大学英语系，一九一九年考入美国哥伦比亚大学攻读西洋文学与戏剧，一九二五年回国任国立北京艺术专门学校教授和戏剧系主任。

一九三零年赵太侔先生受聘国立青岛大学教授，一九三零年底至一九三二年任国立青岛大学教务长；一九三二年至一九三六年任国立山东大学校长，一九四六年至一九四九年复任国立山东大学校长。一九四九年新中国成立后，任山东大学教授，山东海洋学院院务委员会委员、教授，兼任民革青岛市委副主委，山东省政协常委。

先生在本校工作、生活二十八年间，潜心戏剧理论研究与教育，倡导国剧运动，培养艺术才俊；又治校理教，群贤毕至，人文蔚起，学术日昌，海洋特色初成；晚年致力于文字改革研究，亦卓有建树。适逢中国海洋大学九十华诞，本校同仁学子和青岛各界共同捐资于海大园立像以致缅怀。

二零一四年十月立

该雕像的落成揭幕为底蕴深厚的中国海洋大学又添一处颇具历史意义的人文景观。

2015年2月，青岛市对22处名人故居挂牌，赵太侔名列其中。

附录

赵太侔年谱

1889年11月2日,出生在山东省益都县(今青州市)东关一个农民家庭。

1895年,入私塾学习。

1904年,于益都县东关小学毕业。

1906年7月至12月,就读于青州府公立中学堂,期间参加同盟会。

1907年1月至8月,在烟台实益学馆学习。

1908年7月,在济南津浦铁路购地局做测绘员,至翌年6月。

1909年7月至1912年1月,在山东陆军小学堂学习。

1912年2月至12月,在烟台山东军政府任军务科科员。

1913年1月至7月,加入国民党并任山东国民党青州区党部干事;8月至12月,担任临淄小学教员。

1914年1月至7月,在北京国民大学法政专修科学习。

1914年8月至1917年7月,在北京大学学习。期间创办无政府主义团体——实社,出版不定期刊物《实社自由录》。

1917年8月至1918年11月,任山东省立第一中学英文教员,同时在山东省立第一师范学校兼英文课。

1919年1月至7月,先后赴加拿大、美国,在纽约担任《劳动潮》编辑,宣传无政府主义。

1919年8月至1925年5月,在美国哥伦比亚大学研究院学习,攻读西洋戏剧。期间,担任《杨贵妃》《琵琶记》两剧的舞美设计,带来当时最先进的舞台灯光效果;与余上沅、闻一多、熊佛西等人发起国剧运动。

1925年8月至1926年7月,任国立北京艺术专门学校教授兼戏剧系主任。同时兼北京大学讲师。

1926年8月至10月,赴广州,任职国民政府。先后任中央学术院校务委员会委员、国民党中央执行委员会青年部秘书。

1926年12月至1927年7月,任武汉国民政府外交部秘书,期间参与收回九江英租界。

1928年1月至7月,担任国民政府军事委员会政治训练部秘书长,主管军事教材的审定工作。8月,任国立山东大学筹备委员会常务委员,至翌年6月。

1929年1月至4月,任国民党山东省党务指导委员会委员;8月任山东省立第一中学校长,至翌年1月;8月任山东省立实验剧院院长,至翌年7月。

1930年8月至1931年8月,任国立青岛大学教授。

1931年9月至1932年7月,任国立青岛大学教务长。

1932年9月至1936年6月,任国立山东大学校长。

1936年6月至1938年3月,任国立北平艺术专科学校校长。

1938年3月至6月,任国立艺术专科学校校务委员会委员。

1938年10月至12月,在重庆、成都闲居。闲居期间,与好友沈福文、李有行、王曼硕、雷圭元、庞薰琹在成都创办"六合工艺社"。

1939年1月至1941年6月,先后任教育部社会教育司戏剧组主任、教育部教科用书编纂委员会委员兼剧本整理组主任,负责选辑剧本。

1941年7月至1942年6月,任国立编译馆编纂,继续整理剧本。

1942年7月至1944年12月,任国民党中央训练委员会第三处处长,主管编审地方自治教材;当选第三届国民参政会参政员,提交《请检察院切实负责纠劾官吏贪污失职案》和《迅即确定农业政策推行农业合作案》。

1945年1月至12月,任教育部高教司司长、参事,负责办理高校复员工作。

1946年1月至1949年8月,任国立山东大学校长。

1949年9月至1959年3月,任山东大学外文系教授,开设了《戏剧选读》《高级戏剧选读》和《小说选读》等课程。

1950年10月,任青岛中苏友好协会委员。

1951年下半年,在华东人民革命大学政治研究院学习。

1952年,撰写《汉字新法打字机拟议》文稿,呈送国务院高教部、文字改革委员会、工商行政管理等部门，受到重视，批语有"目标扼要，值得鼓励"，"认识正确，应予协助"等。

1954年，参加中国国民党革命委员会。

1955年，当选为政协山东省第一届委员会委员。

1956年，当选为民革中央第三届团结委员会委员。

1957年，在《山东大学学报（人文科学）》1957年第一期，发表学术论文《关于汉字简化问题》，系统阐述他关于文字改革的主张。

1958年8月，学术论文《关于汉字简化问题》，在《语文建设》1958年第8期转载。

1959年3月30日，山东海洋学院成立，赵太侔任山东海洋学院直属教研室外语教研组教授；5月，当选为政协山东省第二届委员会委员。

1960年9月，当选为民革中央第四届团结委员会委员。

1961年3月，任山东海洋学院第三届院务委员会委员。

1962年3月，任山东海洋学院第四届院务委员会委员；8月，任民革青岛市第三届委员会副主任委员。

1963年12月，当选为政协山东省委员会第三届委员会常委。

1963年12月至1964年7月，在青岛疗养院休养。

1965年6月30日，在填写的登记表之"其他需要说明的问题"一栏中，填写了1936年和1948年在国立山东大学校长任内处理学生的事件。

1966年，由龙江路7号迁至登州路15号居住，住在一楼。

1967年，在致孙子赵明（赵西陆之子）信中透露：身体状况不是很好，头晕、手发抖，患有严重的原发性高血压，靠药物维持平衡。

1968年4月25日，山东海洋学院造反派对赵太侔、王彬华和尹佐芬三位教授进行揪斗。赵太侔当晚到栈桥跳海自杀，终年79岁。

1979年10月，有关部门为赵太侔先生平反昭雪，恢复名誉。

1980年5月22日，山东海洋学院为赵太侔举行了追悼会，悼词对他的一生给予了公正的评价。

2006年，龙江路7号赵太侔故居，被公布为青岛市第二批历史优秀建筑。

2014年11月，青岛市公布新增22处名人故居，实施挂牌保护。赵太侔曾居住的龙江路7号名列其中。

2015年1月21日，在青岛市和中国海洋大学的共同努力下，于2014年10月在中国海洋大学鱼山校区树立赵太侔雕像。本日举行雕像揭幕仪式。

2016年7月，青岛市规划局公布了龙江路7号赵太侔故居修缮工程的具体方案。经过修缮，故居焕然一新。

参考文献

1. 葛懋春，等编. 无政府主义思想资料选［M］. 北京：北京大学出版社，1984.

2. 张静，主编. 中国海洋大学大事记［M］. 青岛：中国海洋大学出版社，2014.

3. 黄际遇. 黄际遇日记［M］. 汕头：汕头大学出版社，2014.

4. 山东省政协文史资料委员会. 悠悠岁月桃李情——山东大学九十年［M］. 北京：中国文史出版社，1991.

5. 樊丽明，刘培平. 我心目中的山东大学［M］. 济南：山东大学出版社，2005.

6. 山东大学档案馆. 山东大学大事记［M］. 济南：山东大学出版社，1991.

7. 刘增人，王焕良，主编. 青岛高等教育史（现代卷）［M］. 北京：人民出版社，2008.

8. 中共青岛市委党史研究室. 中共青岛地方史［M］. 北京：中共党史出版社，2003.

9. 赵承福. 山东教育通史（近现代卷）［M］. 济南：山东人民出版社，2001.

10. 谭为宜. 戏剧的救赎：1920年代国剧运动［M］. 北京：人民日报出版社，2009.

后 记

我为赵太侔先生写传记，缘于我对先生的敬仰之情。我多年致力于中国海洋大学校史研究，深知赵太侔先生是我国著名的戏剧家、教育家，是一位在诸多领域皆有贡献的文化名人，我曾写过数篇关于先生的文章。

2015年冬，中国海洋大学出版社杨立敏社长找到我，让我为赵太侔先生写传记，拟列入出版社推出的"中华海洋学人系列丛书"。杨社长以为，赵太侔先生虽然不是海洋学家，但他是中国海洋、水产学科的奠基人之一，中国海洋大学有今天的成就，得益于赵太侔先生担任国立山东大学校长期间所奠定的海洋、水产学科基础，为了彰显其历史性贡献，我们应当为赵太侔先生立传，我赞同杨社长的观点。

在民国时期的文化名人中，赵太侔先生以"寡于言"闻名，他自己留下的文字不多，同时代的人对他的记述也不多，他的形象是模糊的，若隐若现，隐藏在浩瀚的文献资料中。后人对他的研究多集中在戏剧领域，关于他教育方面的研究成果也不多见。而他在山东参加同盟会从事辛亥革命，在北京大学从事五四新文化运动以及在重庆从事剧本整理等文化活动，基本上是空白。有的学者想为他立传，知难而退。

杨社长也知道为赵太侔先生立传有一定难度，于是鼓励我，让我写赵太侔先生担任国立山东大学校长这一段。于是，我抱着试试看的心态，开始了有关赵太侔先生资料的收集工作。

时隔不久，青岛市南区文化旅游产业发展中心副主任吴大钢找到我，邀请我参加列入市南区文化项目的青岛文化名人陈列馆的筹建工作。拟筹建的陈列馆位于龙江路7号的赵太侔故居，展陈内容的主体部分是中国海洋大学历史上的两位校长杨振声和赵太侔，我承担了赵太侔先生的文案撰写，以此为契机，我正式开始了赵太侔传记的写作。

赵太侔传记的写作始于2016年3月，年底完成初稿。初稿完成后，我呈请田广渠先生提出修改意见。田广渠先生曾任山东大学校刊《新山大》编辑，是山东校报界元老，也是赵太侔研究的专家，曾写过数篇高质量的研究文章。田广渠先生对书稿仔细修改，提出了具体的修改意见，他在给我的信中写到："赵太侔先生是我国著名教育家、戏剧家，因为种种原因而无人研究，有关于他的出版物也从未面世。你写的这本书是首部写赵太侔的史书，必将引起学界、教育界的关注，因此，从内容到文字要格外严谨，包括书中提及的人名、年代、事件都要逐步校正。"字里行间，浸润着对赵太侔的深情和对我的关爱与鼓励。

我谨记田广渠先生的教诲，随着新资料的不断发现，我又对书稿不断丰富完善，反复修改，至2018年4月完成第二稿。之后，在对书稿继续丰富完善的基础上，又做过两次大的修改。一次是前年暑假，我对书稿的结构进行调整，将赵太侔关于海洋、水产学科建设的内容，单列章目；第二次是去年暑假，我又对书稿的部分章节改写和文字删减、优化，今年春节过后，又对书稿做了最后一次修改，力求不留遗憾。

在赵太侔传记的写作过程中，最大的困难是资料较少。为此，我先后赴山东省档案馆，山东大学档案馆和南京中国第二历史档案馆查找档案史料，同时查阅了中国海洋大学图书馆的数据库，购买了相关的图书，每当有新的发现，如获至宝。

在写作过程中，我采访了原青岛医学院办公室主任田广渠先生，中国海洋大学前校长施正铿先生，中国海洋大学离休干部徐瑜先生，山东大学教授吕慧鹃女士，中国海洋大学老教授杜曾荫、张春寿、赵森、夏宗伦等诸位先生。他们是赵太侔先生的同事，对赵先生有很深的感情。这些年逾八旬的老人，给我讲述了赵先生晚年的人生片段。记得在采访施正铿先生时，谈及赵先生对山东大学的贡献及人生遭际时，感怀至深。

为了更多了解赵太侔先生晚年生活的细节，我采访了赵太侔的孙子赵明、赵平先生和孙女赵红女士。赵明、赵平先生给我提供了赵太侔先生的照片等资料,赵红女士为我讲述了她儿时记忆中的爷爷。

在与赵红女士交流中,她经常说到和赵太侔先生生活在一起的"炎光叔叔"。后来在吴大钢及同事宫浩先生的帮助下,赵红女士找到了失联多年的赵太侔先生的侄子赵炎光老人。我们对赵炎光先生进行了采访,他给我们讲述了赵太侔先生人生最后几年的生活状态。同时,我也采访了赵太侔先生的邻居赵斌老师,他回忆了赵太侔的生活点滴。这些采访,对于丰富书稿的内容,弥足珍贵。

为赵太侔立传的过程,对于我是一次精神上的洗礼,赵太侔先生的家国情怀和报国之志时时感动着我;我所采访的诸位老先生,他们对赵太侔的深情,感染着我,令人敬佩。自从走进了赵太侔先生的精神世界,写好赵太侔先生则是一种责任与担当。我时常会想起诗人臧克家纪念恩师闻一多的一句话:眼中有泪,笔下有情。我也有同样的情感体验。

在本书即将付梓之际,我心中惴惴不安。由于自己才疏学浅和资料匮乏等原因,有的章节不如人意。欣慰的是,总算将赵太侔先生的一生写了出来,让更多的人了解这位爱国知识分子的文化贡献与精神风貌。我自己安慰自己:把不可能完成的事,变成可能和现实,也算是一种成功。

此时此刻,我最想说的话是:感谢!

感谢施正铿先生拨冗为本书作序!

感谢接受我采访的诸位先生,你们对我的鼓励与帮助,成为我写作的不竭动力!感谢赵太侔先生的后人对我的帮助!

感谢市南区文化旅游产业发展中心吴大钢、宫浩先生,青岛市档案局原编研处处长于佐臣先生,山东中国文学艺术博物馆馆长徐国卫先生,在我查询档案过程中所给予的帮助!

感谢杨立敏社长的知遇之恩,让我在学术研究的道路上,又向前迈进了一步!感谢本书编辑纪丽真、王晓女士对于本书所给予的指导!

感谢研究赵太侔先生的学界朋友,我借鉴了你们的研究成果,让本书更加厚重!

  同时，我还要感谢贵州省戏剧家协会张小宁先生在我撰写赵太侔与戏剧这部分内容时，所给予的指导；感谢《大众日报》记者陈巨慧女士、中国海洋大学生命学院2015级学生王俊茹女士帮助我整理文字、校对书稿。

  最后，我还要感谢青岛大学郭同文教授、青岛社会科学院马庚存教授、青岛文学馆臧杰馆长和青岛市文艺评论家协会副主席赵夫青先生，在我写作过程中的关心与鼓励！

  本书定稿后，我再一次来到位于中国海洋大学鱼山校区的赵太侔先生雕像前，凭吊先生，先生那坚毅的目光看着我。2019年是赵太侔先生诞辰130周年，斯人已去，音容犹存，赵太侔先生仍然活在我们的心中；他在戏剧、教育等诸多方面的贡献已经载入史册；他未竟的事业，被一代又一代中国海大人传承！

杨洪勋
2020年3月